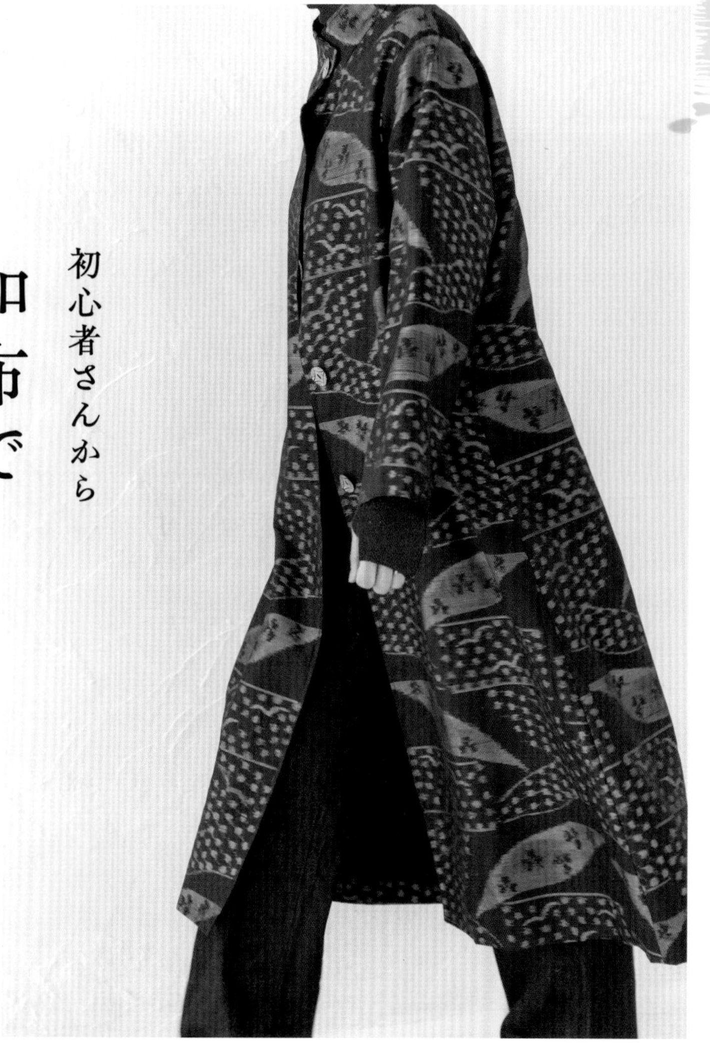

初心者さんから

和布で洋服と小物を縫う本

きちんとちょうどいい服を
型紙作りから楽しむ

岡崎光子

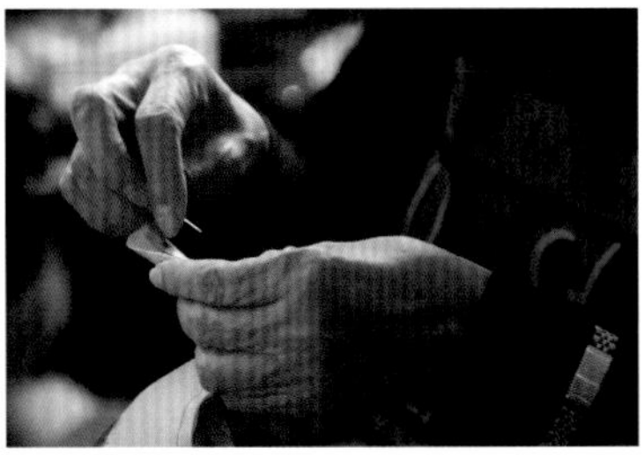

はじめに

今年こそは良い年になることを願いながら、私たちは今もって着物をリメイクして楽しんでいます。着物で洋服を作る私たちの書籍も3冊目となり、また手にとってくださった皆様に感謝いたします。

どの年代の方にも気分よく着ていただけるように、体型を隠すワザを取り入れ、直線裁ちを心がけ、パッチワーク、アップリケ、刺し子などをして自分好みの作品が気軽に作れることができればと思います。

この本を通じて皆様と思いを共有でき、もしかしたら新しい発見や出会いがあればと願いつつ……ではまたお会いしましょう。

岡崎光子

目次

ブラウスとベスト……8

パンツとスカート……20

ワンピース……24

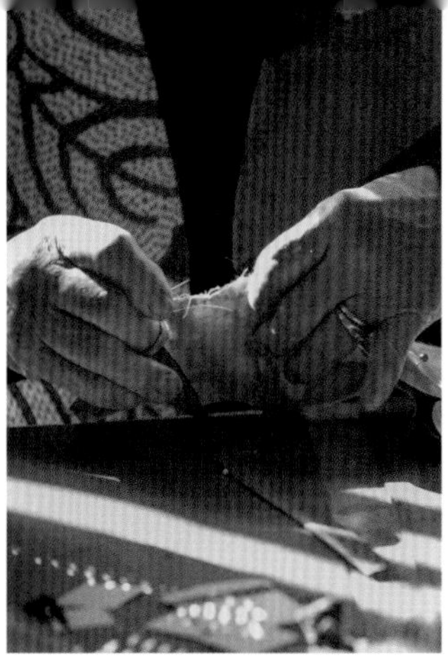

この本の洋服について

・掲載の洋服の多くは着物をリメイクしたものです。自宅にある着なくなった着物、いただいた着物、古布やリサイクル着物の店、骨董市で購入した着物など、好みの和布なら何でもかまいません。着物を購入する際は、薄くなったり生地がもろくなっていないか、洋服にしても大丈夫かをよく見て確認することをおすすめします。着物を使える状態にするために、まず洗濯をしてしっかりと乾かしてからほどきます。着物のほどき方は47ページを参照してください。

・藍や絣などの木綿は、扱いやすく普段使いの洋服に向いています。柄の小さな絣など、無地感覚で使える布をベースにします。細かい柄が無地ではない表情を出してくれます。大柄はすてきですがコーディネートしにくいのでポイント使いがおすすめです。

・絹は大島紬や銘仙を使っています。光沢が美しく、派手そうに見える柄や色使いでも、意外と落ち着いた雰囲気で着ることができます。洗濯は手洗いかクリーニングがおすすめです。

・アップリケや刺し子、パッチワークをして楽しんでいます。一枚布でも和布の風合いはすてきですが、手作りならではのひと手間を加えています。布によっては地味に見えてしまうこともあるのでポイントを入れた方がおしゃれに見えます。

・和布の幅は約36cmです。布によっては39cmや、現代の布はもっと幅の広いものもあります。身頃や袖などの幅が足りない場合は、目立たない場所で接ぎ合わせます。身頃の場合は脇側、袖の場合は後ろ側です。お使いになる布に合わせてください。

・掲載の洋服はすべてフリーサイズです。和布の洋服はぴったりとしたデザインよりもゆったりと着るほうがすてきなので、身幅はゆったりとっています。肩が落ちても問題ありません。丈だけはご自身のサイズに合わせて調整してください。囲み製図で型紙を引き、簡単にサイズ調整がしやすいデザインです。型紙の作り方は50ページ、調整のしかたは57ページを参照してください。

・46ページからの解説もご覧ください。

ブラウスとベスト

基本をベースにしながら、襟の大きさや形、丈の長さ、身頃のボリューム感でまだまだたくさんのバリエーションができます。また使う布によっても大きく変わります。

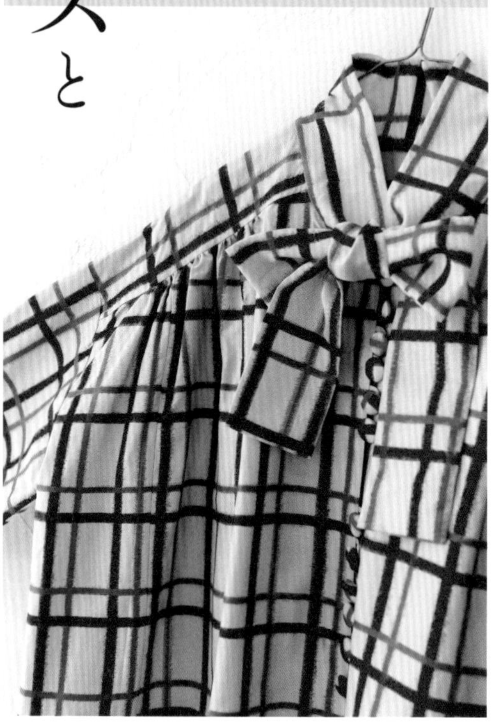

身頃にたっぷりとしたギャザーをとります。袖口にもくるみボタンが付いています。

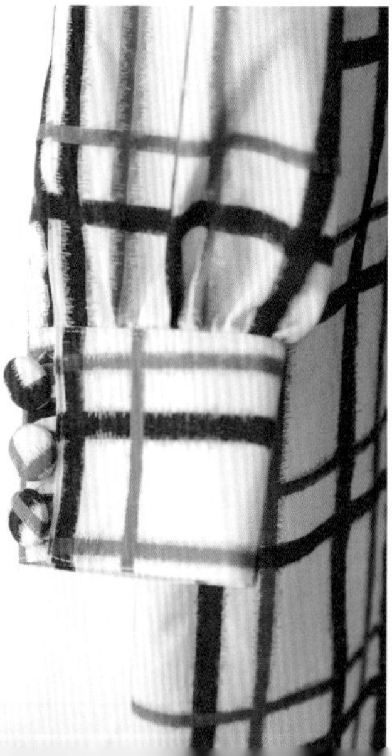

ボウタイのブラウス

作り方 --- P.66

たっぷりギャザーをとって、ふんわりとさせたオーバーサイズのブラウス。藍などの木綿で作ると少し重たくなりそうですが、銘仙なら見た目も重さも軽やかに着ることができます。6つずつ並べたくるみボタンがかわいさをプラスしています。

パフスリーブのブラウス

作り方 --- P.69

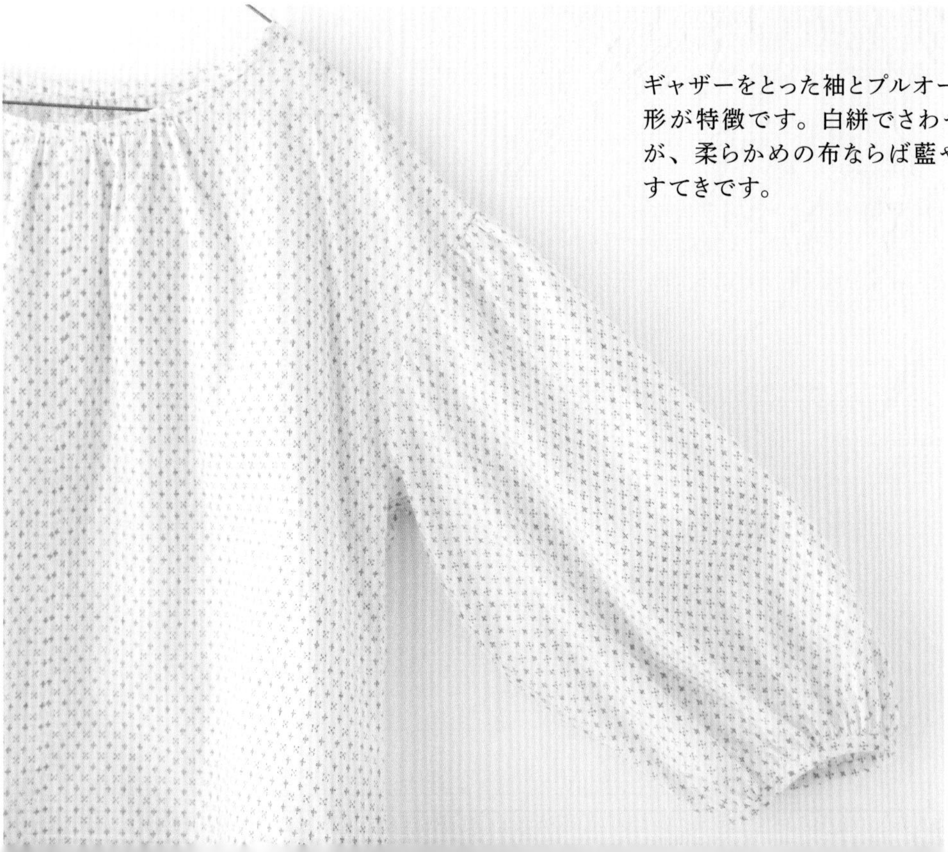

ギャザーをとった袖とプルオーバーの着やすい形が特徴です。白絣でさわやかに作りましたが、柔らかめの布ならば藍や黒の絹などでもすてきです。

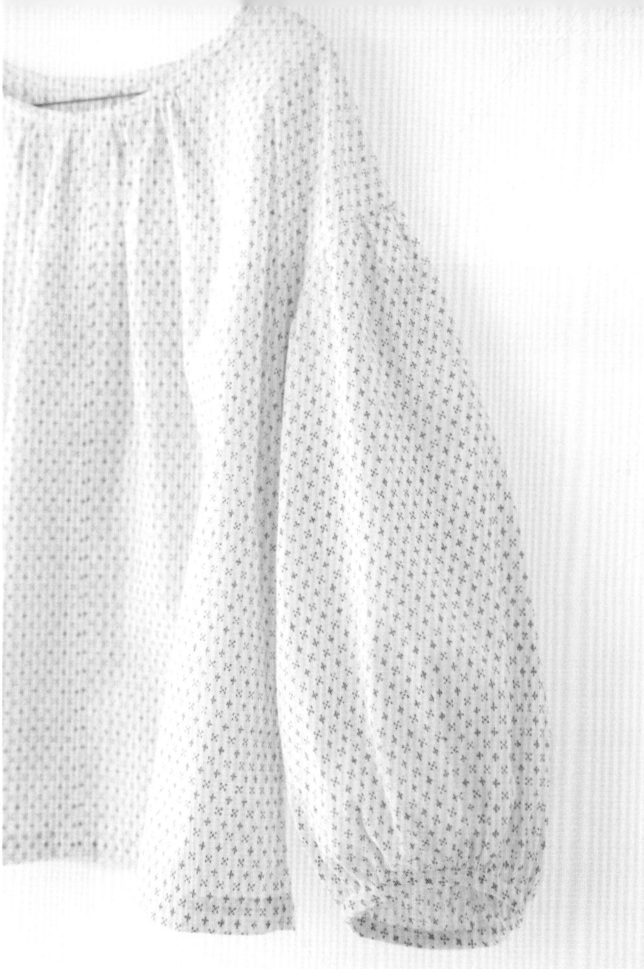

カジュアルな雰囲気のブラウスなので、ジーンズともよく合います。白と紺の組み合わせはすっきりとさわやかです。シンプルなコーディネートのときは、刺し子やアップリケ、パッチワークの入ったバッグをポイントにして。

丈を伸ばしてワンピースにしました。使っているのは現代の和布です。脱ぎ着しやすいように後ろにあきを作り、リボンで結ぶようにしています。

参考作品

フレアブラウス

作り方 --- P.72

一見スタンドカラーのシンプルなブラウスに見えますが、前はタック、後ろはカーブのパーツを接ぎ合わせたフレア状になっています。後ろを長くしてふわりと落ちて広がる形が着たときもきれいです。後ろ身頃の型紙だけは囲み製図で書けないので、型紙を使用してください。

丸襟の
シンプルブラウス

作り方 --- P.76

銘仙のかわいい柄使いがぴったりのブラウスです。小さな襟の形や見た目はコンパクトですが、後ろ身頃にしっかりとタックが入っているので動きやすいデザインです。袖の長さは少し短めの七分袖です。

カジュアルにジーンズと合わせてみても。残った銘仙のはぎれをつないだバッグを合わせて持ちたい。

基本の形は同じで丈を伸ばし、ディテールを変更した28ページのシャツワンピース。

刺し子のベスト

作り方 --- P.79

刺し子をしたさまざまな藍布をつないだベストです。前後にはランダムにつないだログキャビンを入れてポイントにしました。裏布に紅絹を使い、裏地が見えたときも印象的に。

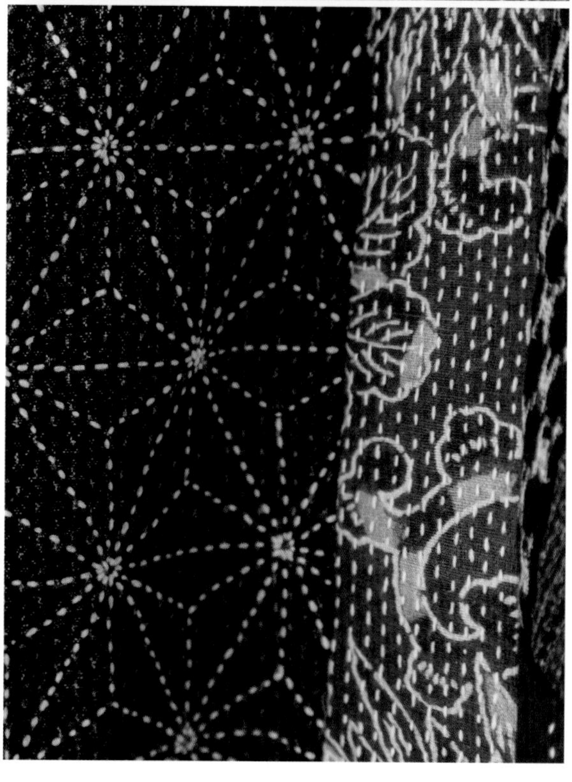

脇はボタンで止めるだけの仕様。襟が高めなので着やすいように、後ろにくるみボタンを付けてあけられるようにしました。刺し子は布の状態で刺したものを作ってためておき、その中から組み合わせて使います。

着てみました

ブラウス&ベスト編

本書の洋服は合わせやすいようにゆったり、でもすっきりきれいに見えるように考えています。普段着るときは手持ちの既製品に合わせることが多いことも考えた、リアルなサイズ感とコーディネートです。

ボウタイのブラウス

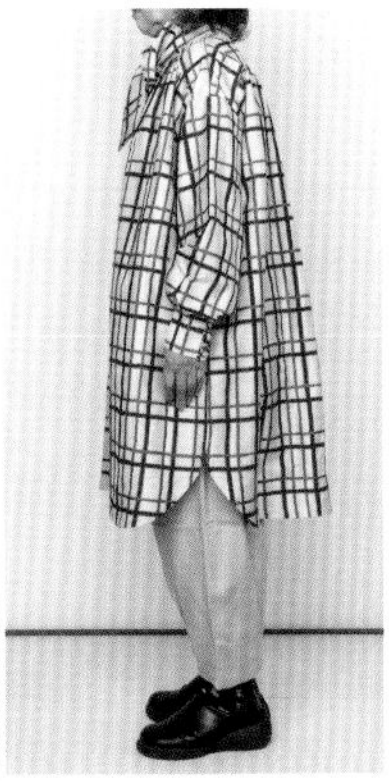

横向きと正面

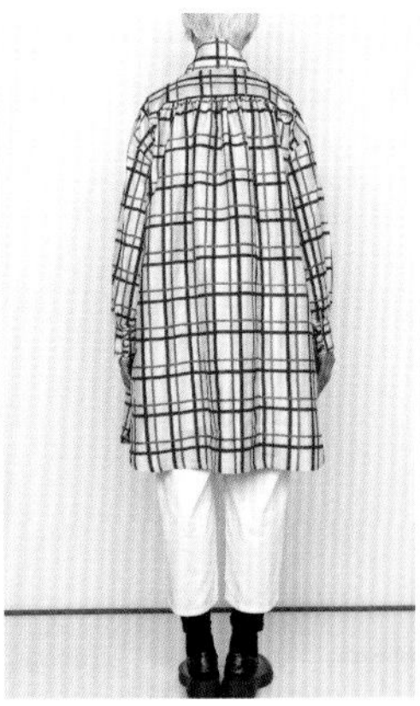

P.9

身長156cmと168cmのモデルさんに着てもらいました。どちらもゆったりときれいなシルエットで着ることができます。

丸襟のシンプルブラウス

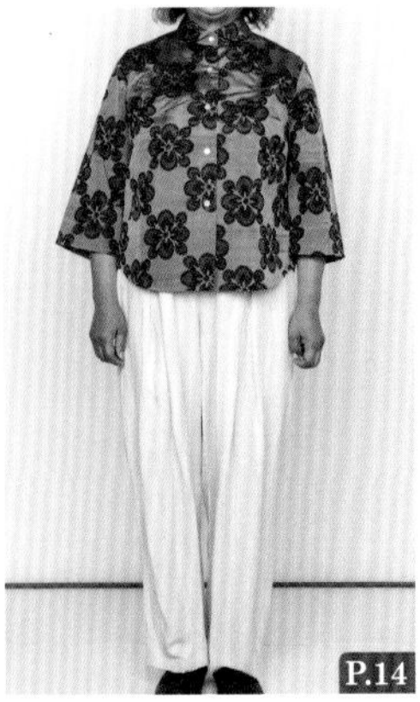

P.14

七分袖と丈のバランスがかわいい一枚。身長163cm。

フレアブラウス

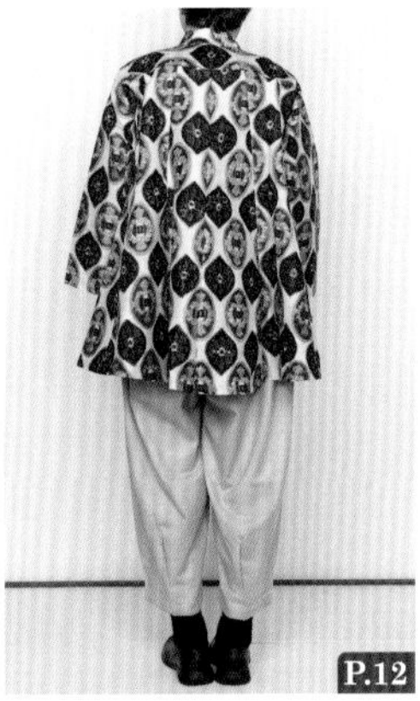

P.12

後ろ身頃が少し長くなっていて、フレアがきれいに見えます。身長157cm。

パフスリーブのブラウス

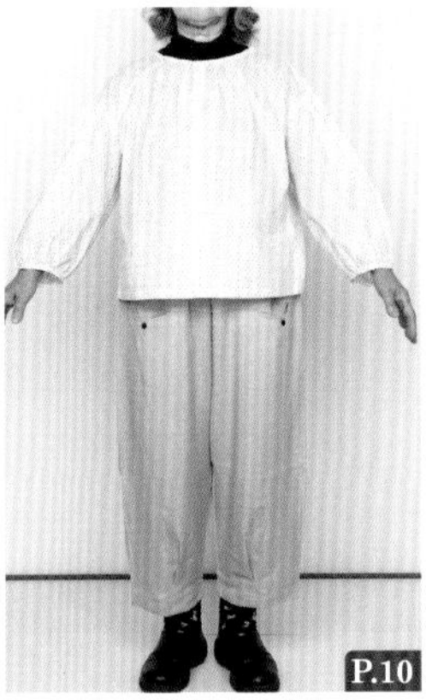

P.10

冬はタートルネックを中に着て、夏はインナーだけで涼しく。身長156cm。

刺し子のベスト

P.16

下に合わせるアイテムで印象が変わります。21ページのはぎれ使いのスカートと合わせるとセットアップのようになります。着たときも裏の紅絹がチラリと見えるのがポイントです。左 身長168cm、右 身長156cm。

スカート&パンツ編

シャツとベストでトラッドなコーディネート。

ワイドパンツ

P.23

ゆったりとしたシルエットでも裾が広がり過ぎないのではきやすいパンツ。身長156cm。

簡単パンツ

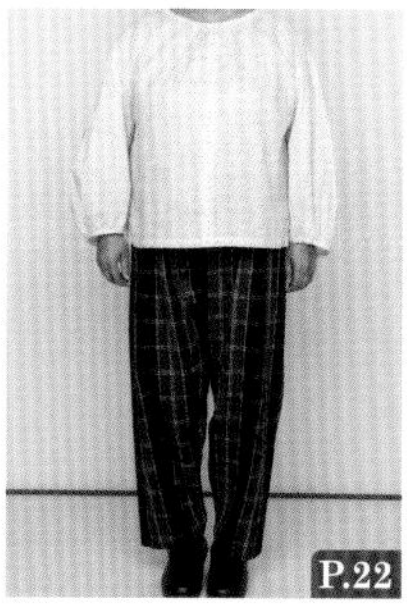
P.22

はぎれ使いのスカート

P.21

どちらも10ページのパフスリーブのブラウスと合わせてみました。左 身長156cm、右 身長158cm。

ワンピース編

夏のワンピース

P.30

ゆったりとした身頃に袖、広めの襟が涼しげです。布を木綿などにすれば春秋にもちょうどいいデザインです。身長158cm。

キャミソールワンピース

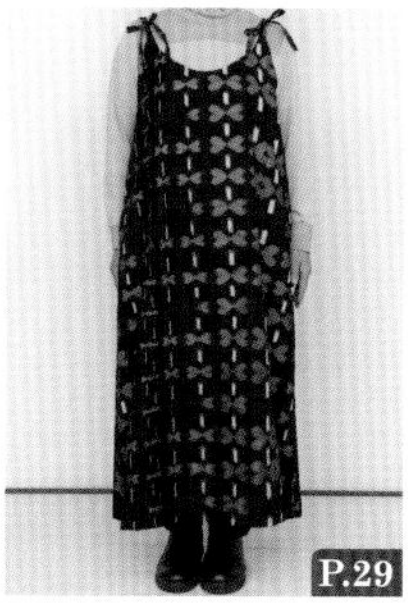
P.29

インナーとの色合わせも楽しめます。明るい色を合わせると華やかに見えます。身長155cm。

シャツワンピース

P.28

シャツワンピースは前のボタンをはずせば、はおりものとして使えて便利です。身長168cm。

バルーンワンピース

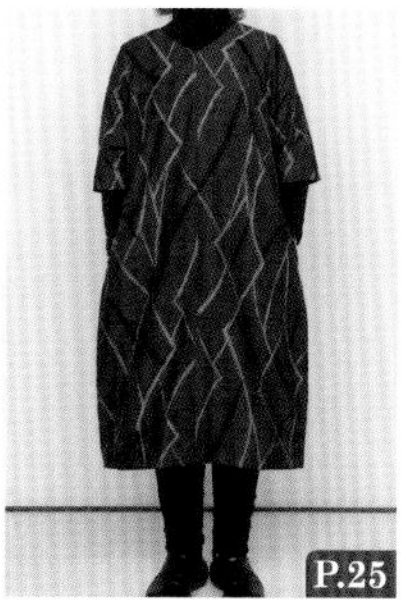
P.25

長すぎず短すぎずちょうどいい長さ。下に細いパンツなどを合わせて。身長156cm。

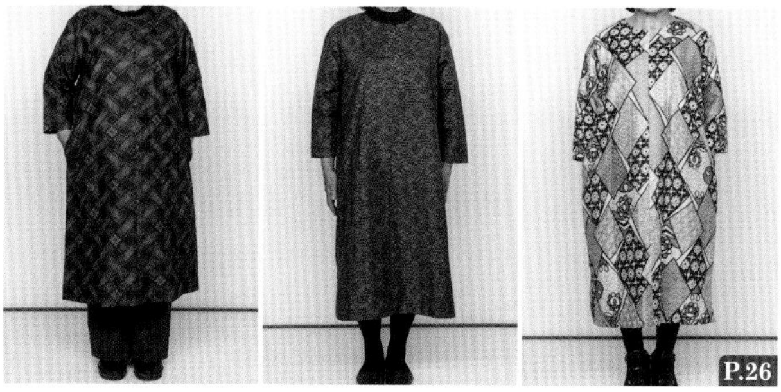
P.26

いちばん簡単ワンピース

同じ形のワンピースを銘仙と大島紬で。華やかな銘仙は意外と落ち着いて見え、渋い色合いの大島紬は、着たほうが柄の動きがよく見えます。左から身長156cm、身長156cm、身長158cm。

コート編

キルティングコート

P.33

ビッグサイズのかわいい形。首元があくので、タートルネックや巻物で差し色のおしゃれができます。身長164cm。

ノーカラーの薄手コート

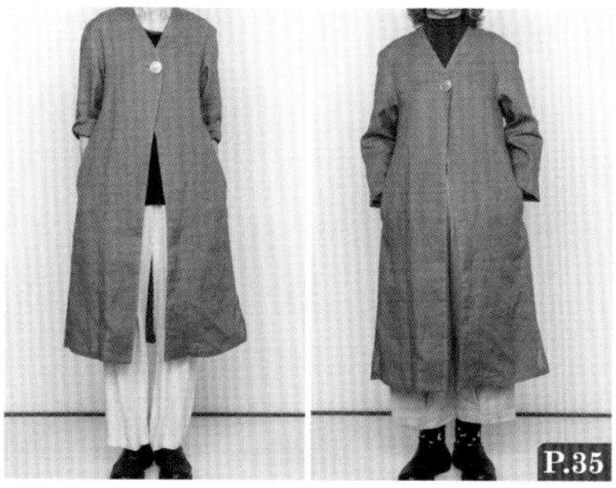
P.35

身長156cmと168cmのモデルさんに着てもらいました。丈の違いはありますが、ひとつボタンの軽くはおるタイプなので体型に関係なく着こなせる一枚。

フード付きコート

P.34

フード付きコートは第一ボタンをはずせばセーラーカラーのように見えます。身長155cm。

スタンドカラーのAラインコート

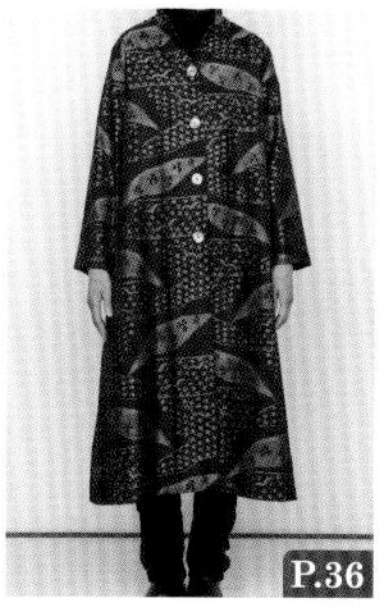
P.36

スタンドカラーとAラインの縦長のシルエットがスタイリッシュに見えます。裏地付きでも軽やかです。身長168cm。

パンツとスカート

ボトムスに使う古布はしっかりしたものを選んでください。上半身よりも下半身のほうが動きが大きく、座っているときの摩擦などでも擦り切れる場合があります。しゃがんだら布が裂けたなどということがないようにご注意を。

脇のポケットは取り外しができます。取り外してバッグの中のポーチとして使っても。

絣、絵絣、筒描きなど柄の大きさや模様の違う藍を合わせています。

はぎれ使いのスカート

作り方 --- P.82

あまった布やはぎれなど19枚の藍布を接ぎ合わせたスカートです。ウエストから腰回りを接ぎ合わせると内側で縫い代がもたつくので、腰回りは一枚布にしています。ウエストゴムで調整もしやすく、簡単に作れます。

簡単パンツ

作り方 --- P.88

脇に縫い目を作らず、左右一枚ずつで仕上げるパンツです。
脇はまっすぐ、裾に向かって少しテーパードしているので内側
はややカーブしたおもしろい形。履くと細身に見えます。

ワイドパンツ

作り方 --- P.85

ストレートなワイドパンツです。切り替えポケットと後ろにパッチポケットが付いて便利です。パッチポケットを付けるときは、布に余裕があればパンツ本体と柄を合わせるようにします。

ワンピース

ワンピースはおしゃれ着にもリラックス着にもなり、気になる部分も隠してくれる大助かりのアイテムです。寒いときは中に一枚重ねて、暑いときはインナーやTシャツだけで。使う布とコーディネート次第で一年を通して楽しめます。

脱ぎ着しやすいように、後ろにボタンを付けました。

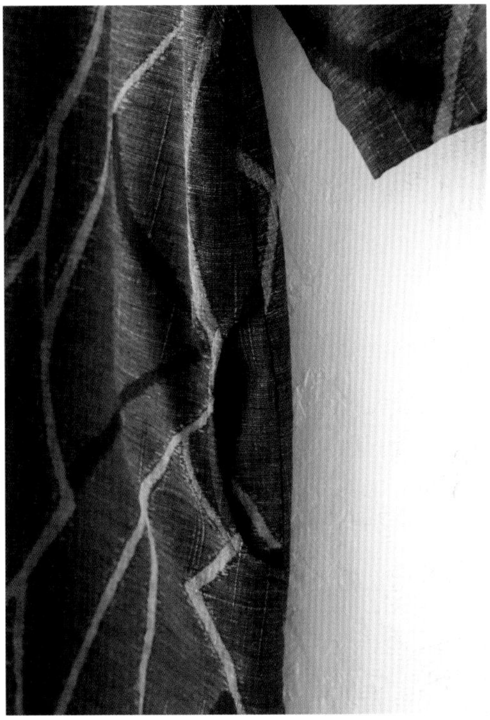

脇のポケット口がかわいいカーブの形です。

バルーンワンピース

作り方 --- P.90

シンプルながらディテールに凝ったつくりのワンピースです。すっきりしたV字の襟元と対照的に裾を少しせばめたかわいいバルーン型。足さばきが悪くならないようにバルーンは少しにしています。

いちばん簡単ワンピース

作り方 --- P.49

簡単だけどすっきりきれいできちんとしているワンピース。襟ぐりに見返しを付けて強度をだすなど、外せないところはきっちりとおさえた一枚です。銘仙の大柄は派手そうでいて着ると落ち着いて見える、着物マジックがあります。

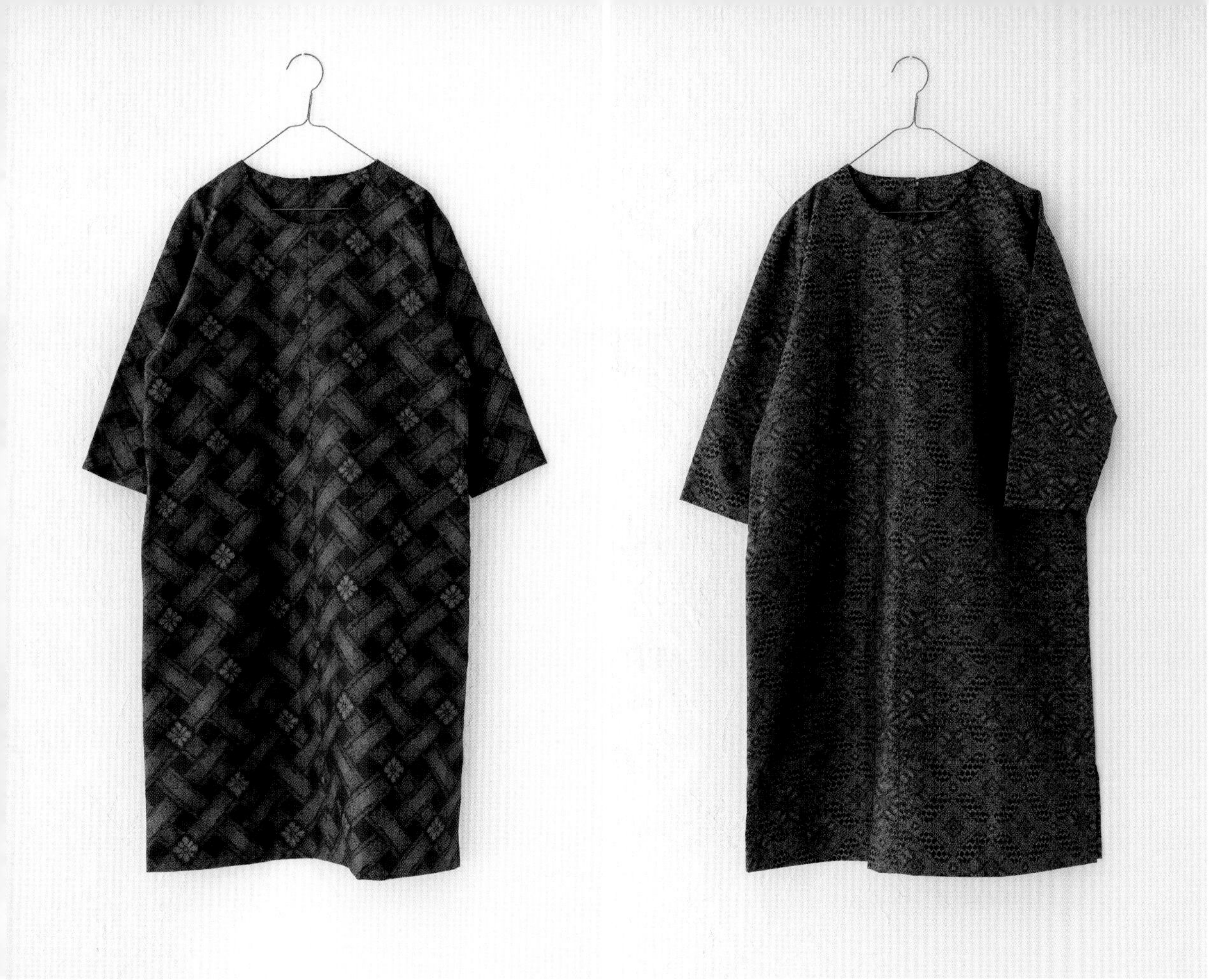

大島紬で作った2枚。シックな色合いですが、柄のよさがいきてきます。

脇のスラッシュポケット、脱ぎ着しやすい後ろのボタン、足さばきが悪くならないように入れたスリット。小さな着やすさが詰まっています。

シャツワンピース

作り方 --- P.93

14ページのブラウスを長くしてシャツワンピースにしました。すっきりとしたシルエットにするために後ろ身頃のタックをなくし、シャープな印象になりすぎないように袖口に軽くゴムを入れてふんわりと。ポケットを付けてスリットを入れ、実用度も高めました。

キャミソールワンピース

作り方 --- P.96

肩ひも部分で長さが少し調節できるワンピースです。
中に着るもので変化が付けやすく、トップスを上から
着ることでスカートのようにも使えます。

夏のワンピース

作り方 --- P.99

透け感のある上布を使った夏のワンピースです。夏の着物に使われる上布はシャリ感があり風を通すので、たっぷりの袖と身頃のデザインはより涼しく着られます。少しボートネック風の襟も涼しげでおしゃれです。

あまった布でお揃いのバッグを作りました。シンプルな縦長バッグに柄に合わせて格子状にキルティングを入れています。

バッグ参考作品

上布はかなり透けるので、中に着るものにも気を使ってください。チュニックのように中にパンツやスカートをはくのがおすすめです。

ドロップショルダーにたっぷりの袖。袖口には軽くゴムを入れています。

コート

コートは手がかかるけれど作ってみたいもののひとつ。おしゃれな軽いはおりものから、しっかりとしたコートまで4着をご紹介します。

大柄の絣をパイピングに使ったので、白い部分が見えたり見えなかったりするところも変化がついておもしろい。裏は絞りの布を使いました。

キルティングコート

作り方 --- P.102

薄い綿をはさんでキルティングしました。中に厚手の洋服を着ても大丈夫なように身頃もたっぷりとってあります。大きな襟とハーフ丈のバランスがかわいいコートです。写真のように藍の無地で作るとずっしりと重さがありシンプルなイメージですが、銘仙や大島紬などを使うと軽く華やかな印象になります。

フード付きコート

作り方 --- P.106

カジュアル感のあるフード付きコートです。裏を付けず一枚で仕立てているのでさっとはおれる身軽さも魅力です。袖は八部丈くらいの少し短めにしているので、好みで長さを調整してください。

ノーカラーの薄手コート

作り方 --- P.109

春先や秋口にかけて着たいコートです。作品のように麻で作れば透け感があり軽やかに、木綿で作れば落ち着いた印象で麻よりも長いシーズン着ることができます。脇にはポケットとリボンが付いているので後ろで軽く結ぶスタイルも楽しめます。

スタンドカラーの
Aラインコート

作り方 --- P.112

飽きのこないすっきりとしたシルエットで、布をいかしたシンプルなデザインが着る人を選ばないコートです。裏地の付いたしっかり仕立てなので、表地を薄手にしても頼りになります。

コートのディテール

コートのはずせないポイントはきちんとしていること、そのコートの目的に合った仕様がされていること。作り方はできるだけ簡単にしても、ポイントはおさえます。

ボタンをとめてもはずしてもきれいなスタンドカラー。

デザインやどのように着るかによって、裏地を付けます。

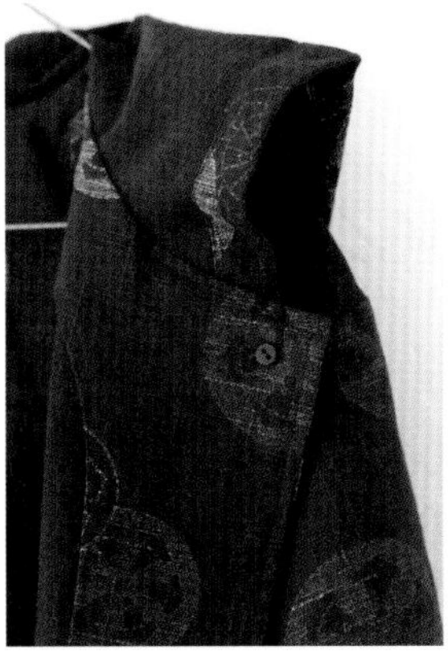

カジュアルなタイプでも、見返しと力ボタンがきちんとあることできれいな形に。

フードのカジュアルさに合わせたパッチポケット。

動きやすさを考えた後ろ身頃のタックと、脇のスリット。

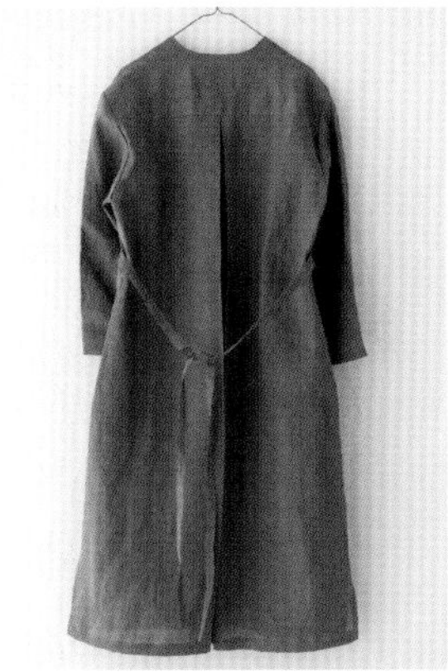

前が大きくあくので足さばきはよいデザインですが、丈の長さを考えて後ろ身頃のタックと脇のスリットも入っています。

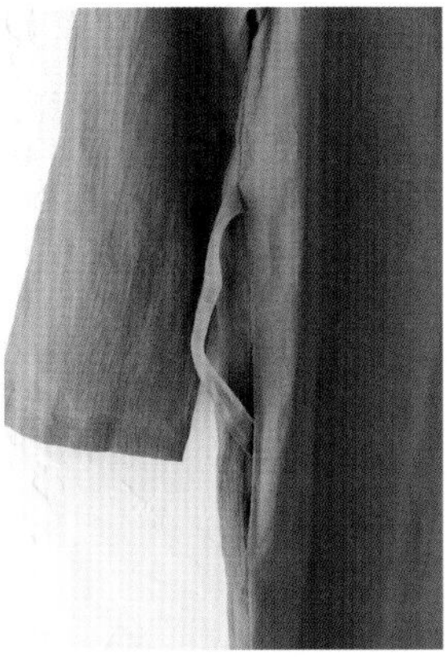

便利な脇のスラッシュポケットと、ポイントにもシルエット調整にもなるリボン。

身頃のきれいなカーブと玉縁ボタンホール。大きなひとつボタンは目立つので、玉縁ボタンホールで美しく。

和布で作る楽しみ

教室で和布を使っているからか、皆さん和布の洋服が大好きです。もともと手作りが大好きなこと、和布の魅力を知っていること、自分だけの洋服が着れるといううれしさ、和布の洋服作りには楽しい理由ばかりがあります。

昔は家にたくさんの着物がありました。おばあちゃんの着物、お母さんの着物、もう着ないから処分に困っているといって集まってくる着物たち。リサイクルや古布のお店の着物。どの着物も大切にされてきたことでしょう。そういう着物を使って洋服にリメイクします。もちろん今の新しい和布を使ってもかまいません。

古布は、やわらかく馴染んでいるのが魅力です。ひとつ注意して欲しいことは、布が弱くなっていないかということです。座ったはずみに布が裂けた、なんてことが起こらないように事前にしっかり布の状態をチェックしてください。新しい布を使うときは、少しごわごわとしたかたさがありますが、着ているうちにやわらかくなってきます。布を育てるといえば言い過ぎですが、自分に馴染んでくる楽しさがあります。

本書の洋服はすべてフリーサイズのゆったりとしたデザインです。ぴったりとしたものよりもゆったりとしているほうが、和布の質感や柄に合っていると思います。そして今の自分たちに合う形やデザインです。ただし、ゆったりしているのとだらしなく見えるのは大きく違い、きちんときれいに見える要所をおさえたつくりを目指しています。簡単にしてもいいところは簡単に、きちんと見せたいところは基本通りに、装飾など楽しみたいところはひと手間をかけて。パッチワーク教室を始める前にしていた、婦人服縫製会社の知識と経験をいかした洋服作りを心がけています。

型紙はすべて囲み製図です。型紙を写すのではなく、自分で引くほうが今後の洋服作りの勉強にもなり、やってみると簡単でサイズ調整もしやすいと思います。囲み製図の型紙の引き方とサイズ調整のしかたを掲載しているので、やったことがなくてもぜひチャレンジしてみてください。

今回も教室の皆さんに和布の洋服を着てもらいました。似合う色や形、スタイルは人それぞれですが、まるで自分の服だったかのように自然に着こなしてくれています。和布の洋服とお持ちの既製品の洋服がコーディネートできるということが大事です。和布の洋服がすてきでも、生活の中に取り入れられなくて着なくなってしまうのでは意味がありません。和布のよさ、布を大事に使うこと、そして何より自分で作るおもしろさ、おしゃれをする楽しさを考えて作っています。

あまった布で作るもの

洋服のパーツを取ったあとの残り布、洋服にするには弱そうな布などは小物に活用しています。和布の洋服とコーディネートしたり、ポイントとして取り入れてみてはいかがでしょう。

ネコのお人形

作り方 --- P.118

簡単だけどかわいいネコたちです。本体はベージュで作っていますが、白ネコ、黒ネコなどお好みの色で作ってください。5cmくらいの小さな小さなはぎれもスカートに無駄なく使います。はぎれも使えて、かわいいネコ用スカートになります。

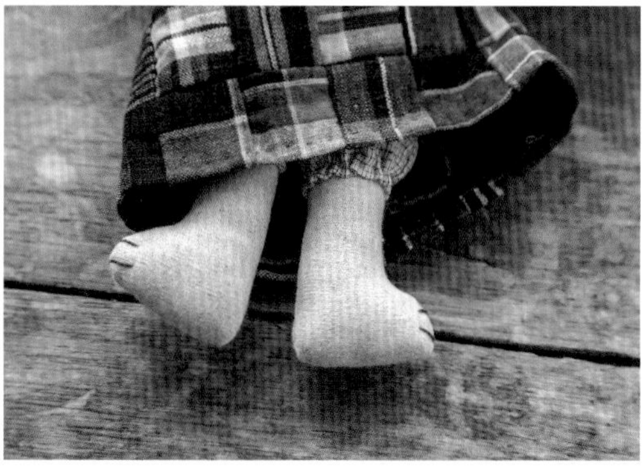

お人形にもちゃんとスカートの下にパンツをはかせます。パンツは好みで作ってください。

接ぎ合わせがかわいい子供服

作り方 --- P.115

大人の服をとったあとのあまり布で子供服なら作れます。あまり布でも布の種類を揃えれば、かわいいワンピースの出来上がり。写真は5歳くらいのサイズです。ネコのお人形ともお揃いの雰囲気になりました。背中には背守りのようにログキャビンを配置しました。

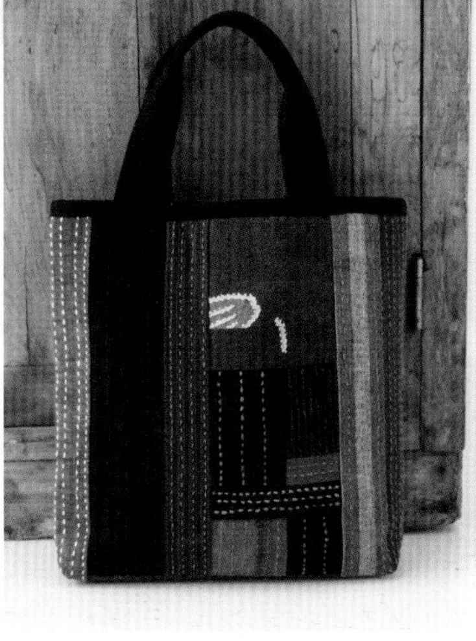

藍のミニバッグ

作り方 --- P.122

刺し子をしたミニバッグです。はぎれを縫い合わせて作るので、サイズや接ぎ合わせの位置は使う布次第。刺し子も使う布に合わせて、自由に入れてください。和布の洋服だけでなく、既製品の洋服にも合わせやすいバッグです。

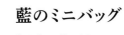

銘仙のガーリーバッグ

作り方 --- P.124

銘仙は柄と色使いが独特で、見ているだけでも楽しい布です。そんな銘仙のはぎれをつないでバッグにしました。それぞれ正方形と長方形の同じ形だけを縫い合わせるので簡単です。銘仙は裏に接着芯をはって使います。

銘仙の簡単スカーフ

作り方 --- P.126

長方形に接ぎ合わせて、中に綿を入れてふっくらとさせたスカーフです。そのままくるりと巻いてもかまいませんが、止め布を別に作って巻けば、巻き方も決まりやすく便利です。色違いで何本か作っておけばコーディネートの差し色としてすぐ使えます。

洋服作りにおすすめの和布

本書では、木綿の絣や藍、銘仙、大島紬、麻を主に使っています。木綿は丈夫で日常使いにちょうどよく、藍や大島紬の落ち着いた色は合わせやすく使いやすい、銘仙は色と柄のかわいさというようにそれぞれに魅力的で特徴があります。普段着として使うなら、木綿の藍や絣が扱いやすいですが、ライフスタイルや普段の洋服に合わせて和布を選んでください。基本的にどんな着物地でも洋服にすることができます。

ただし新しい布ではなく着物をリメイクする場合は、布が薄く裂けやすくなっている部分がないか、穴あきがないかをしっかり確認してから使ってください。着物の状態では大丈夫そうに見えても、洗濯するとだめだったなどという場合もあります。せっかく洋服にするのですから、好きな布で自分に合う一着を作ってください。

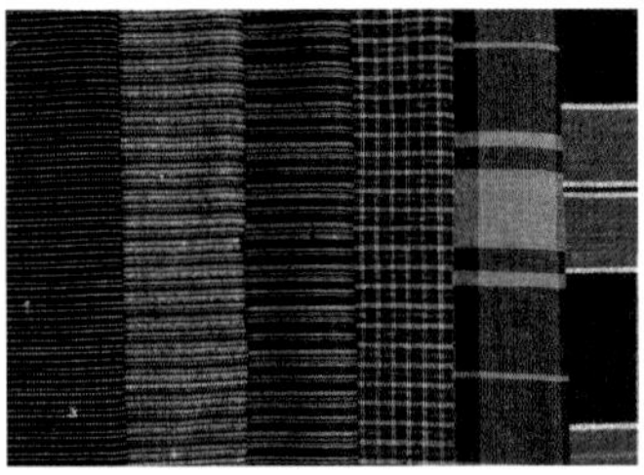

縞、格子

洋服に合わせて太さや間隔、色を選びます。モダンに見えたり、無地のように見えたり、縞の大きさで変わる変化を楽しめます。日本各地に会津木綿や亀田縞などのその地域の布があります。

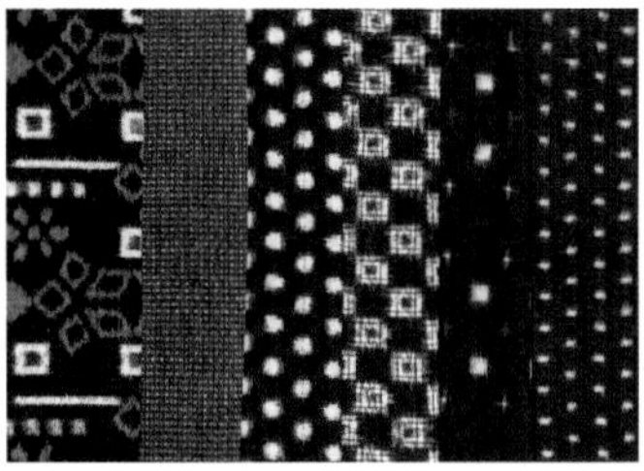

絣

最も使う布のひとつです。模様の大きさはさまざまですが、細かい模様が全体にあるものが多く、無地のように使えて無地よりも表情が出るので重宝します。模様の大きさの違う布を組み合わせて動きを出します。

藍の無地

無地だけで洋服を作ることはありませんが、刺し子をしたり、柄と合わせたりするときに便利な布です。水色のような色から濃紺まで色のグラデーションも美しく、布の質感によっても違いが出ます。

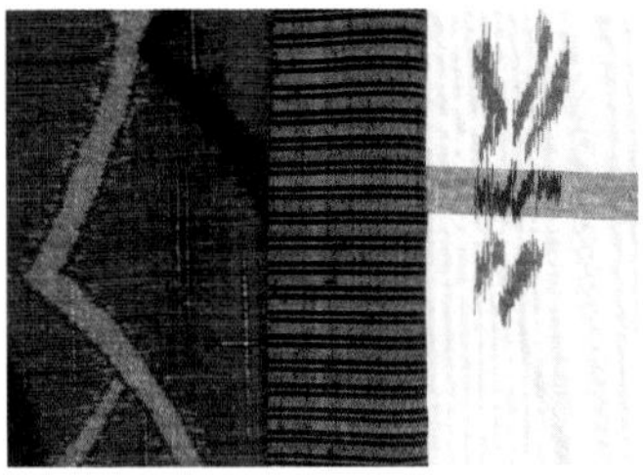

紬

糸の太さが均一ではない紬糸で織るので、素朴で独特の風合いがあります。しっかりとした生地が多く、使っているうちにだんだんとやわらかくなってきます。

大島紬

奄美大島発祥の紬で、こげ茶の濃淡で模様を描いたもののほかに、青や白のタイプもあります。渋い色合いに滑らかな肌触りと光沢のある生地は洋服に向いています。

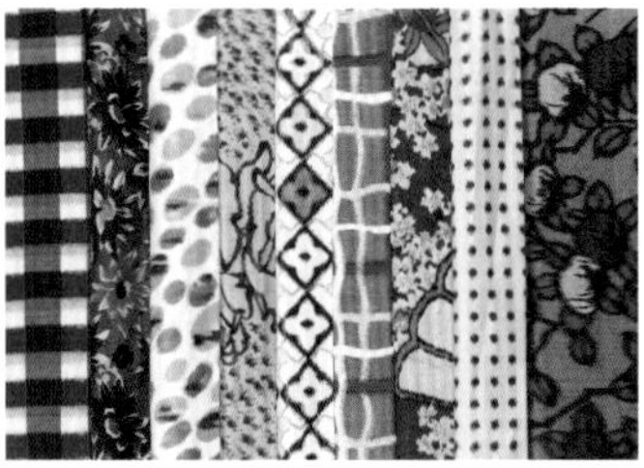

銘仙

カラフルな色とレトロモダンな柄が特徴の、先染めの絹織物。布だけで見ると派手に感じることもありますが、もともと普段着として使われていた着物だけに着ると落ち着いて馴染んで見えます。

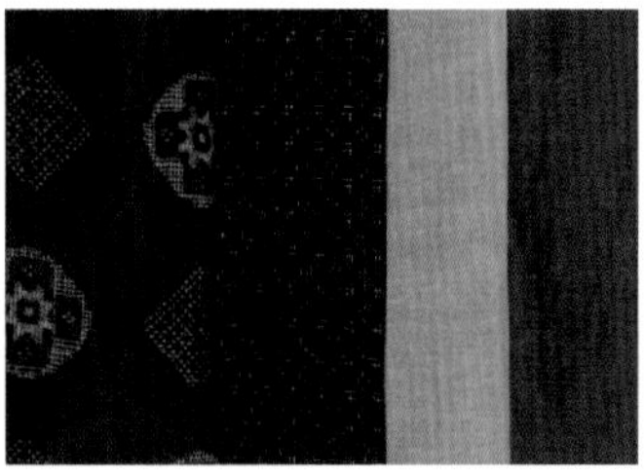

上布、麻

細い麻糸を織って作る高級な麻布です。絣柄のほかに無地を使い、どちらもシックで少しモダンな印象になります。はりがありさらっとした肌触りは夏の着物ならではです。

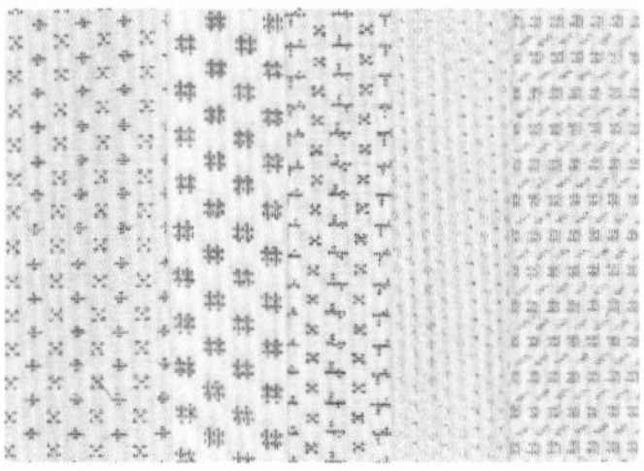

白絣

白地に紺や茶の絣柄を織った布です。白地なので、夏の洋服にぴったりで麻で織る上布などにも多く見られます。透け感のあるものはインナーとの組み合わせも楽しんでください。

ほかにも地紋の入った絹や浴衣、縮などもおすすめの和布です。同じ洋服でも木綿と絹で作るのでは、布の光沢や落ち感による違った表情が楽しめます。

接着芯とキルト綿

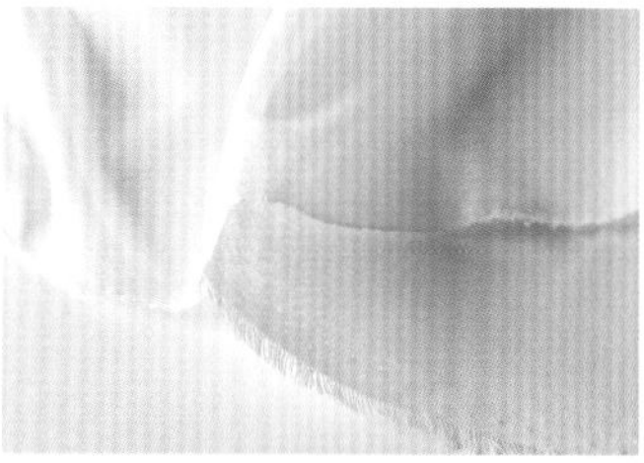

接着芯

見返しや襟の表布などのしっかりさせたい部分にはります。和布の風合いを損なわないように、ニットタイプか布タイプの薄手接着芯を使います。ハードタイプの接着芯はバッグの中袋にはってはりを出します。

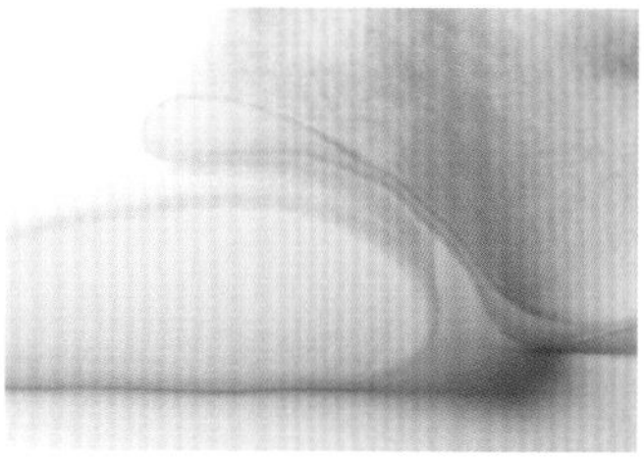

キルト綿

左の片面接着キルト綿はバッグにはってキルティングをするときに、右の薄手キルト綿はキルティングコートに使いました。

あると便利な道具

方眼紙とハトロン紙

マス目がある方眼紙は、自分で型紙を作るときに縦横が取りやすいので便利です。ハトロン紙は、透けるので型紙に重ねて写します。

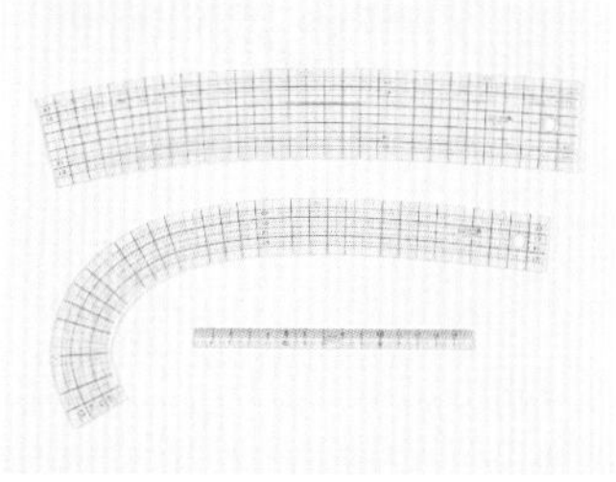

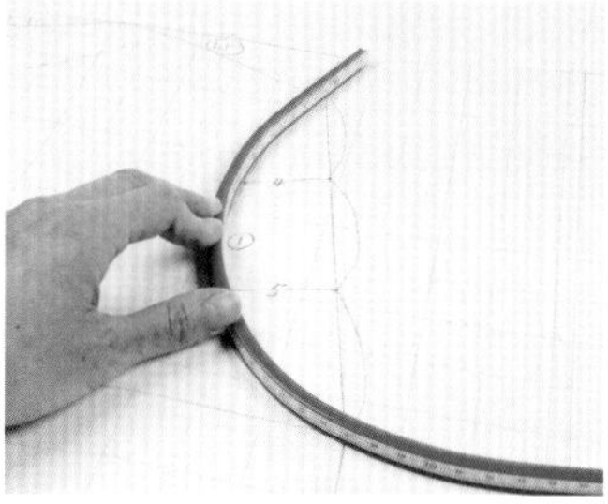

定規とカーブ用定規

定規は竹製でもプラスチック製でもかまいませんが、定規の端が0始まりになっているものが便利です。カーブ定規は襟や袖ぐりのカーブを引くときに使います。フリーハンドでかまいませんが、うまく引けるか心配なときはカーブ定規が便利です。上はカーブの浅い深いに合わせて使い分けます。下は自在定規といい、定規自体を曲げられるので必要な位置に合わせて曲げ、その位置を通るカーブを引くことができます。

着物をほどく

使いたい和布が着物の状態なら、着物をほどいて布の状態に戻します。ほどく前に洗濯して乾燥機をかけるか干してしっかりと乾かしておきます。着物のままの状態だと糸が湿っていることが多く、洗濯して乾かすことでふんわりとして糸がほどきやすくなります。

ほどく順番は仕立てとは逆で、衿→袖→おくみ→裾→身頃の順です。着物は洗い張りをすることを前提として手縫いで作られているので、想像よりも簡単にほどけます。ただし、要所はかんぬき止めなどでしっかり縫っている部分もあるので気を付けてください。

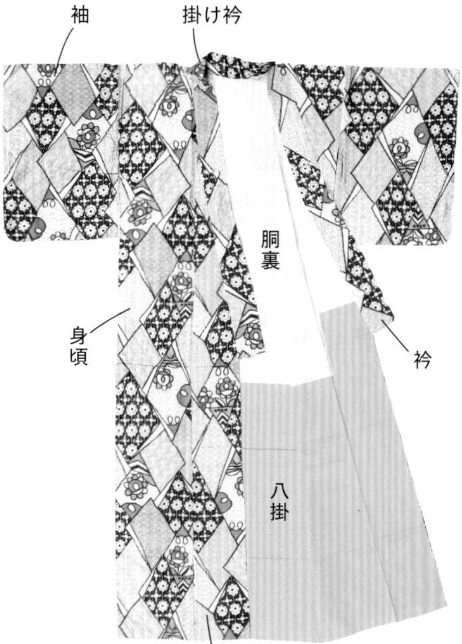

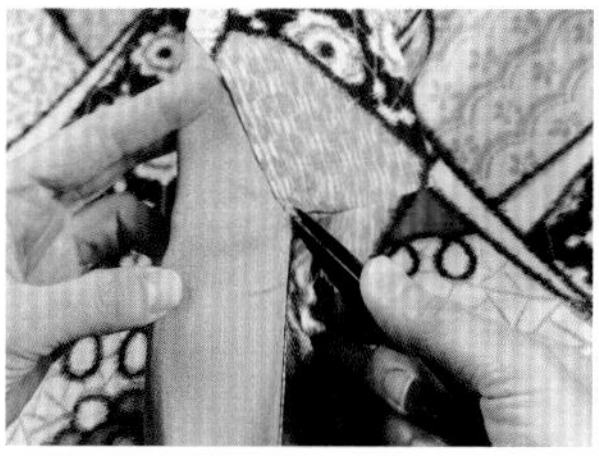

1 衿下の内側からにぎりばさみやリッパーを入れて糸を切ります。布を引っ張れば糸が見えるので、糸だけを切ります。端から反対側の衿下までほどきます。

2 内側をほどいたら外側の衿も同様にほどきます。これで衿が身頃からはずれます。

3　衿と掛け衿の縫い目をほどきます。衿の芯もはずしておきます。

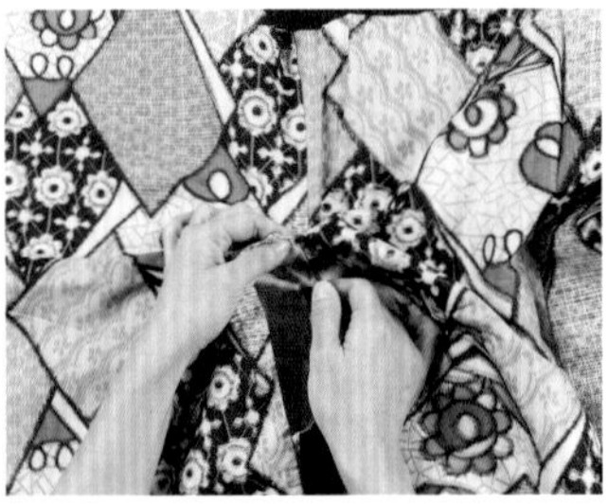

4　次に袖をはずします。衿と同様に身頃と袖の端からはさみを入れて左右の袖をほどきます。

5　身頃から袖がはずれたら、袖の表布と裏布をほどきます。それぞれ輪に縫っている部分をほどいて平らな一枚にします。

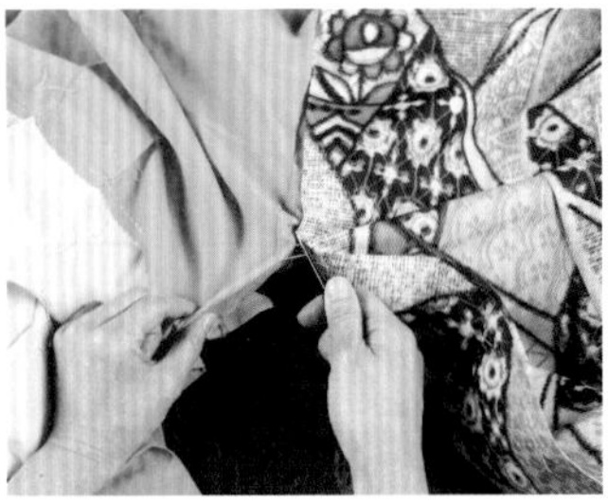

6　残るは身頃部分です。身頃の表布と裏布をはずします。衿下から裾をほどき、内側で縫い止めている部分があれば、そこもほどいて表と裏を完全に分けます。

7　左右のおくみを身頃からほどきます。裏布も使えそうであれば表布と同様にパーツに分けておきます。

8　後ろ身頃の中心の縫い合わせ部分をほどきます。これですべてのパーツがほどけました。

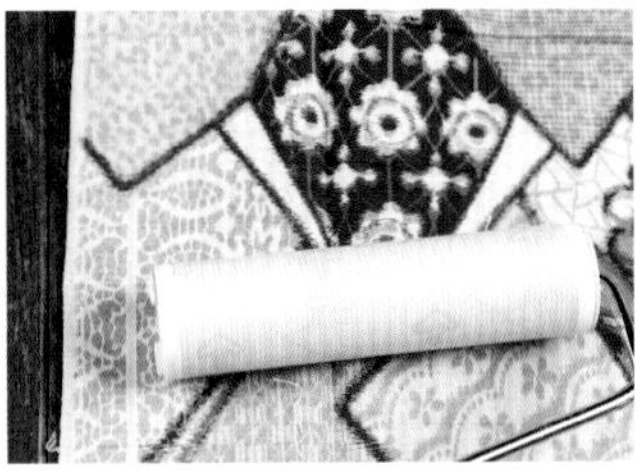

9　平らになった布の糸くずを取ります。テープなどで押さえて取ると簡単です。ほこりなどがあれば一緒に取っておきます。

10　アイロンをかけて折り目を伸ばし、きれいに整えます。

袖　袖　身頃　身頃　おくみ　掛け衿　衿

表布は写真のようなパーツに分かれます。身頃と袖の幅は約36cm、おくみと衿の幅は約18cmです。この36cmの幅で洋服のパーツを取るので、幅が足りない場合は目立たない後ろ側や脇側でおくみなどを接ぎ合わせるか、違う布を接ぎ合わせて切り替えのデザインにします。

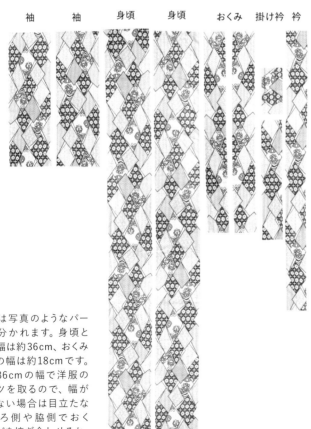

ワンピースを作る

26ページのいちばん簡単ワンピースで型紙の作り方から縫って完成するまでの工程を解説します。

材料

身頃用布（袖、見返し、ポケット後ろ布、布ループ分含む）	36×660cm
ポケット前布	40×30cm
接着芯	60×20cm
直径1cmボタン	1個

着丈約101cm　身幅約56cm

※ポケットは実物大型紙Bに掲載

袖2枚

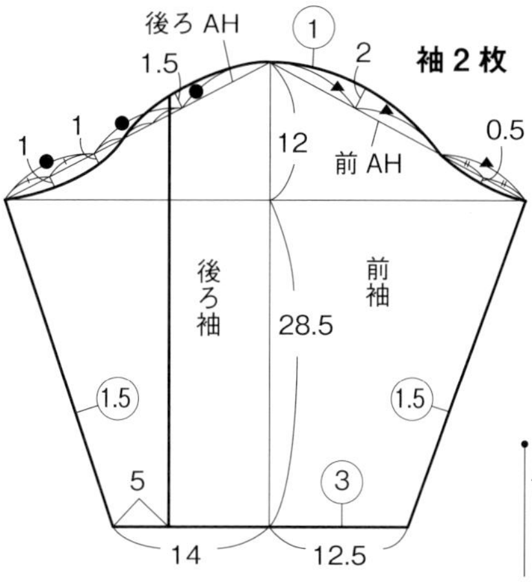

後ろAH
1
2
1.5
1
1
12
0.5
前AH
後ろ袖
前袖
28.5
1.5
1.5
5
3
14
12.5

布ループ1枚

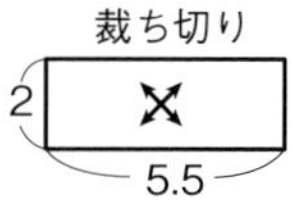

裁ち切り
2
5.5

※長めのループに作ってから5.5cmにカットする

後ろ身頃、見返し2枚

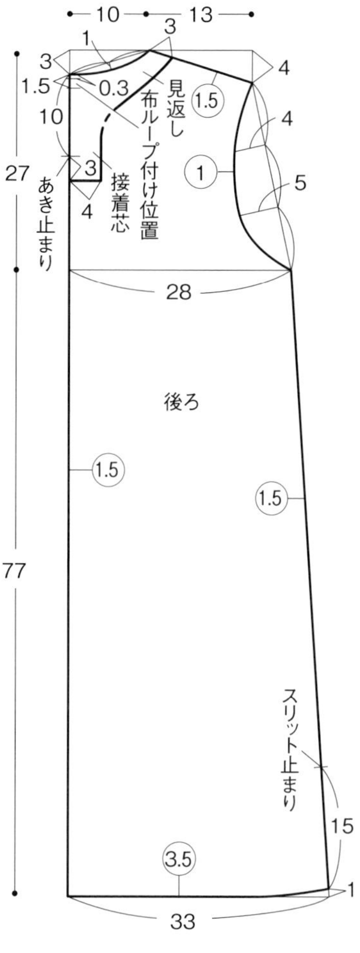

10
13
1
3
3
1.5
0.3
見返し
布ループ付け位置
1.5
4
10
4
27
3
あき止まり
接着芯
4
1
5
28
後ろ
1.5
1.5
77
スリット止まり
15
3.5
1
33

前身頃2枚、見返し1枚、ポケット4枚

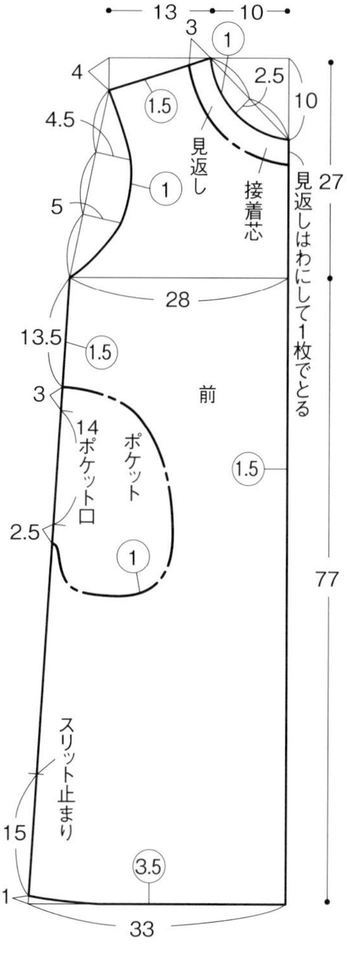

13
10
3
1
4
1.5
2.5
10
4.5
見返し
接着芯
見返しはわにして1枚でとる
27
1
5
28
13.5
1.5
3
前
14
ポケット口
ポケット
1.5
2.5
1
77
スリット止まり
15
3.5
1
33

型紙を作る

前身頃の型紙の作り方

49ページの構成図を見て、実物大型紙を作ります。

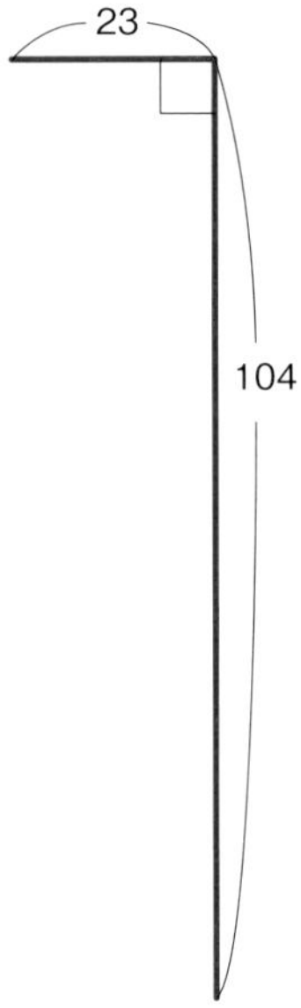

1
前中心（前立て）の線を引き、次に前中心を垂直になる線（肩）を引きます。適当な長さでかまいませんが、構成図にサイズが出ているのでその長さで引きます。

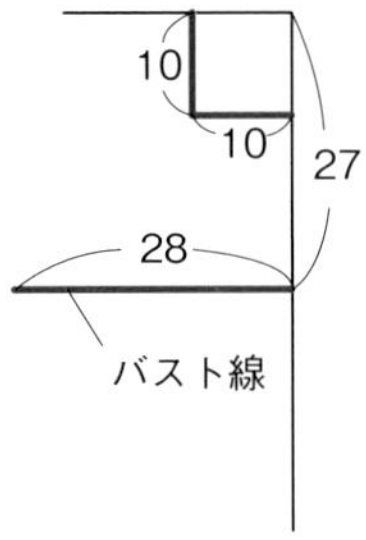

2
バスト線を引きます。バスト線は脇の下から始まる線です。次に襟ぐりの位置に印を付けます。前中心と肩までのどちらも10cmです。

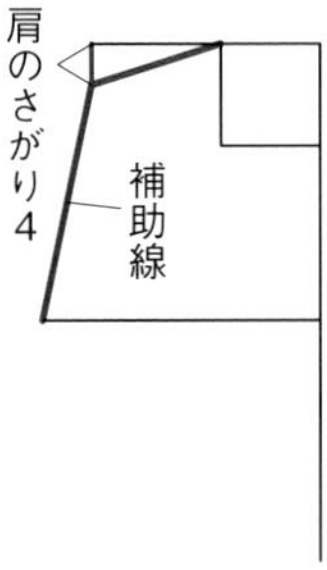

3
肩の端から肩のさがり分の印を付け、2の襟ぐりと結びます。これが肩のラインになります。次に肩のさがりの位置からバスト線と結びます。これが袖ぐりの補助線になります。

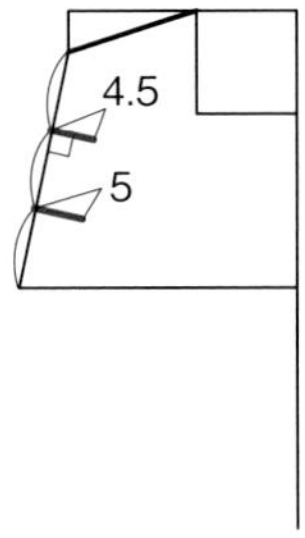

4
補助線を三等分し、三等分の位置から補助線と垂直の線を構成図通りの長さで引きます。補助線は二等分の場合などもあります。

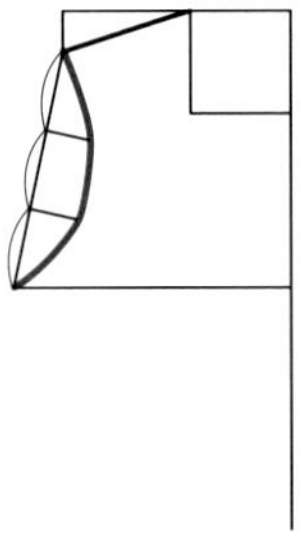

5
フリーハンド、またはカーブ定規などを使って、この線を通るカーブを引きます。このカーブが袖ぐりになります。

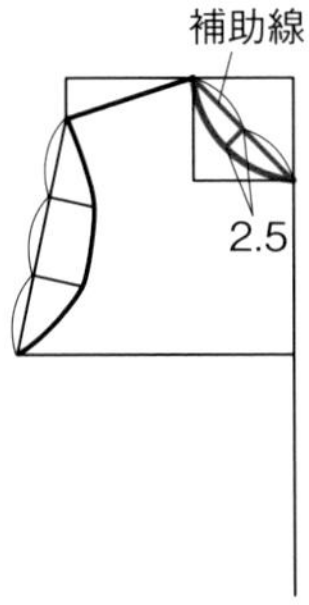

6
袖ぐりと同様に襟ぐりのカーブを引きます。補助線を引き、二等分の位置から構成図通りの長さで垂直に引きます。この線を通るカーブを引きます。

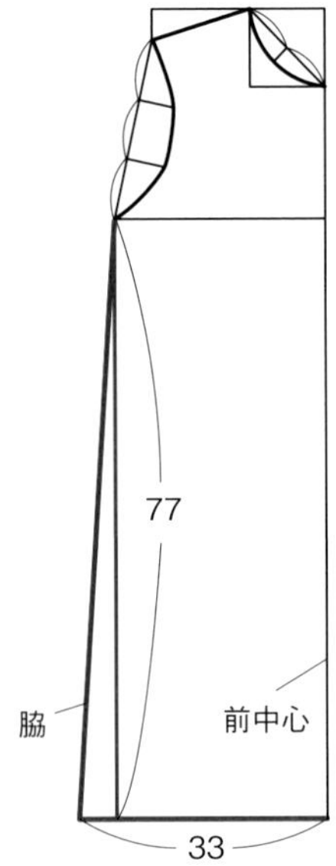

7
バスト線から下の寸法を四角く引きます。縦の長さ分だけ引き、次に裾の長さを引きます。バスト線と裾を結んで脇の線を引きます。

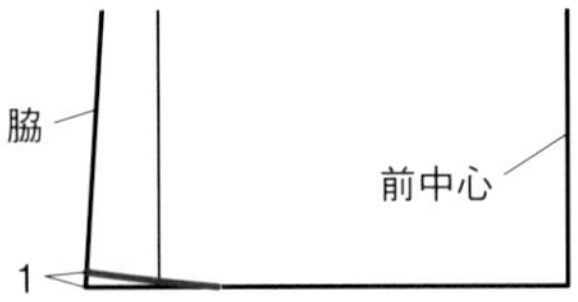

8
裾が前さがりになるように、脇に1cmほどの印を付けて裾が自然につながるようにカーブを引きます。

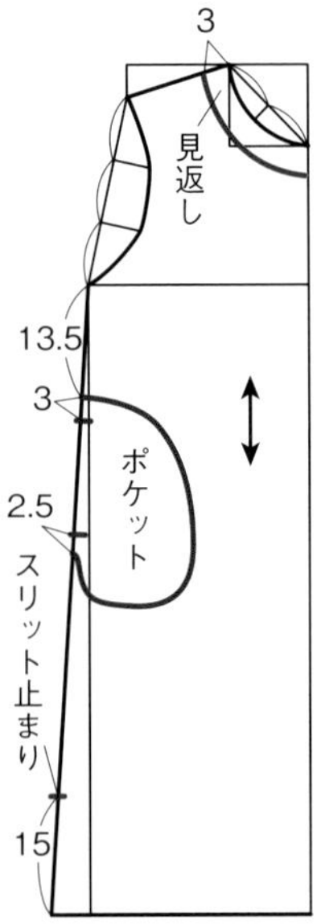

9
見返し、ポケット、スリットの位置なども引いておきます。見返しとポケットは別に型紙をおこしておきます。後ろ身頃も同様に作ります。

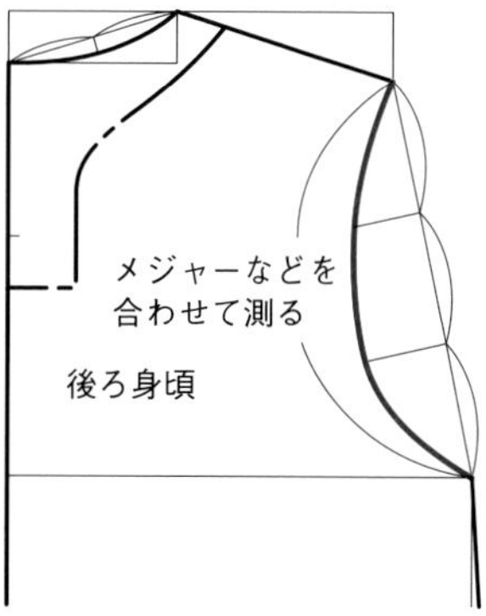
メジャーなどを
合わせて測る
後ろ身頃

1

前身頃と後ろ身頃の型紙から、袖ぐり（AH）をメジャーなどで直接測ります。

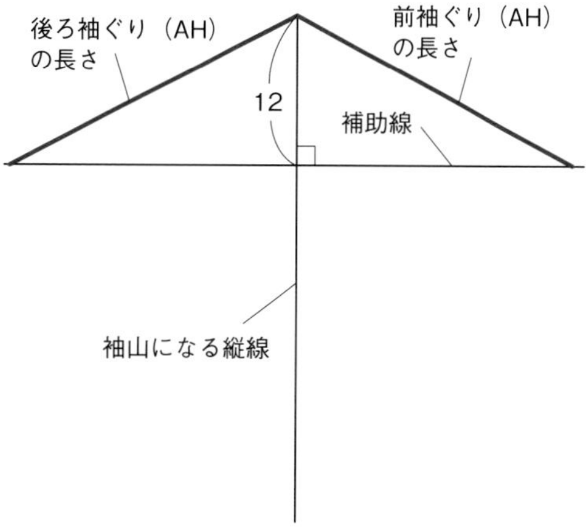
後ろ袖ぐり（AH）
の長さ
前袖ぐり（AH）
の長さ
12
補助線
袖山になる縦線

2

袖の構成図を見て、袖山になる縦線を引きます。次に縦線と垂直になる補助線を12cmの位置に適当な長さで引きます。**1** で測った袖ぐりの長さで、縦線の上から補助線に向かって引きます。

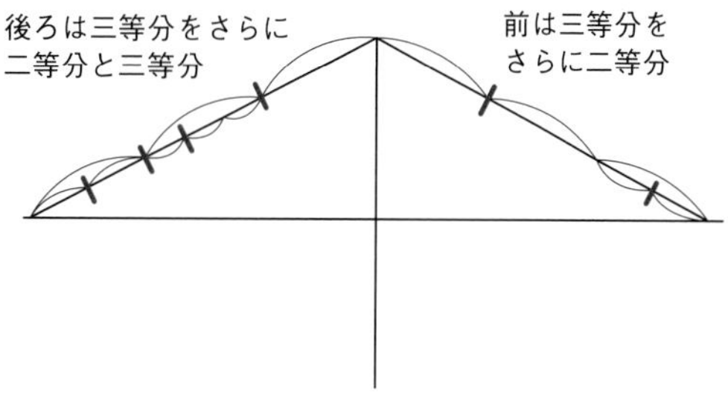
後ろは三等分をさらに
二等分と三等分
前は三等分を
さらに二等分

3

袖ぐりの長さの線を構成図通りに等分し、印を付けます。ここでは等分ですが、等分した位置から−1cmなどの位置の場合もあります。

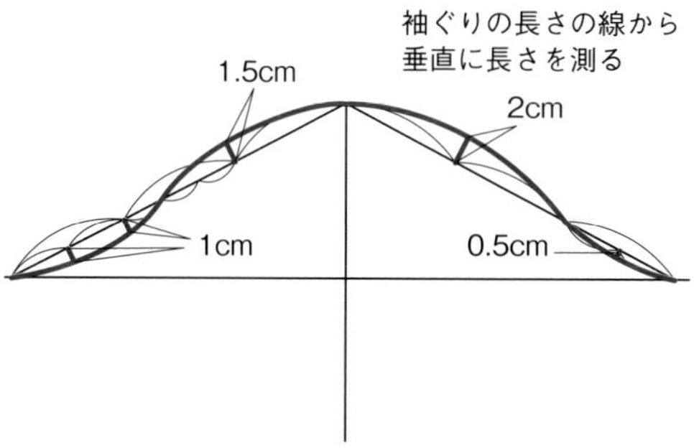
袖ぐりの長さの線から
垂直に長さを測る
1.5cm
2cm
1cm
0.5cm

4

印から構成図通りの長さに直角に線を引きます。フリーハンド、またはカーブ定規などを使って、この線を通るカーブを引きます。このカーブが袖ぐりになります。

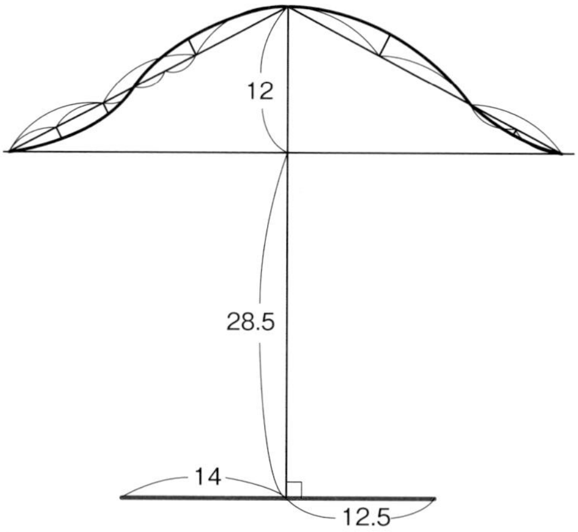
12
28.5
14
12.5

5

袖の長さまで袖山になる縦線を伸ばし、袖口の線を垂直に引きます。

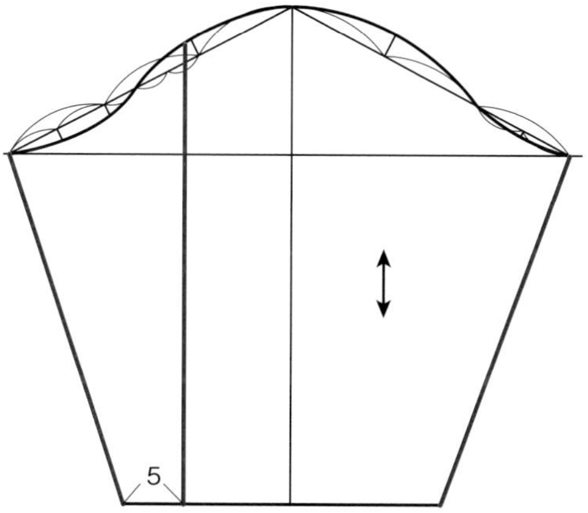
5

6

袖口と袖ぐりの線を結びます。布幅が足りないときは接ぎ合わせの位置も入れます。布目線を入れておくとよいでしょう。

布への印付けからカット

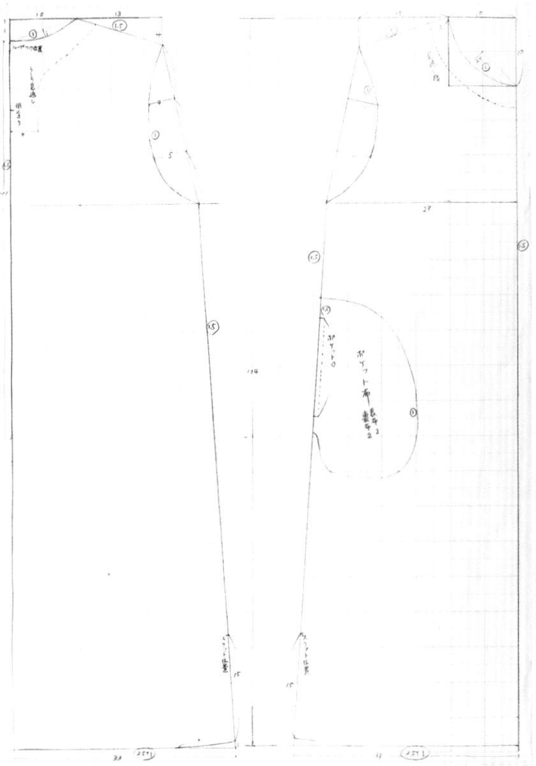

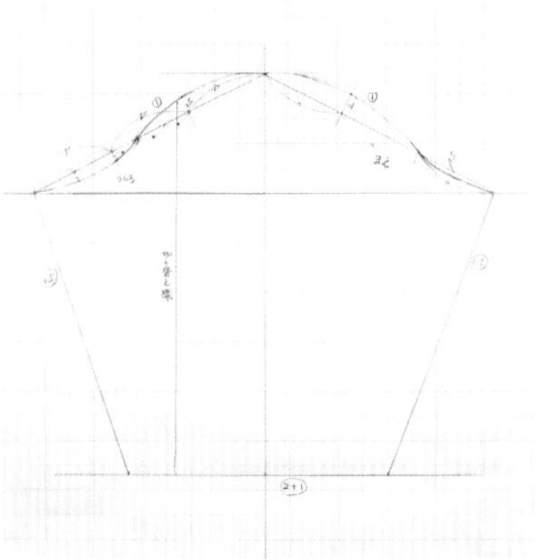

1　展開図から型紙が引けました。線に沿ってカットします。縫い代の数字がわからなくならないように、型紙の内側に書いておくとよいでしょう。見返しとポケットも別に型紙を作ります。

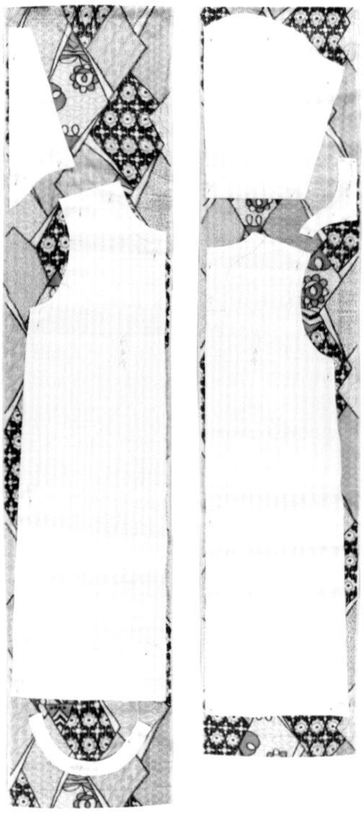

2　身頃を中表に二つ折りし、布端（耳側）から縫い代分をあけて型紙を重ねてずれないようにまち針で止めます。型紙は各身頃の中心、前袖と後ろ袖の接ぎ合わせの直線を布端にします。型紙に沿って印を付けます。

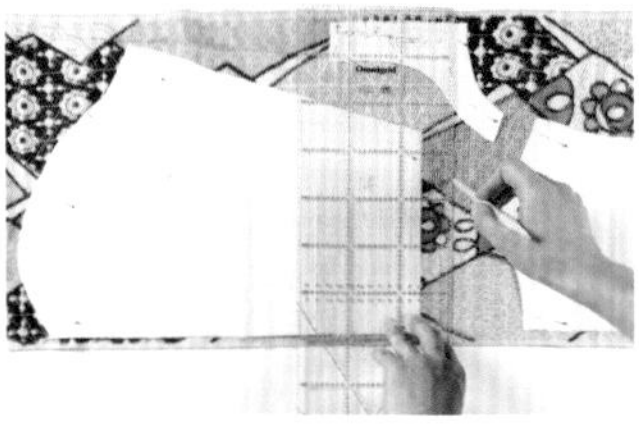

3　定規で縫い代分を測って印を付けます。このとき方眼の入った定規があると便利です。

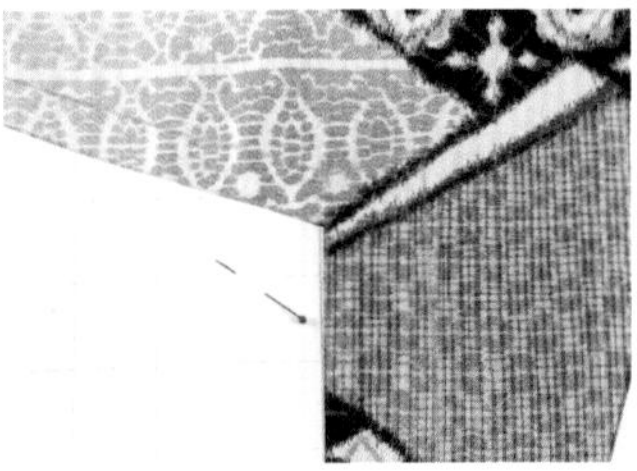

4　袖口の縫い代は、袖のラインに合わせて広げて引きます。まっすぐ引いてしまうと縫い代が内側に折り込まれたときに袖口がせまくなってしまいます。

5　裁ちばさみで縫い代の印に沿ってカットします。2枚一緒にずれないようにカットしてください。

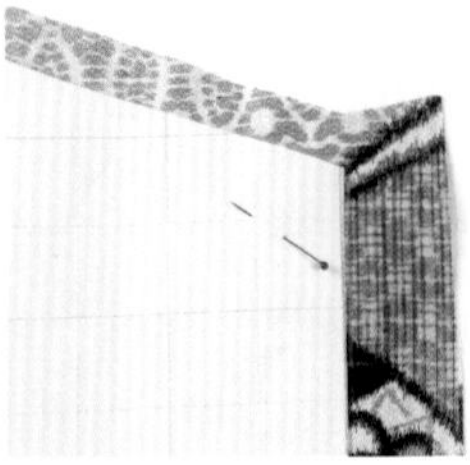

6　袖口の縫い代も広げた印に沿ってカットします。

仕立てる

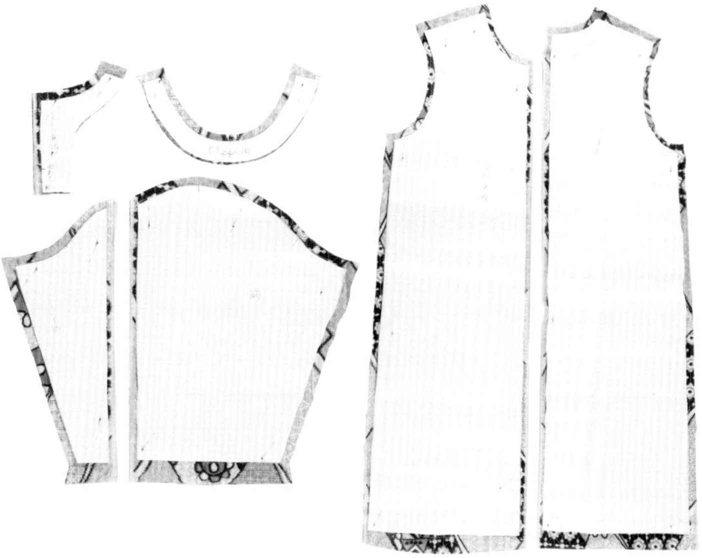

1　前身頃、後ろ身頃、前袖、後ろ袖、後ろ見返しが２枚ずつ、前見返しが１枚カットできました。

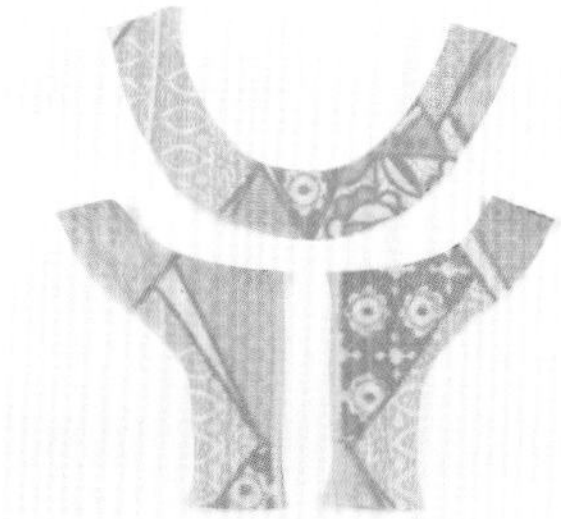

2　見返しには接着芯をはります。

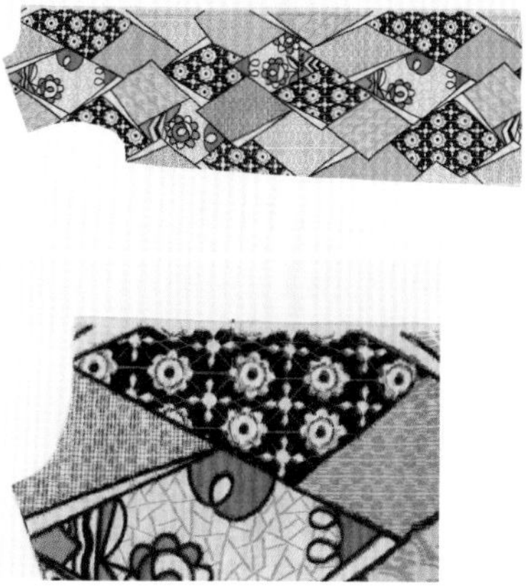

3　後ろ身頃の背中心を縫います。後ろ身頃２枚を中表に合わせてまち針を止め、裾からあき止まり位置まで縫います。

4　縫い代を割り、アイロンで押さえて整えます。布端の耳を使っているので、縫い代の始末は必要ありません。

5　前身頃も同様に前中心を合わせ、裾から襟ぐりまで縫います。縫い代を割り、アイロンで整えます。

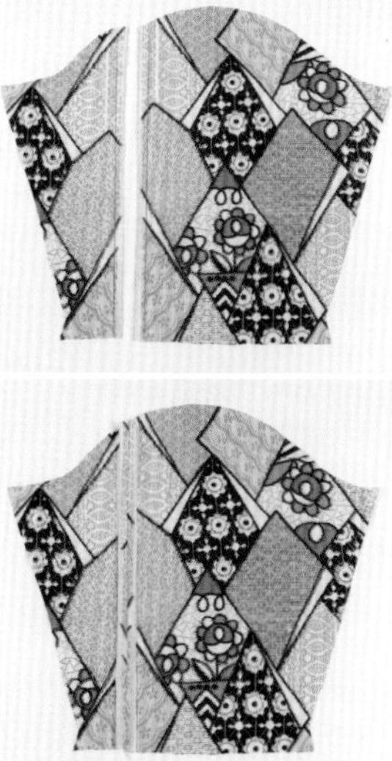

6　前袖と後ろ袖を中表に合わせて縫い、縫い代を割ってアイロンで整えます。

7　前後の見返しを縫い合わせます。前と後ろの見返しを肩で中表に合わせて縫い、縫い代を割ります。

8　後ろポケットをあまった部分、前ポケットを別布でカットします。

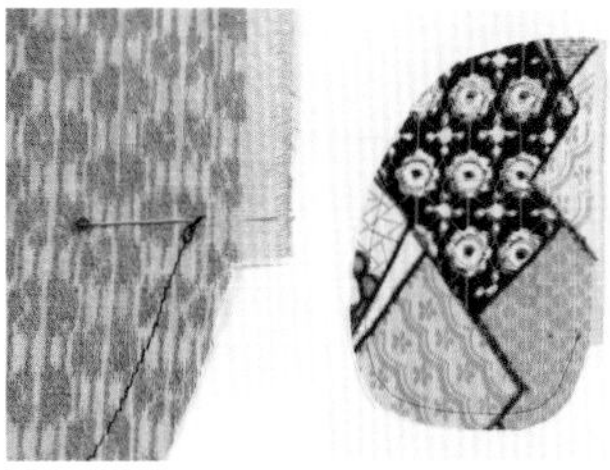

9　前ポケットと後ろポケットを中表に合わせて、印から印までカーブ側を縫います。

10　前後の身頃の肩と脇、袖の袖下の縫い代にロックミシンをかけて縫い代を始末します。

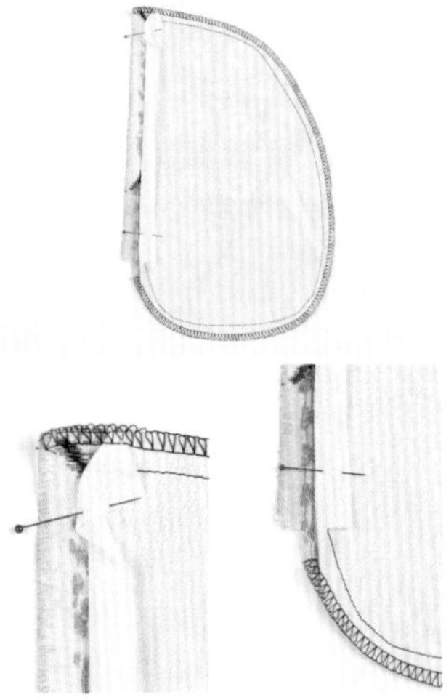

11　ポケットの縫い代をロックミシンで始末します。このとき前ポケットのポケット口を折り、上側は縫い代の端を三角に、下側はそのまままっすぐ折ってロックミシンで押さえます。

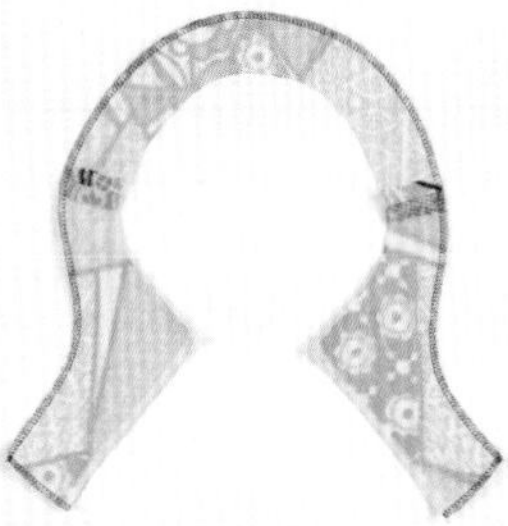

12　見返しの外側にもぐるりとロックミシンをかけます。

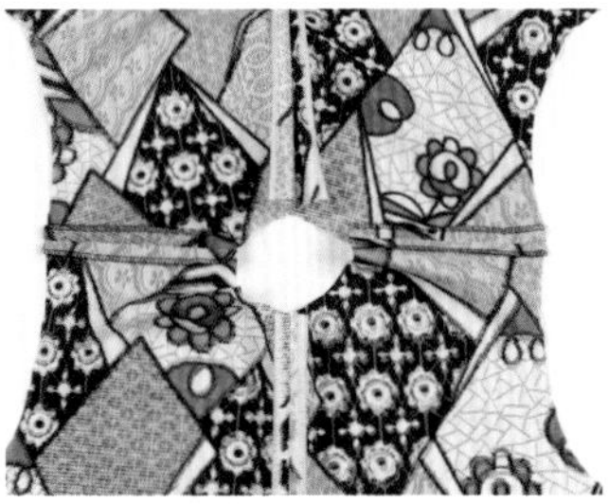

13　前身頃と後ろ身頃を中表に合わせて肩を縫います。縫い代は割ってアイロンで整えます。

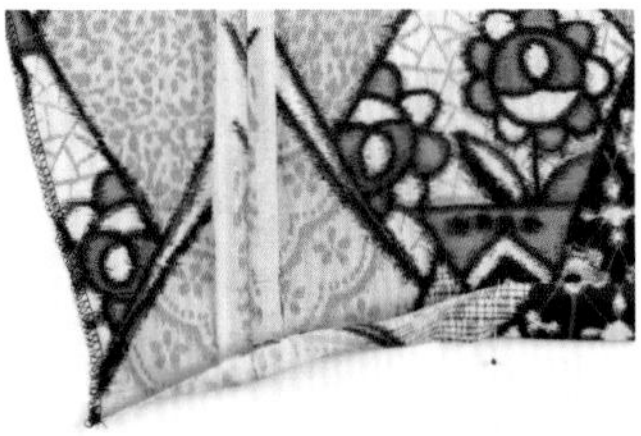

14　袖口の縫い代を三つ折りします。縫い代は3cmなのでまず1cmで折り、次に3cmの袖口の印で折ってアイロンで押さえます。

15　裾も袖口と同様に折ります。

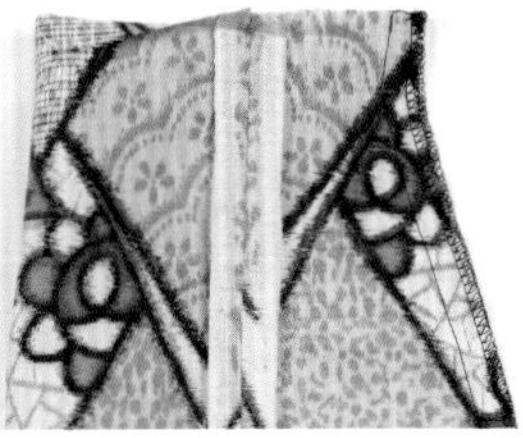

16　袖を中表に合わせて袖下を縫って筒状にします。14で三つ折りした袖口の縫い代は、袖下部分のみ伸ばして縫います。

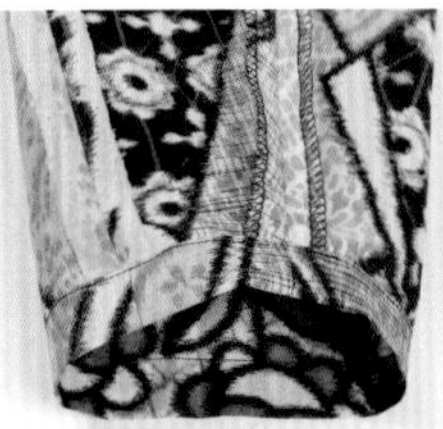

17　袖口の三つ折りを整えて袖口を縫います。

18　左右の袖ができました。

19　前身頃と後ろ身頃を中表に合わせて両脇を縫います。

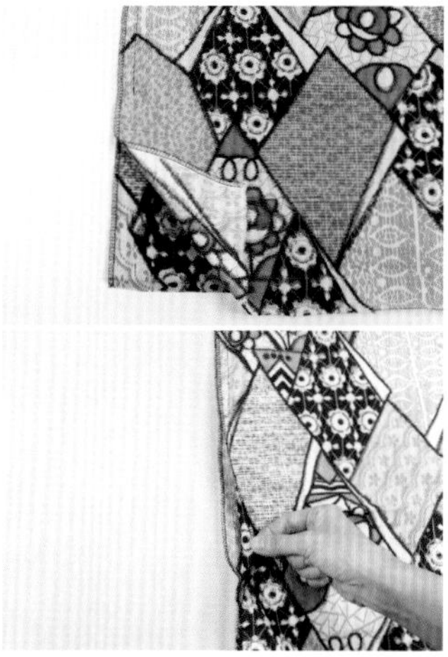

20 裾のスリット部分、ポケット部分は残します。

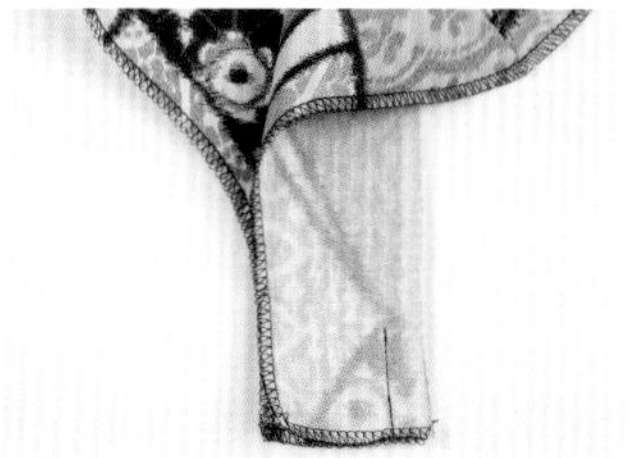

21 後ろ見返し同士を中表に合わせ、下からあき止まりまで縫います。縫い代を割っておきます。

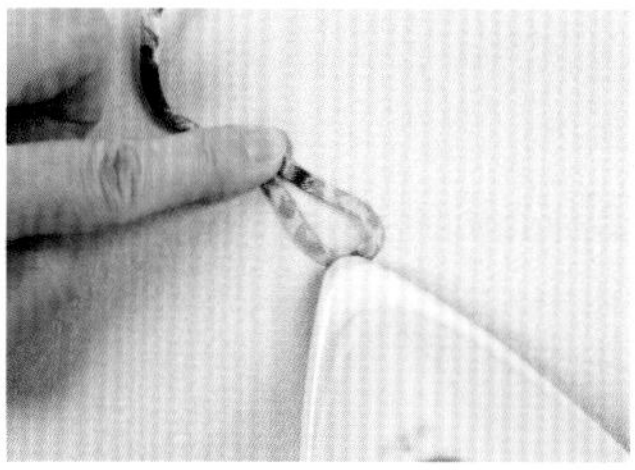

22 布ループを作ります。59ページを参照にして作り、アイロンで押さえながら縫い目を外側にしてカーブを付けます。

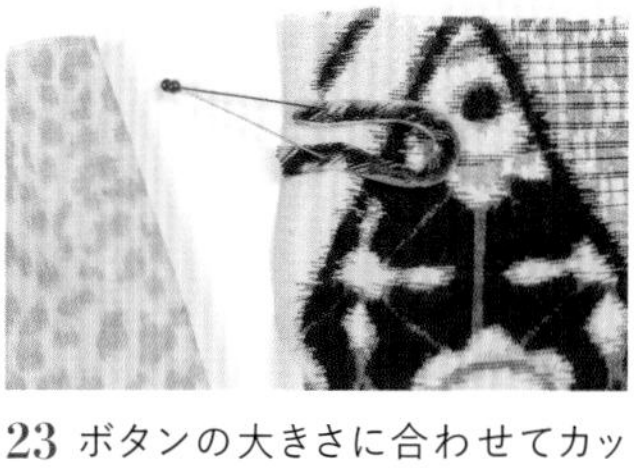

23 ボタンの大きさに合わせてカットし（ここでは5.5cm）、襟ぐりから0.3cm下のループ付け位置にまち針で止めます。出来上がり線よりもやや内側を縫ってループを縫い止めます。

24 襟ぐりに見返しを中表に合わせてまち針で止めます。前中心、後ろ中心、肩山の位置を合わせます。襟ぐりをぐるりと縫い、後ろ身頃中心をあき止まりまで縫います。

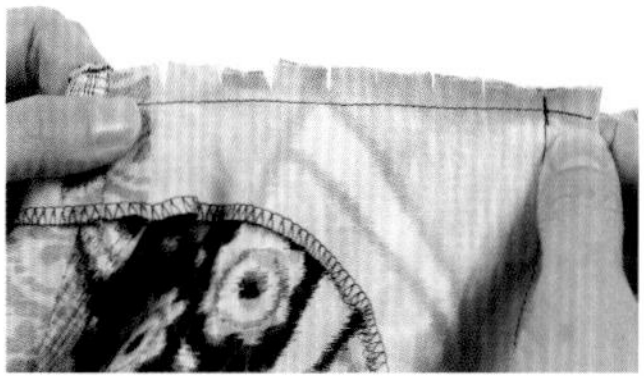

25 カーブの縫い代に切り込みを入れます。

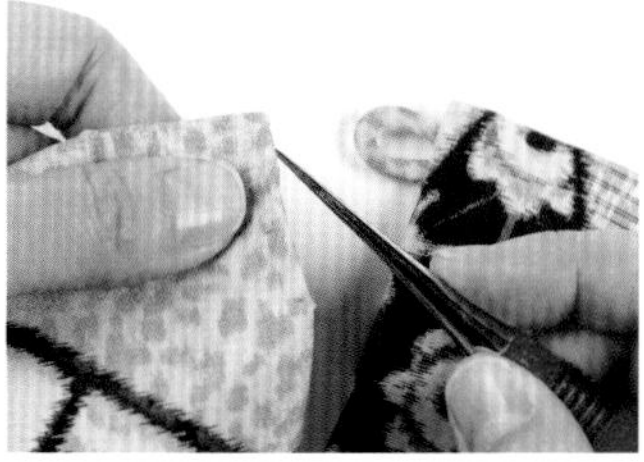

26 見返しを表に返します。角は目打ちなどを使ってきれいに出します。

27 後ろ身頃中心のあき止まりから襟ぐりに、ぐるりと0.5cmでステッチをかけます。

28 裾のスリット部分に0.5cmでステッチをかけ、裾の三つ折りを整えて縫います。

29 身頃のポケット口に約1cm幅の接着芯をはって補強します。ポケット口よりも2cmほど長めにはります。

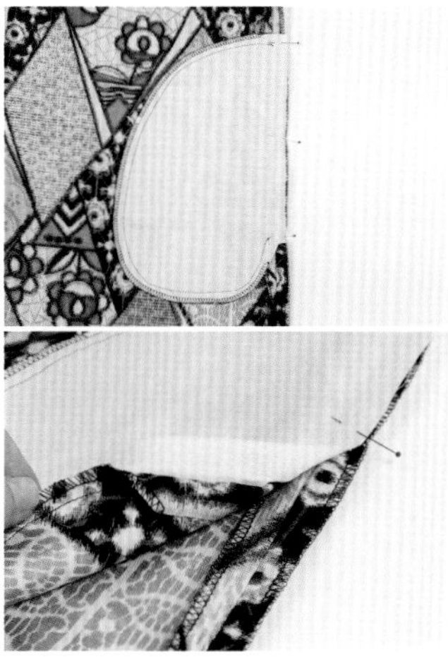

30 前身頃のポケット口の縫い代と前ポケットの縫い代を中表に合わせてまち針で止めます。後ろ身頃と後ろポケットの縫い代はよけておきます。

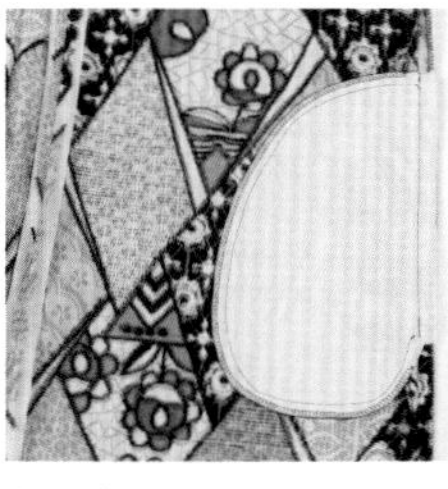

31 脇から0.2cmあたりを縫います。後ろは一緒に縫い込まないように注意してください。

32 ポケットを前身頃側に倒して重ね、後ろポケットをよけてポケット口にステッチをかけます。

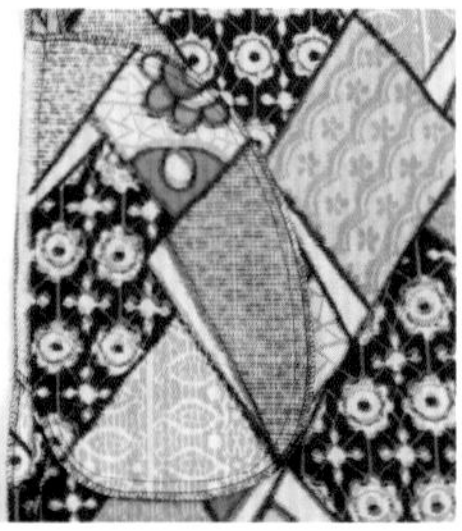

33 次に後ろポケットを同様に縫います。後ろ身頃のポケット口の縫い代と後ろポケットの縫い代を中表に合わせて縫います。

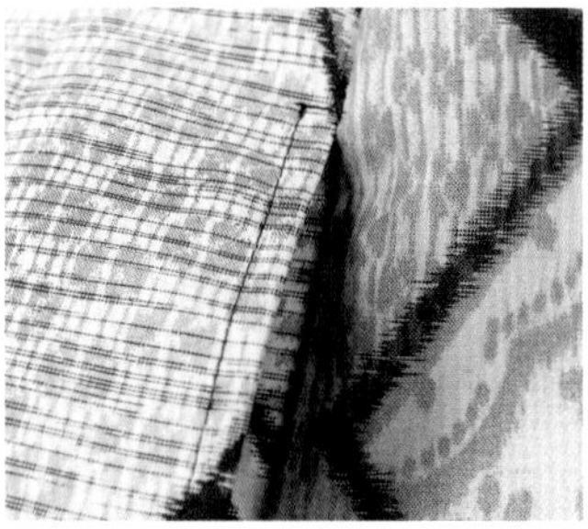

34 前身頃のポケット口のステッチ上下にかんぬき止めをします。ミシンステッチで横に2回往復して縫えばOKです。これでポケットが付きました。

35 袖を付けます。身頃の内側に袖を入れて袖ぐりを中表に合わせます。脇と袖下の位置を合わせて肩山に向かってまち針で細かく止めます。

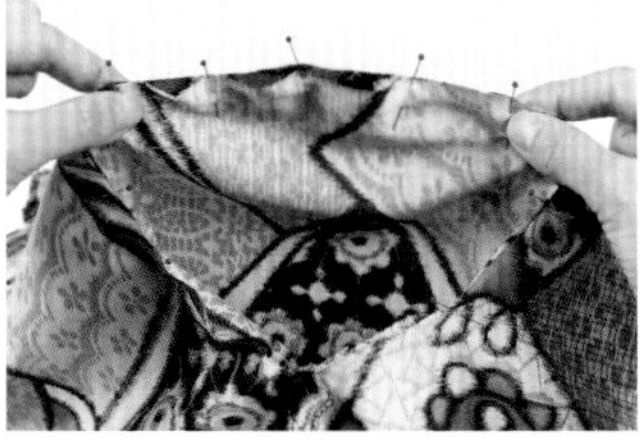

36 袖側の布があまる場合は肩山の左右5cmくらいまでぴったりと合わせ、次に肩山を合わせます。肩山の左右5cmであまった布をはいせ込むようにします。

37 袖ぐりをぐるりと縫います。いせ込み部分は均等に縫い、ギャザーがよらないように注意してください。

38 袖ぐりの縫い代を2枚一緒にロックミシンをかけます。

39 後ろ中心の襟ぐりにボタンを付けます。ループに位置を合わせて付けてください。

40 アイロンをかけて形を整えます。これで完成です。

サイズ調整のしかた

この本の洋服はすべてフリーサイズです。身幅が広く丈も長め、ゆったりと着ることができるデザインです。そのままの身幅で肩が落ちて着ても大丈夫なデザインですが、丈はサイズ変更が必要な場合があります。サイズを変更するときは、お持ちの洋服を参考にしてどのくらい小さく・大きくすればいいかを割り出してください。

丈を短くしたい場合は短くしたい分だけカットしますが、身幅を小さくしたい場合は前身頃2枚、後ろ身頃2枚で合計4枚あるので、小さくしたいサイズを4で割った数字分だけカットします。例えば全体で8cm小さくしたい場合は、各型紙を2cmずつ小さくします。大きくしたい場合も同様です。

丈を短くする

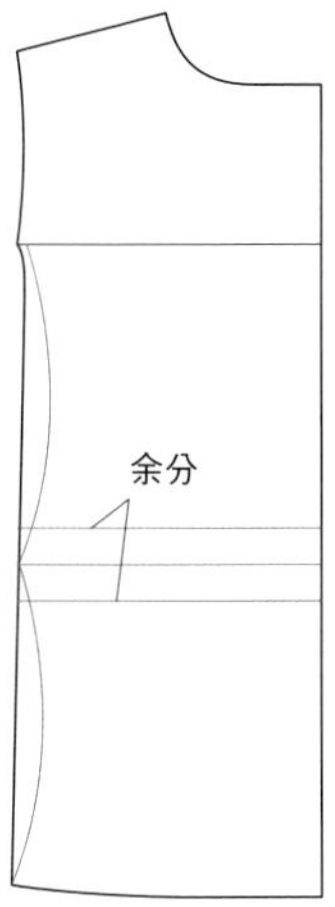
余分

1 バスト線から下を等分し、短くしたい分の線を引きます。

カットして合わせる

2 線でカットし、上下をぴったり合わせます。

線をつなぐ

3 脇の線をまっすぐにつなぎます。

身幅をせまくする

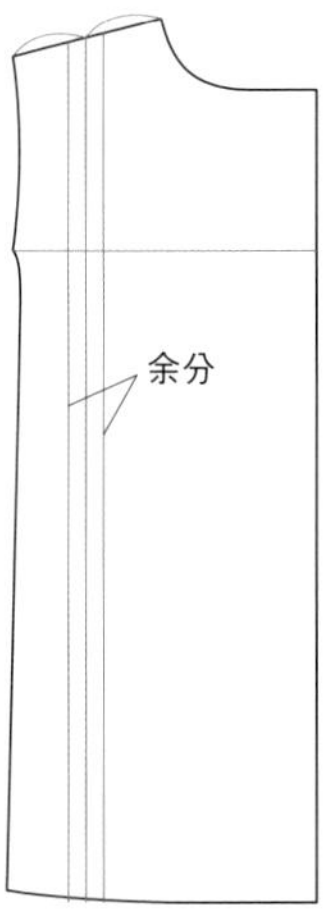
余分

1 肩ラインを等分し、中心から小さくしたい分の線を引きます。

カットして合わせる

2 線でカットし、左右をぴったり合わせます。

線をつなぐ

3 肩の線と裾の線をつなぎます。裾はカーブを滑らかに合わせます。

丈を長くする、身幅を広くする

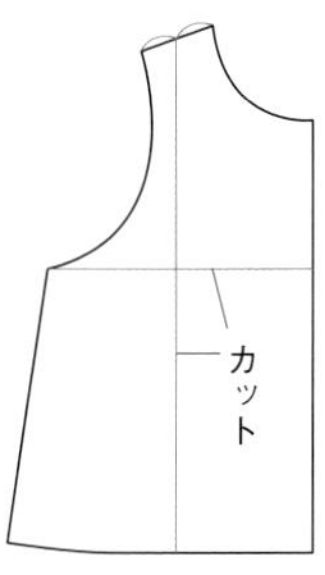
カット

1 バスト線と肩の中心あたりでそれぞれ線を引き、カットします。

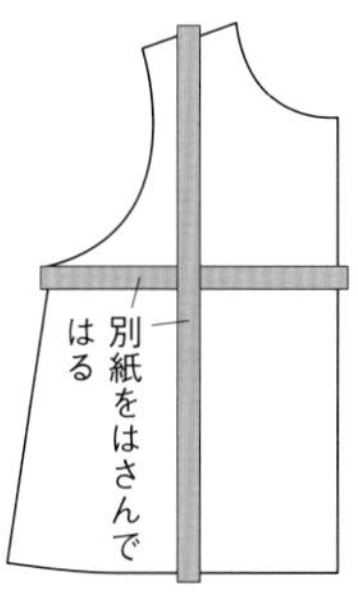
別紙をはさんではる

2 大きくしたい分の帯状の別紙をはさみ、テープで止めます。

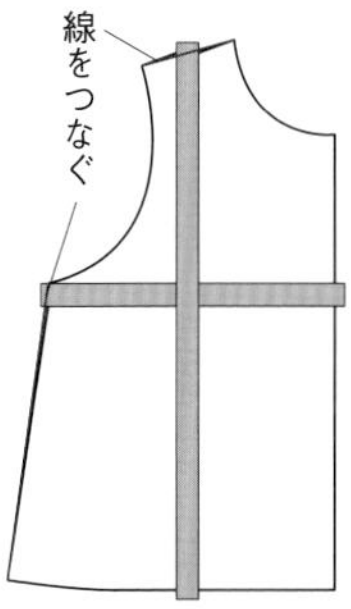
線をつなぐ

3 肩と脇の線をつなぎます。丈だけ、身幅だけでも大丈夫です。

縫い代の始末のしかた

布端がほつれてこないようにロックミシンをかけるかバイヤステープで始末するか、パイピングでくるみます。ロックミシンがない場合はジグザグミシンでもかまいません。布の耳を使ってもかまいませんが、耳はかたくて布が伸びないので身頃中心などの縫い代に使い、そのほかはおすすめはしません。

基本的に肩や脇は先にロックミシンをかけてから縫い合わせて縫い代を割ります。袖ぐりなどは身頃と袖を縫い合わせてから2枚一緒にロックミシンをかけて片倒しします。パイピングでくるむ場合は縫い代を付けずに布を裁ちます。

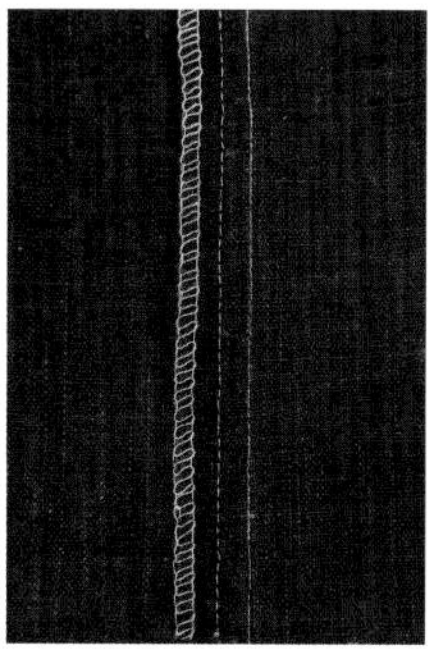

ロックミシン

布端をかがり縫いします。ジグザグミシンなどでもかまいませんが、洋服を縫うときはロックミシンがあると便利です。

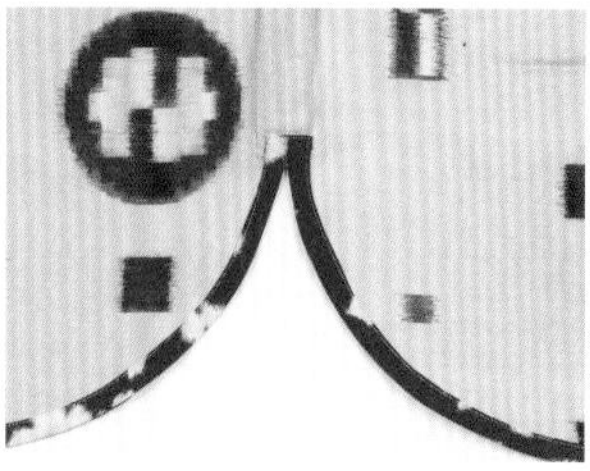

バイヤステープで始末

パイピングと同じバイヤステープを使いますが、くるむのではなく見えないように裏側に倒して縫い付けます。

パイピング

布端をバイヤステープでくるんで始末します。縁取りのように見えるので、布合わせも楽しめます。

裾などの始末

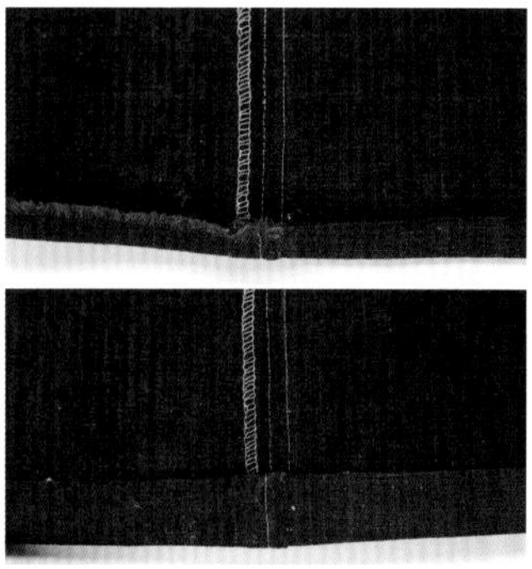

1　縫い代を3cm付けます。裾から1cmの位置で折ってアイロンで押さえます。次に3cmの位置（出来上がり位置）で折ってアイロンで押さえ、三つ折りにします。

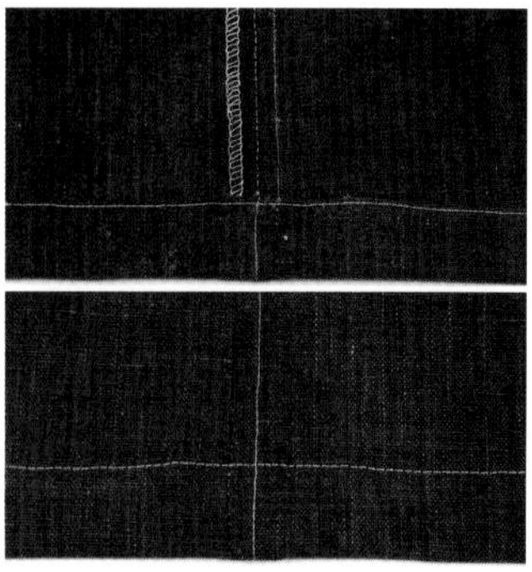

2　1cmで折った輪の部分から0.1〜0.2cmあたりにミシンステッチをかけます。ステッチはなるべく端にかけるようにします。

片倒し

1　2枚を中表に合わせて縫います。

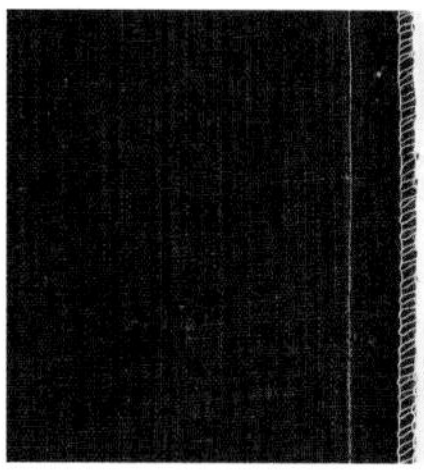

2　布端を2枚一緒にロックミシンをかけます。

3　縫い代を片方に倒してアイロンで押さえて整えます。縫い目から0.5cmあたりにミシンステッチをかけて縫い代を押さえておく場合もあります。

割る

1　2枚を縫い合わせる前にそれぞれの布端にロックミシンをかけます。

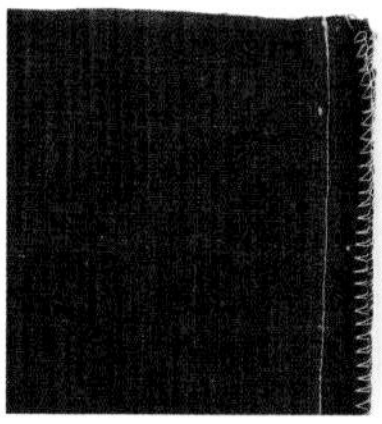

2　2枚を中表に合わせて縫います。

3　縫い代を割ってアイロンで押さえて整えます。

接着芯のはり方

1　襟や見返しなどのしっかりとさせたい部分にはります。はりたい部分の型紙通りにカットします。接着芯は裏にはるので反転させてカットします。

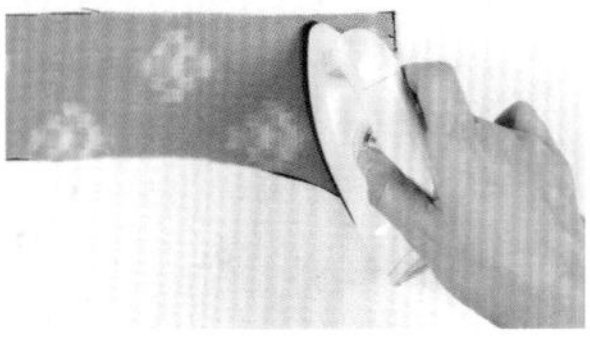

2　布の裏に接着芯をぴったり重ね、アイロンで押さえます。アイロンは動かさずに押さえるようにします。

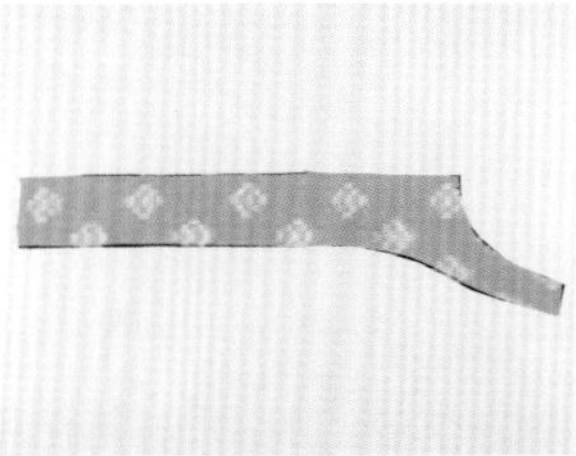

3　接着芯が付きました。布に余裕がある場合は、少し大きめの接着芯をはっておいてから布をカットすると簡単です。

バイヤステープの作り方

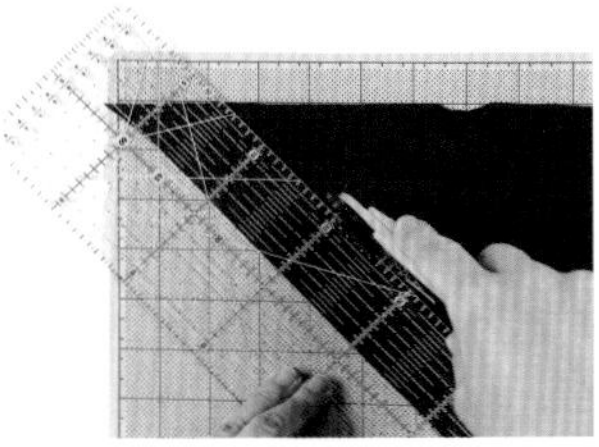

布をカットするときは、カッターマットの上に布を広げ、布目に対して45度に定規を合わせてロータリーカッターで必要な幅の帯状にカットします。角度と方眼のメモリが入った厚い定規があると便利です。

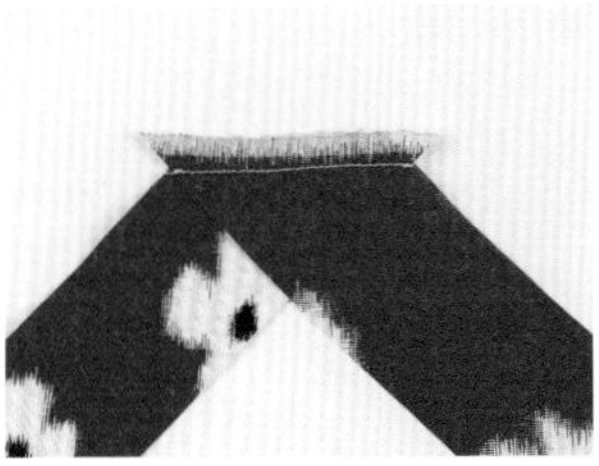

1　バイヤステープの長さが足りない場合は接ぎ合わせます。2枚の布端を中表に合わせ、谷から谷まで縫います。テープの角同士を合わせて縫うと開いたときに段違いにずれるので、必ず角をずらして合わせ、谷から谷までを縫います。

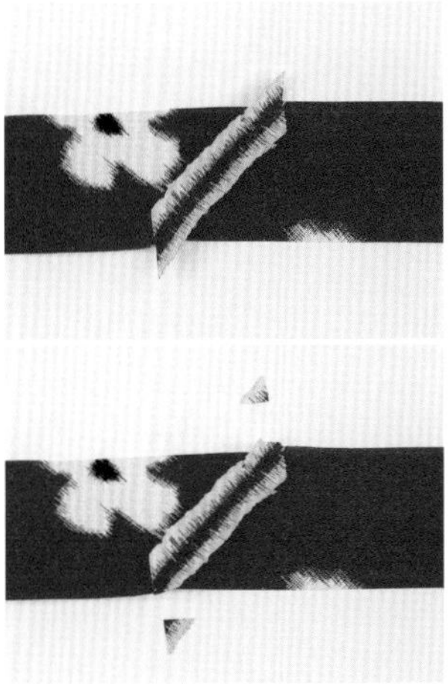

2　テープを開き、縫い代を割ります。布端から飛び出た余分な縫い代はカットします。

布ループの作り方

1　幅2cmのバイヤスの帯状にカットし、細く中表に合わせて中心を縫います。

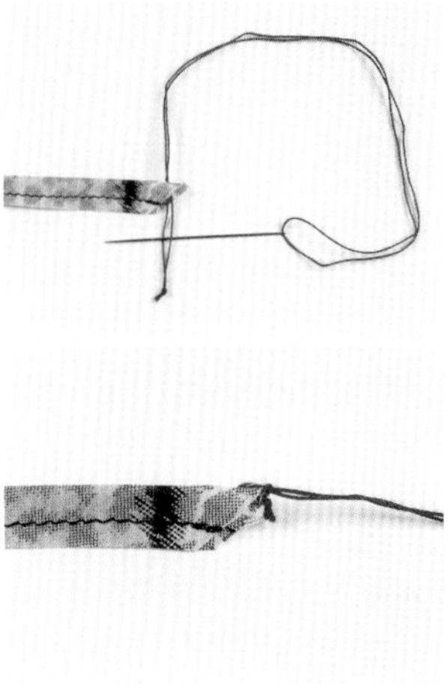

2　布端を斜めにカットします。太い針に糸を通して2本取りにし、玉結びをします。斜めにカットした布端に通し、糸を引き切る前に糸2本の間に針を通してから引きます。

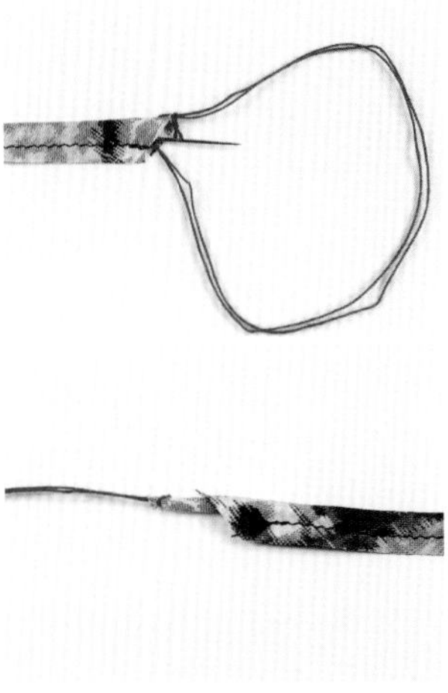

3　針の頭から布の中に入れ、続けて布端を入れ込んで布の中を順に通していきます。反対側から針を出して糸を引き、布の中を通して表に返します。

バイヤステープで裾の始末のしかた

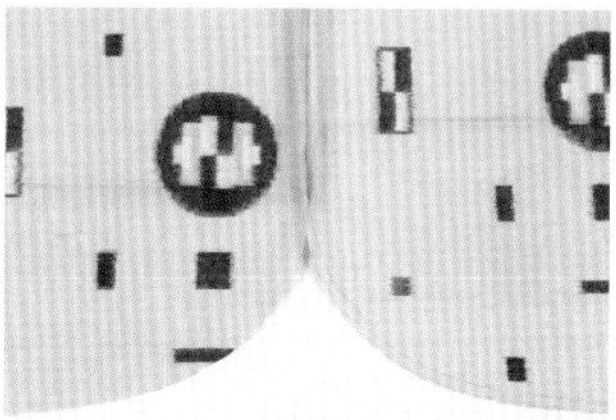

1　9ページのブラウスの裾はバイヤステープで始末します。三つ折りで始末するのが一般的ですが、裾を三つ折りにするとよれることが多いので、バイヤステープで始末するときれいです。

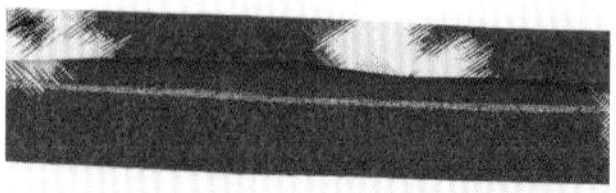

2　幅3cmのバイヤステープの端から1cmに印を付け、反対側の端を約1cmで折ります。

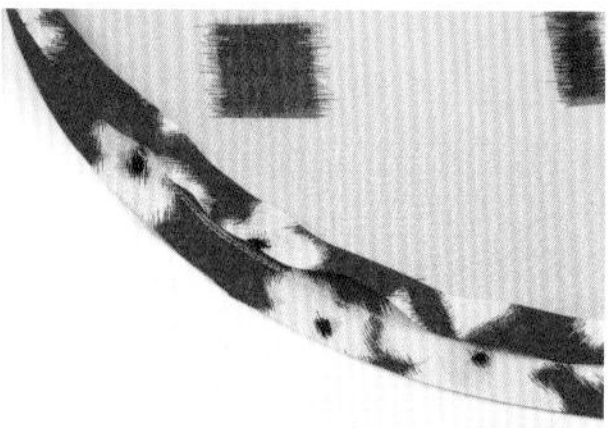

3　端を裾に中表に合わせて印で縫い、バイヤステープを表に返して裾の裏側に折り返します。バイヤステープは伸びやすいので、カーブの強い部分は伸ばさないように気を付けてください。脇は2cmほど余分に付けておきます。

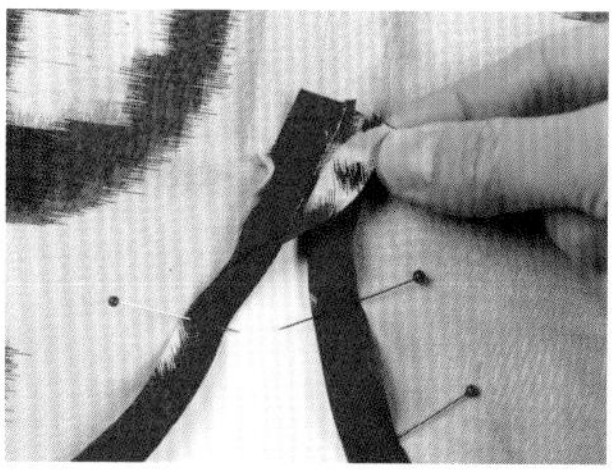

4　反対側の裾に別のバイヤステープを同様に縫います。脇で余分のテープ同士を中表に合わせて1cmの印で縫います。

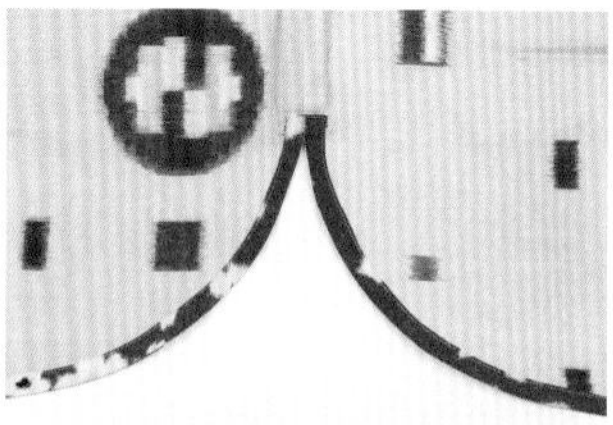

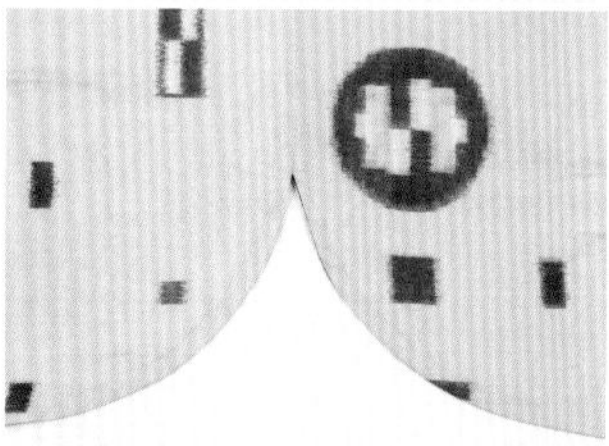

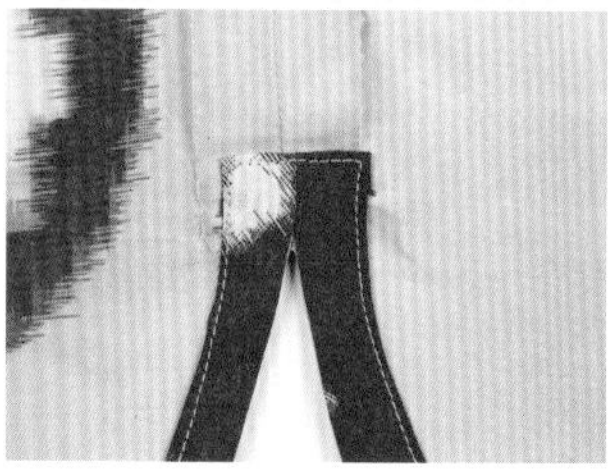

5　テープの端から0.1cmほど内側を縫います。脇のテープは端を内側に折って縫い止めます。これで表から見てもきれいな裾が出来上がります。

くるみボタンの作り方

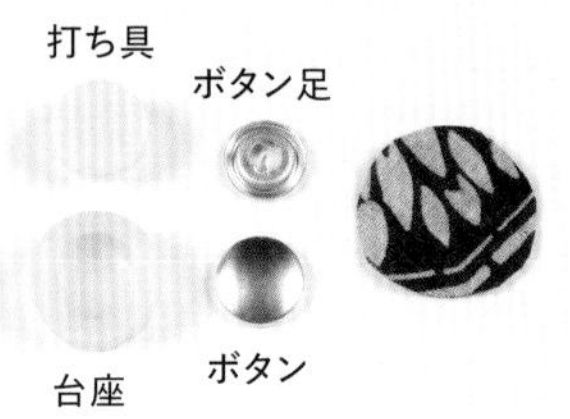

1　打ち具、台座、ボタン足、ボタン、布を用意します。

2　台座のへこみに裏を上にした布、ボタンの順に重ね、へこみにまっすぐ押し込みます。押し込むのが難しいときは棒状のもので押し込みます。

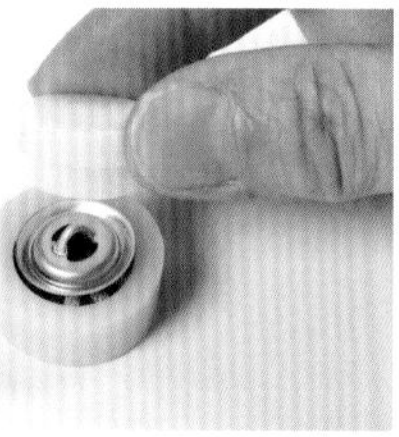

3　布をボタンの内側に入れてボタン足を乗せ、打ち具を重ねます。打ち具をまっすぐ押し込んでボタンにボタン足をはめ込みます。

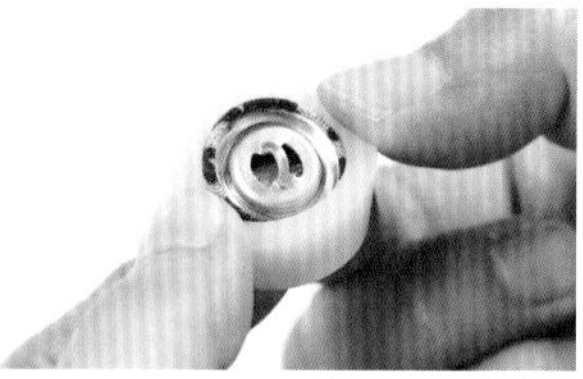

4　台座の底を押してボタンを取り出します。布でくるまれたくるみボタンの完成です。

タックの作り方

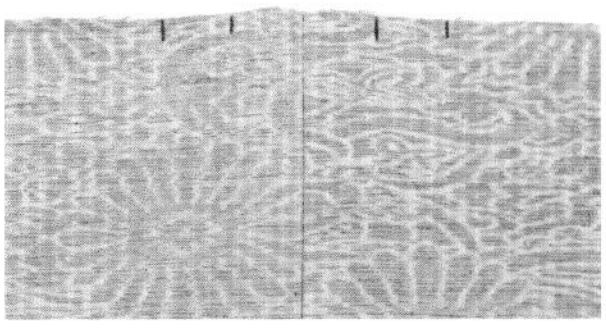

1　ブラウスの背のように中心から内側に取るタイプと、ウエストのように外側に取るタイプがあります。ここでは内側に取るタックを説明します。まず布に印を付けます。

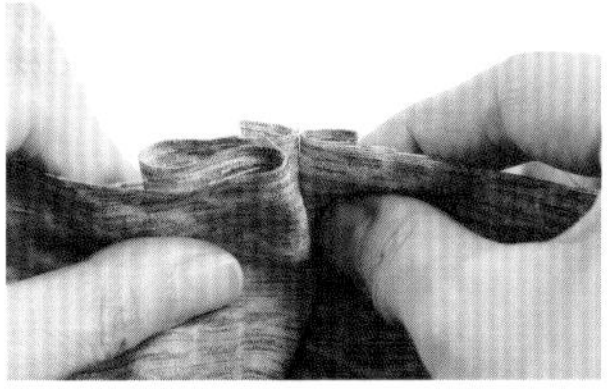

2　印で折って、印と中心を合わせます。

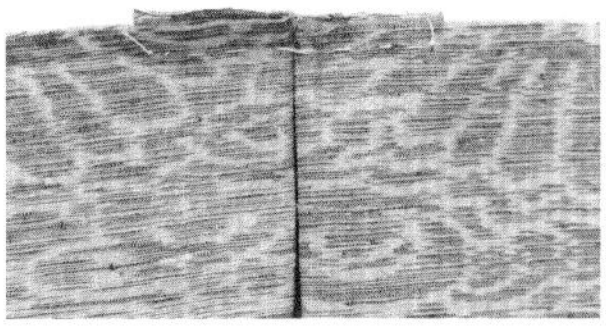

3　もう片方も同様に折り、しつけをかけておきます。

ギャザーの寄せ方

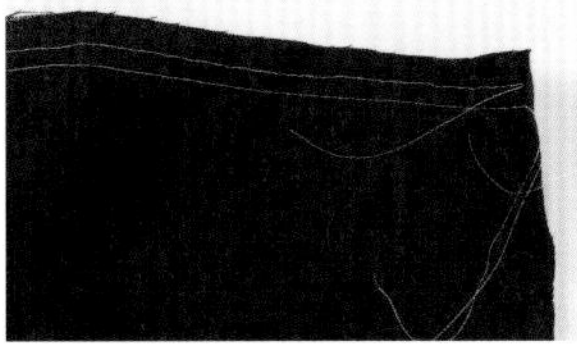

1　ウエストなどに均等にギャザーを寄せます。縫い代の印の上に大きな針目でミシンステッチを上下に2本入れます。糸端は長めに残しておきます。

2　上下とも糸端を1本ずつ持ち、一緒に引くとギャザーが寄ります。縫い合わせる幅に合わせて均等にギャザーを寄せます。

ランダムなログキャビンの作り方

1　はぎれで作るログキャビンです。布をランダムな五角形にカットします。これが中心の布になり、この周囲に辺を合わせてぐるぐると縫っていきます。

2　五角形の一辺よりも大きなはぎれを用意し、中表に辺を合わせて縫います。

3　表に返して縫い代は外側に倒し、左右の辺の延長線で印を付けます。

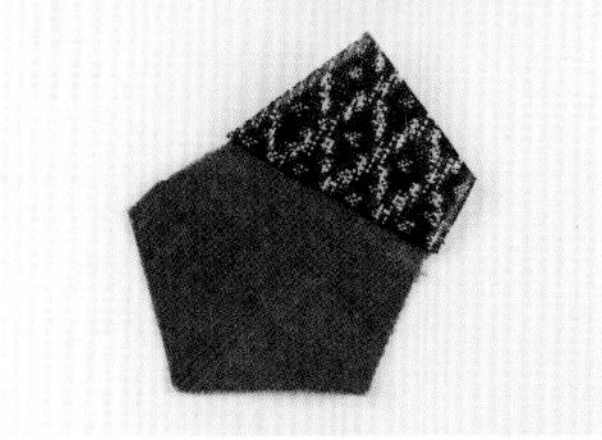

4　印に沿ってカットします。幅は好みの幅でかまいませんが、縫い代分を付けるのを忘れないようにしてください。

5　次は中心の五角形と1枚目のはぎれを合わせた辺に、2枚目のはぎれを中表に重ねて縫います。

6　同様に表に返して印を付け、カットします。次は中心の五角形と2枚目のはぎれを合わせた辺、というようにくり返します。

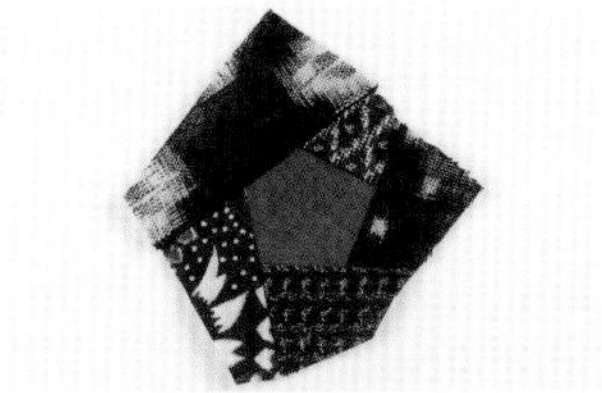

7　五角形の周囲に1周目の布が付きました。

8　2周目を縫います。3枚の布を合わせた辺にはぎれを中表に合わせて同様に縫います。これをくり返します。

9　写真は3周目の1枚目が縫えたところです。縫い代はすべて外側に倒れています。好きな大きさまでくり返せば完成です。

カーブのスラッシュポケットの作り方

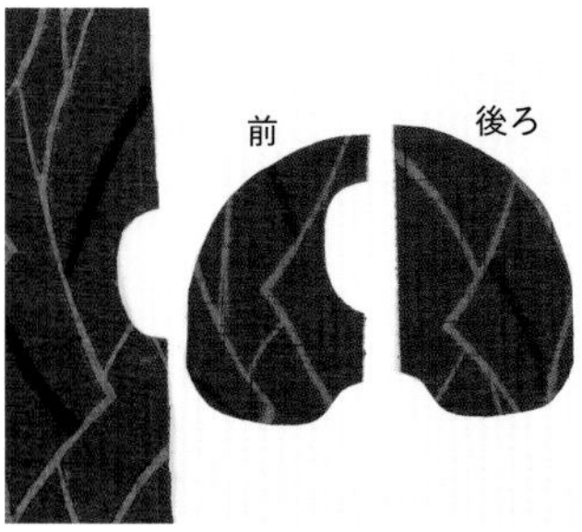

1　54ページの簡単ワンピースのポケットの作り方と違う方法です。後ろポケットと口をカーブにカットした前ポケット、口をカーブにカットした身頃を用意します。

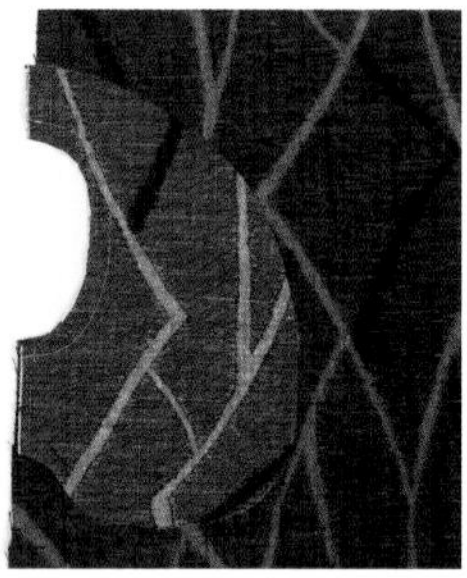

2　身頃と前ポケットを中表に合わせて口のカーブを縫います。

3　カーブに切り込みを入れておきます。

4　前ポケットを表に返して口を整え、0.5cm幅のステッチをかけます。

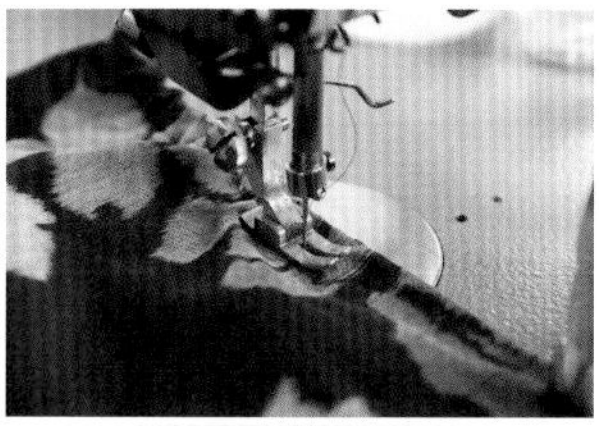

5　ゴムの下にステッチをかけます。引っぱりながら、ゴムは縫わないようにします。

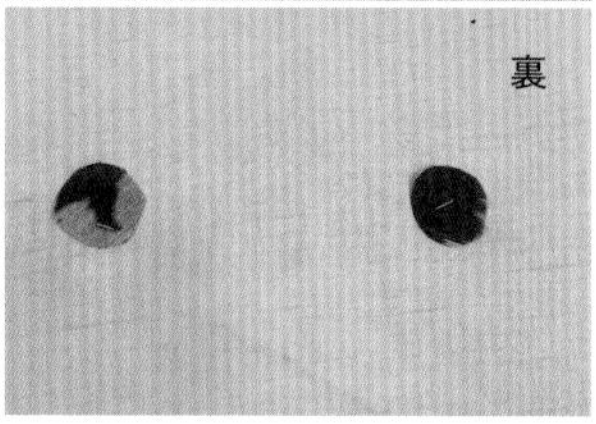

6　直径2cmほどの円にカットした力布を用意します。身頃のポケット付け位置にポケットを合わせ、口の角は裏に力布をあててまち針で止めます。

7　口を残してぐるりと縫います。口の角は返し縫いか写真のように三角形に縫います。

パッチポケットの作り方

1　身頃の上に縫い付けるシンプルなポケットです。表布と裏布の上部を中表に合わせ、返し口を残して縫います。縫い代を裏布側に倒して伸ばします。

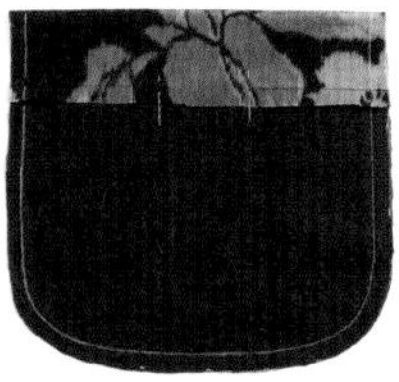

2　そのまま中表に底を合わせて重ね、脇から底をぐるりと縫います。いちばんシンプルなパッチポケットは、この後、返し口から表に返して返し口をまつってとじれば完成です。

3　28ページのように口にゴムを入れる場合です。ポケット幅22cmに対して長さ18cmの平ゴムを両端の縫い代に縫い付けます。手の幅が12cmくらいなので、入れやすい18cmくらいにしています。

4　返し口から表に返し、口の角や底のカーブを整えます。返し口をまつってとじます。底のカーブの縫い代を0.3cmくらいにカットしておくとカーブがきれいに出ます。

5　後ろポケットを中表に合わせてまち針で止めます。

6　口側（脇側）を残して後ろポケットと前ポケットを縫い、縫い代にロックミシンをかけます。身頃は縫わないように注意してください。

7　これで身頃にカーブのポケットが付きました。

襟と台襟の作り方

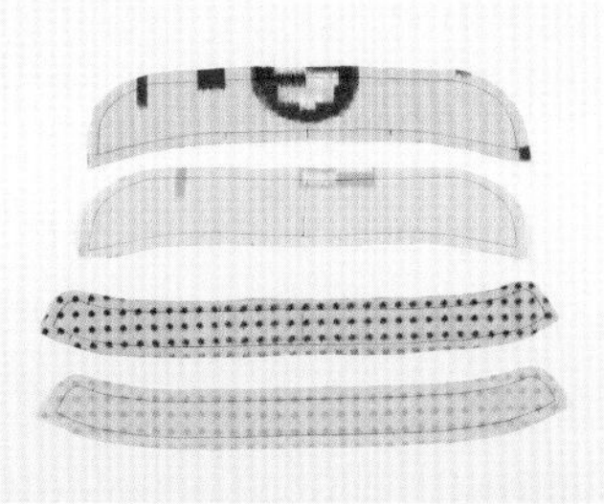

1　台襟付きの襟の作り方です。襟と台襟の表布と裏布をそれぞれカットします。襟は裏布、台襟は表布のみに接着芯をはります。

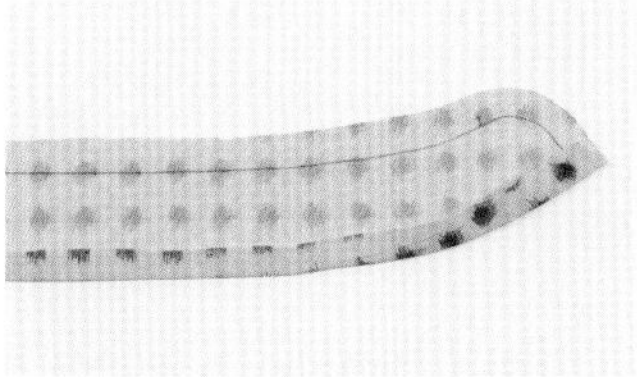

2　台襟表布の下側の縫い代を折ります。アイロンで押さえてカーブもきれいに折ります。

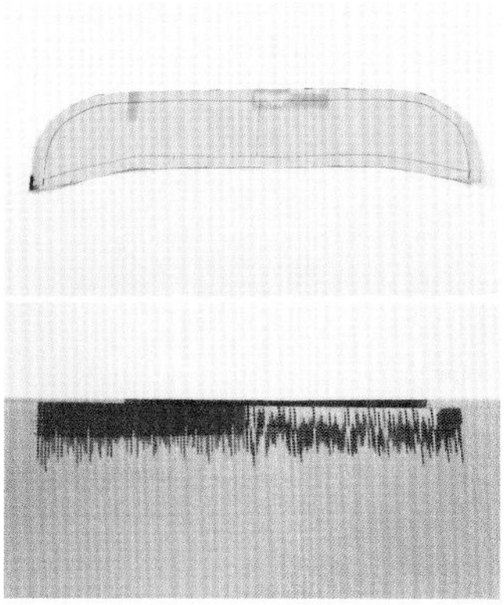

3　襟の表布と裏布を中表に合わせ、下側を残して上側のカーブを縫います。裏布を見ながら裏布の端を少し持ち上げて縫うと、表に返したときに表布側から縫い目が見えずにきれいになります。

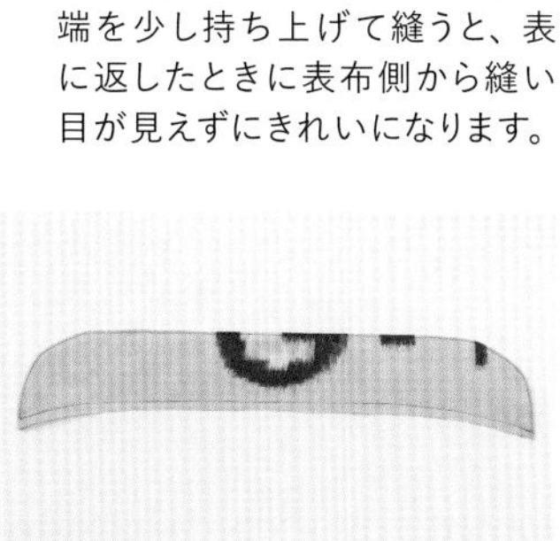

4　表に返したら、端から0.1〜0.2cmの位置にステッチ、下側に押さえミシンをかけます。

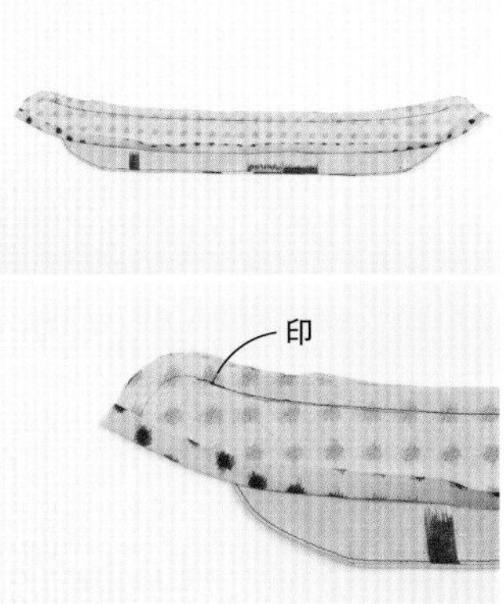

5　台襟表布の上側の印から印に襟の裏布側を中表に合わせ、印から印まで縫います。

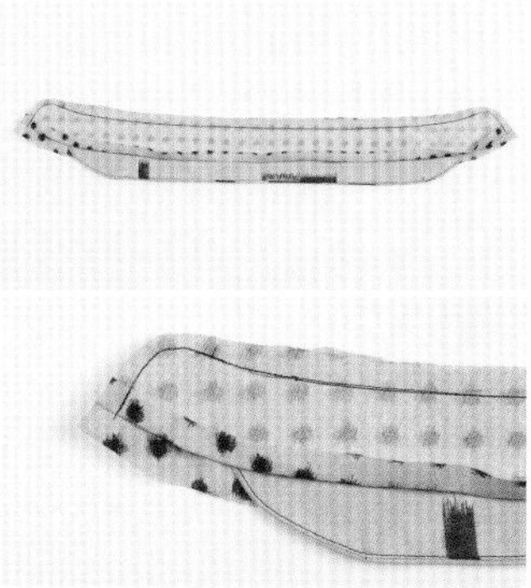

6　5に台襟裏布を中表に合わせ、下側を残して縫います。印から印は5の縫い目に重なるように縫います。カーブの縫い代を0.3cmにカットします。

7　台襟を表に返して形を整えます。これで完成です。台襟のステッチは台襟を身頃に付けてからぐるりとかけます。

玉縁ボタンホールの作り方

※本来の作り方よりも少し簡単にした縫い方です。

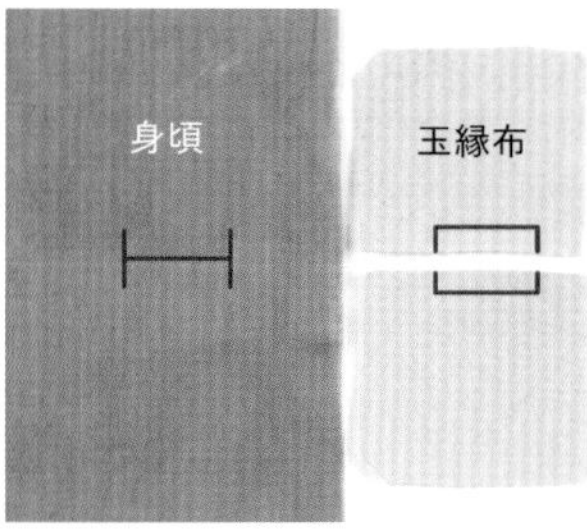

1 別布（玉縁布）でボタンホールの始末をします。身頃にボタンホールの印を付け、バイヤスにカットして裏に接着芯をはった玉縁布を2枚用意します。玉縁布の幅はボタンホールのサイズに左右2cmずつ付けた大きさです。端から0.7cmの位置にボタンホールの印を付けておきます。

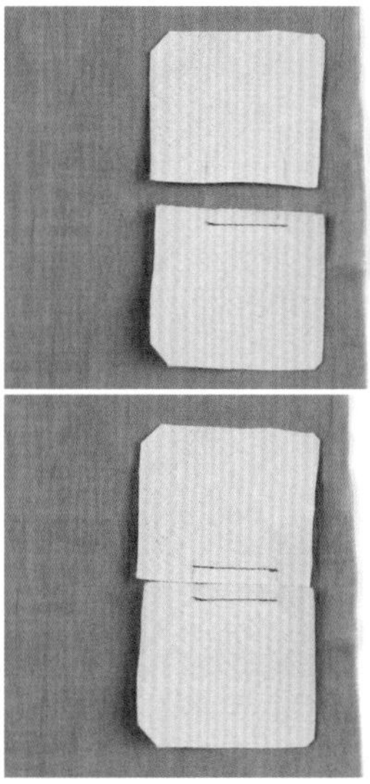

2 身頃の印に合わせて玉縁布を中表に合わせて縫います。中心で玉縁布が突き合わせになります。上下だけを縫い、両端は縫いません。

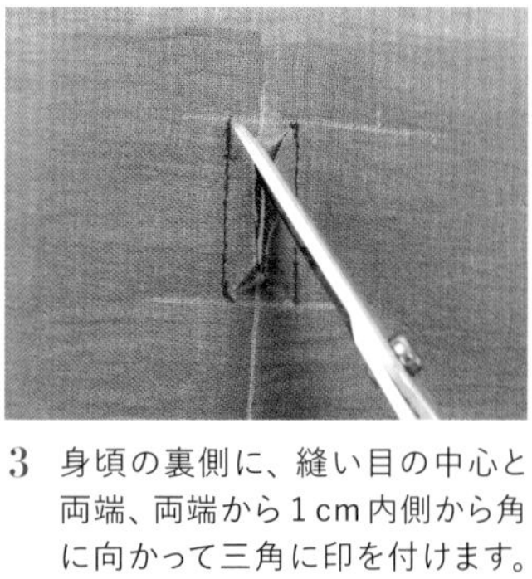

3 身頃の裏側に、縫い目の中心と両端、両端から1cm内側から角に向かって三角に印を付けます。身頃のみを印に合わせて中心と三角に切り込みを入れます。

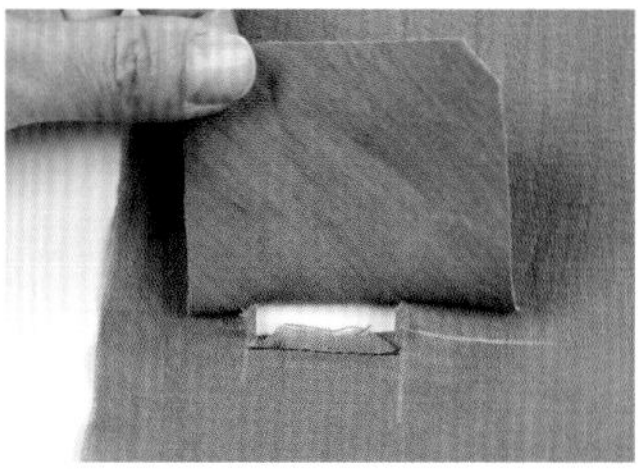

4 切り込みから玉縁布を引き出します。

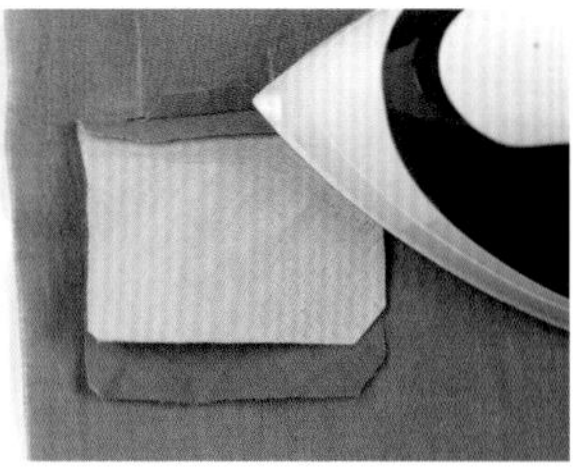

5 玉縁布と身頃の縫い代を割り、アイロンで押さえます。もう片方の玉縁布も同様です。

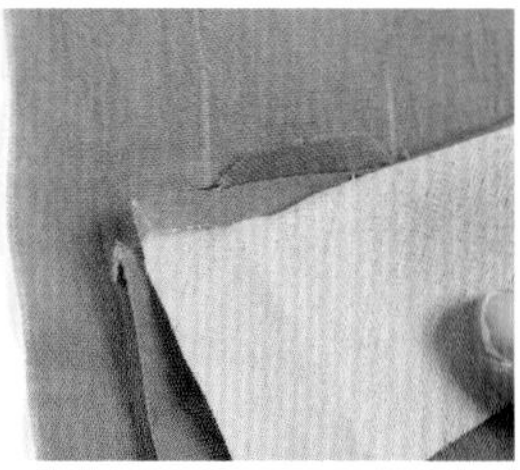

6 玉縁布は縫い代を芯にしてそれぞれ上下に折り返します。アイロンで押さえて形を整え、身頃側からまち針で止めておきます。

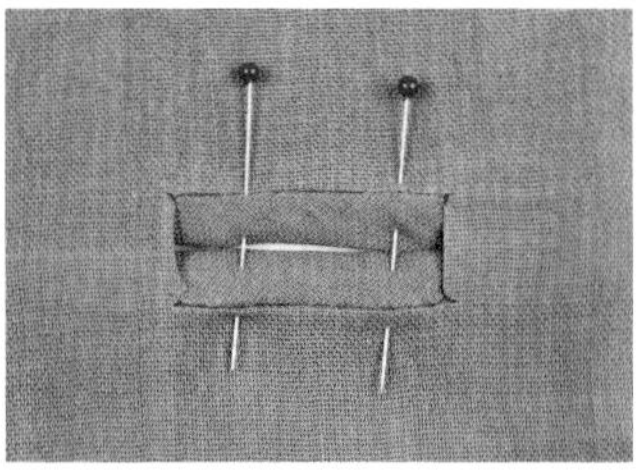

7 身頃側から見ると切り込みの中心で玉縁布が突き合わせになっている状態です。上下の玉縁布の幅をそろえましょう。

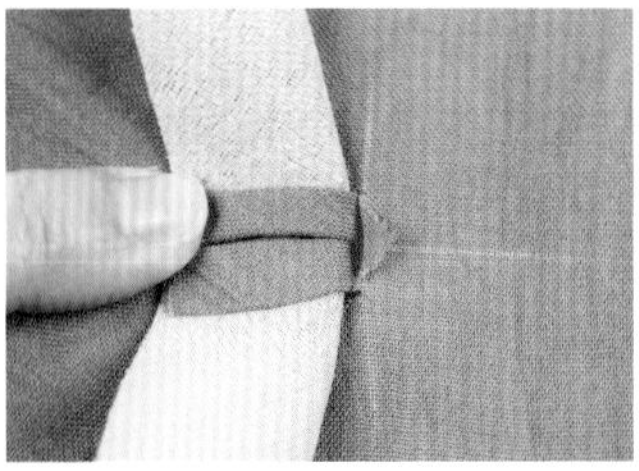

8 両端の三角の縫い代も身頃側に倒します。

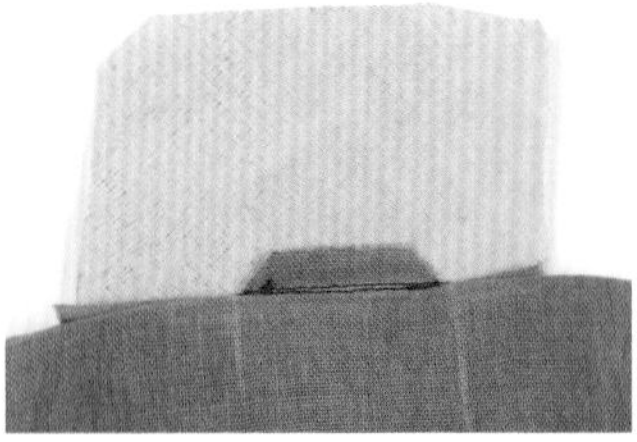

9 身頃をめくって身頃の縫い代と玉縁布を一緒に縫います。2の縫い目の上を縫います。これで玉縁布が固定されました。

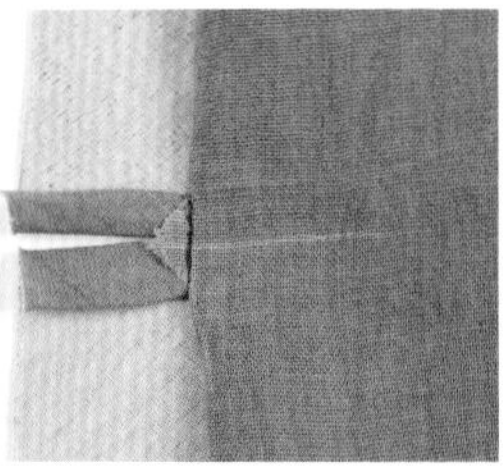

10 両端の三角の縫い代と玉縁布も、身頃をよけて3回ほど一緒に縫って押さえます。

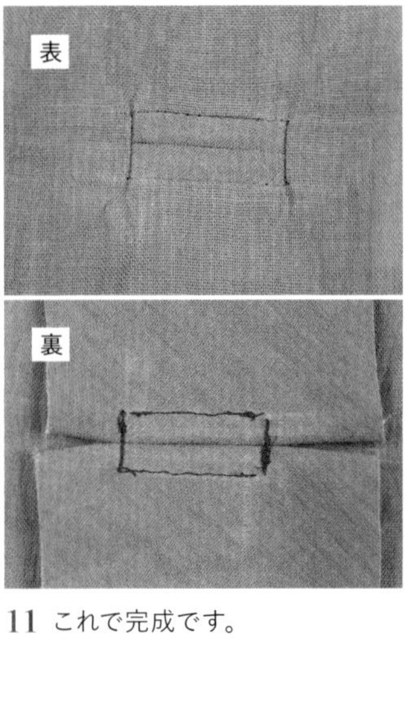

11 これで完成です。

作品の作り方

・図中の数字の単位はcmです。
・構成図や図案の寸法には、特に表示のない限り縫い代を含みません。製図の中の○の数字は縫い代です。そのほかに、パッチワークのピーシングは0.7cm、アップリケは0.5cm、仕立ては1cmくらいを目安に縫い代を付けます。裁ち切りと表示のある場合は、縫い代を付けずに布を裁ちます。
・指示のない点線は縫い目、キルティングラインやステッチのラインを示しています。
・図中のAHはアームホール、袖ぐりのことです。
・材料の布の寸法は、布幅×長さで表記しています。用尺には少し余裕をもたせています。作品の寸法は縦×横です。
・バッグなどはキルティングをすると少し縮むので、周囲の縫い代に余分を付けておくとよいでしょう。
・作品の出来上がりは、図の寸法と多少差の出ることがあります。
・洋服は構成図の寸法から型紙をおこしてください。作品はすべてフリーサイズです。型紙のサイズを変えたいときは57ページを参照してください。
・布の裁ち方はサイズによって異なる場合があります。型紙を配置して確認してください。
・46ページからの解説もご覧ください。

パッチワーク・キルトの用語解説

落としキルティング …… ピースやアップリケの縫い目のきわに入れるキルティングのこと。
キルティング …………… 裏布、キルト綿、表布の順に重ねて、小さな針目で3層を一緒にステッチすること。
パイピング……………… 縫い代をバイヤステープなどでくるんで始末すること。
ピーシング……………… ピース同士を縫い合わせること。
ピース …………………… 型紙で印を付けて裁った最小単位の布のこと。

ボウタイのブラウス

P.9

●着丈約93cm　身幅約78cm

※○の数字は縫い代。指定のないものはすべて1cm付ける

後ろ2枚
後ろヨーク、後ろ切り替え各1枚

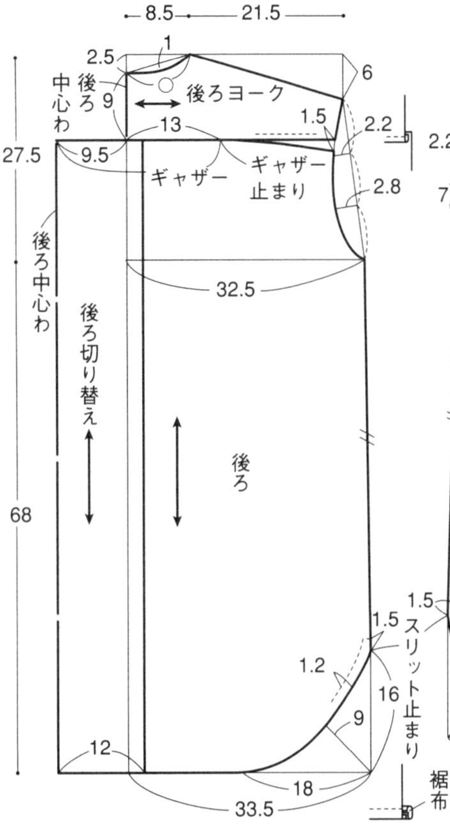
8.5
21.5
1
2.5
6
後ろ中心わ
9
後ろヨーク
1.5
2.2
13
27.5
9.5
ギャザー
ギャザー止まり
2.8
後ろ中心わ
32.5
後ろ切り替え
後ろ
68
1.5
1.2
スリット止まり
16
9
12
18
33.5
裾布

前、前ヨーク、前見返し各2枚

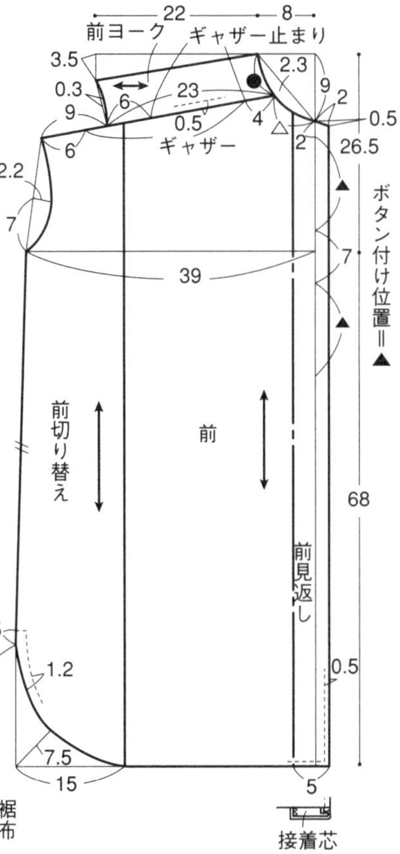
22
8
前ヨーク
ギャザー止まり
3.5
2.3
0.3
23
9
2
6
0.5
9
4
0.5
ギャザー
2
26.5
6
2.2
ボタン付け位置＝▲
7
7
39
前切り替え
前
68
前見返し
1.5
1.2
0.5
7.5
15
5
接着芯

作り方順序

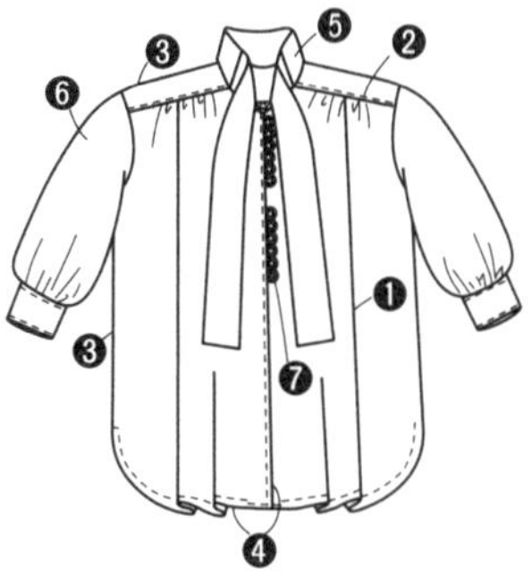

材料

表布36×970cm　接着芯30×90cm　直径1.8cmくるみボタン18個

作り方のポイント

・肩、切り替え、脇、ヨーク、袖切り替え、袖下の布端にロックミシンまたはジグザグミシンをかける。
・前見返し、カフスに接着芯をはる。
・布ループの作り方は59ページ、くるみボタンの作り方は60ページ参照。
・裾の始末のしかたは60ページも参照。

作り方

①切り替えを縫い、ギャザーを寄せる。
②身頃にヨークを付ける。
③肩、脇を縫う。
④身頃と前見返し、裾布を中表に合わせて布ループをはさんで前端、裾を縫う。
⑤襟、ボウタイを作り、付ける。
⑥袖を作り、付ける。
⑦くるみボタンを付ける。

襟1枚、ボウタイ2枚

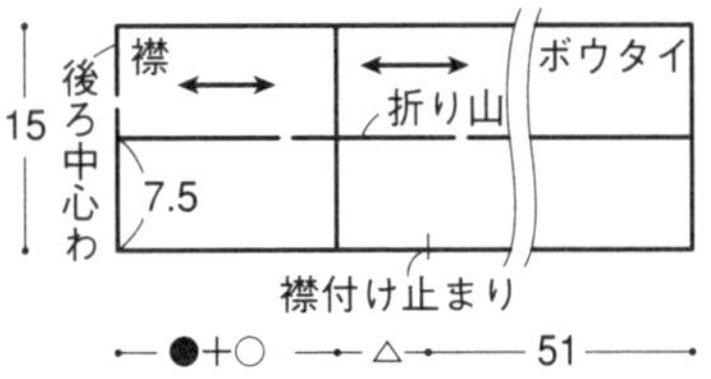
襟
ボウタイ
15
後ろ中心わ
折り山
7.5
襟付け止まり
●+○
△
51

布ループ1枚

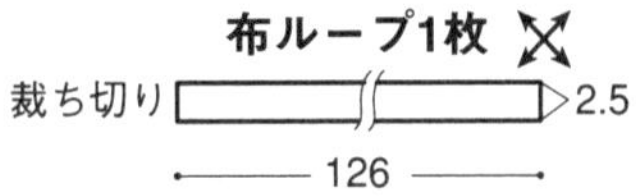
裁ち切り
2.5
126

布を接ぎ合わせて作ってから18本にカットする

布ループ・ボタン付け位置

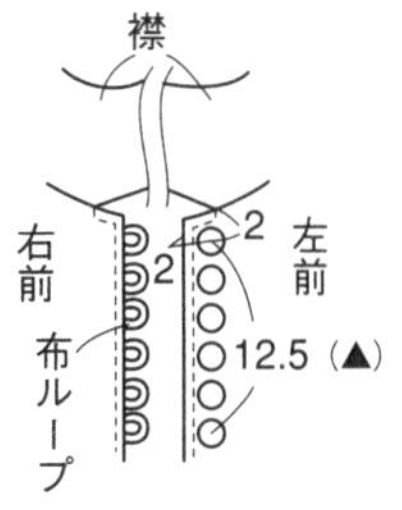
襟
右前
2
2
左前
布ループ
12.5（▲）

前袖、後ろ袖各2枚

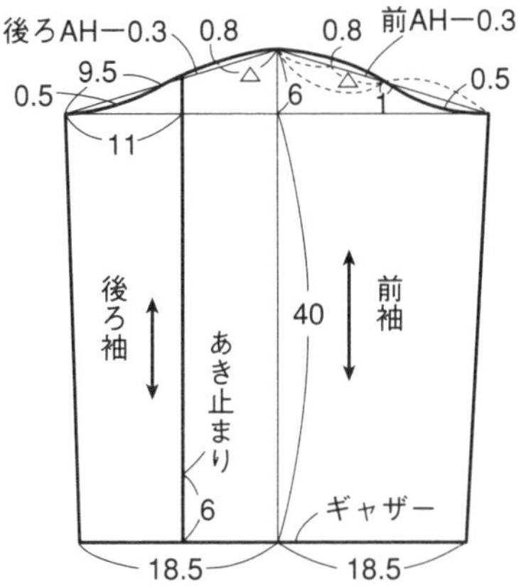
後ろAH−0.3
0.8
0.8
前AH−0.3
9.5
0.5
6
0.5
11
後ろ袖
あき止まり
40
前袖
6
ギャザー
18.5
18.5

カフス2枚

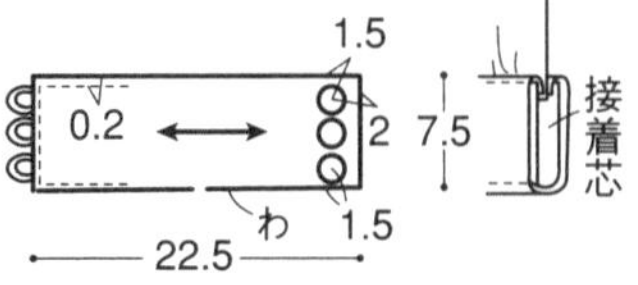
1.5
0.2
2
7.5
わ
1.5
22.5
接着芯

裁ち方

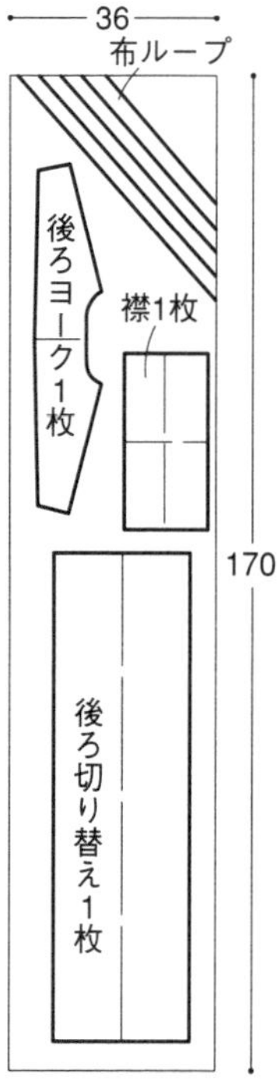

すき間でくるみボタンをとる

※布ループ、裾布は付き寸法に接ぎ合わせる

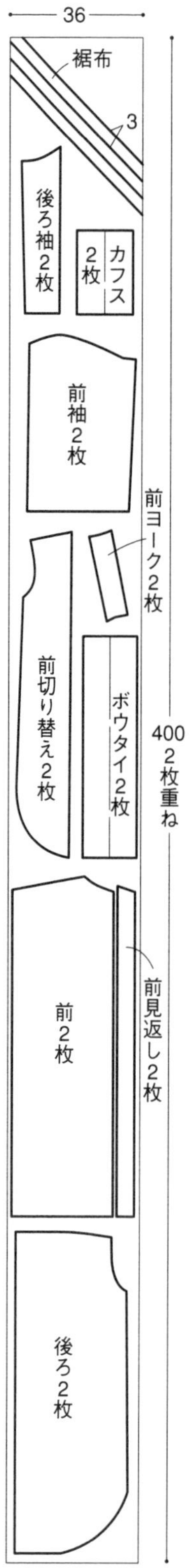

作り方

1.切り替えを縫い、ギャザーを寄せる

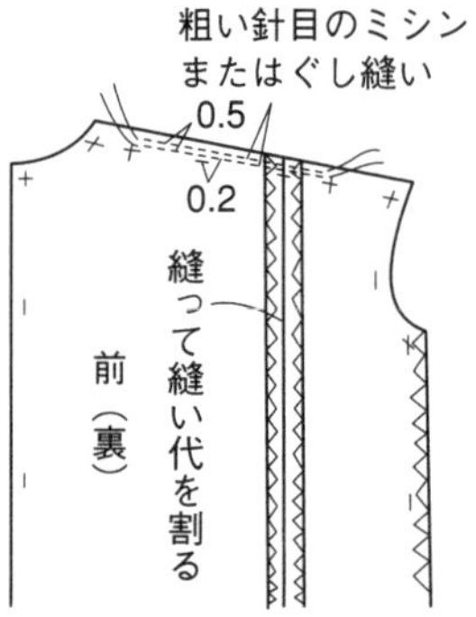

前（後ろ）と切り替えを縫い粗い針目のミシンをかける

糸を引いて付け寸法までギャザーを寄せる

2.身頃にヨークを付ける

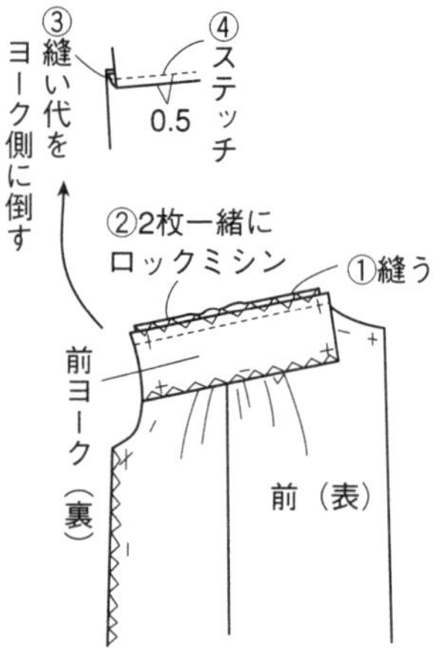

前（後ろ）とヨークを中表に合わせて縫う

3.肩、脇を縫う

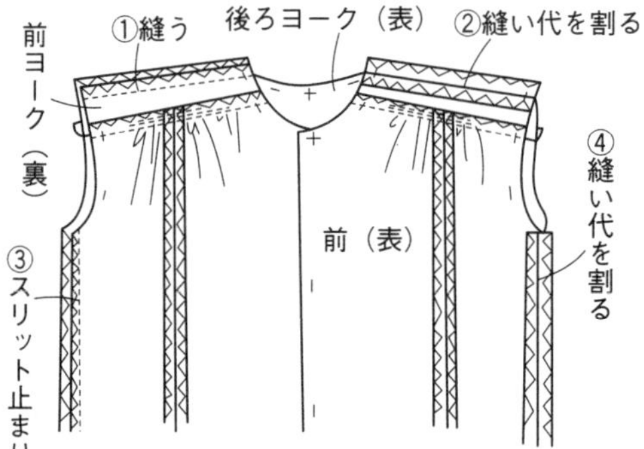

前と後ろを中表に合わせて肩と脇を縫う

4.身頃と前見返し、裾布を中表に合わせて布ループをはさんで前端、裾を縫う

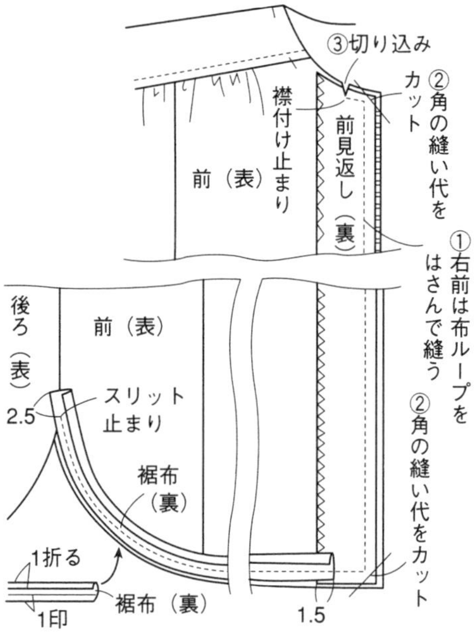

前身頃と前見返し、裾布を中表に合わせて右前は布ループをはさんで前端、裾を縫う

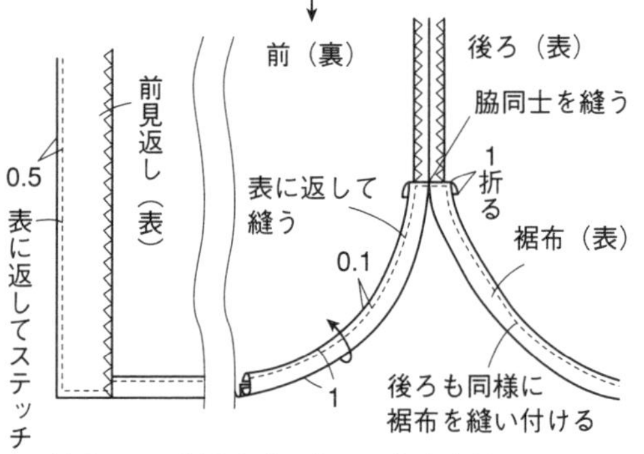

前見返しと裾布を表に返して裾布を縫い前端にステッチする

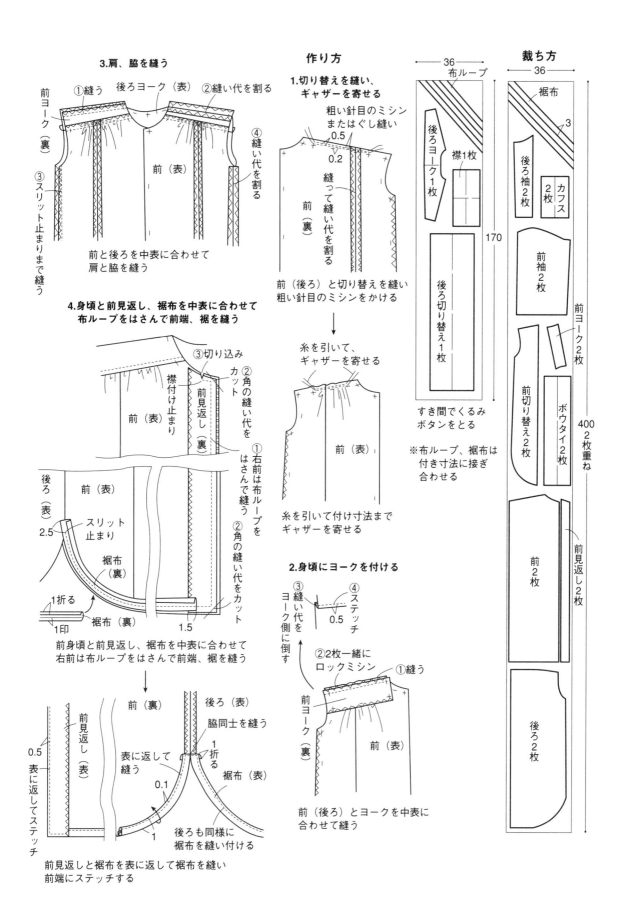

5.襟、ボウタイを作り、付ける

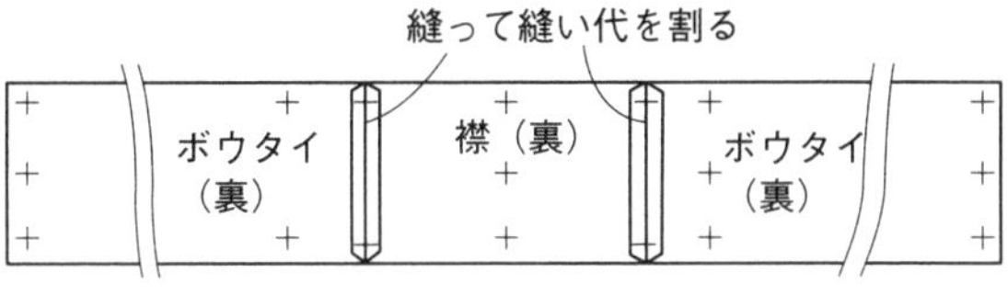
縫って縫い代を割る
ボウタイ（裏）
襟（裏）
ボウタイ（裏）

襟とボウタイを中表に合わせて縫う

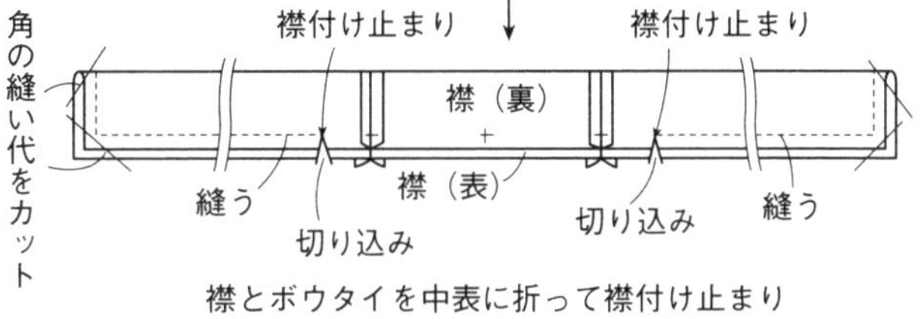
角の縫い代をカット
襟付け止まり
襟付け止まり
襟（裏）
縫う
襟（表）
切り込み
切り込み
縫う

襟とボウタイを中表に折って襟付け止まりまで縫い、切り込みを入れる

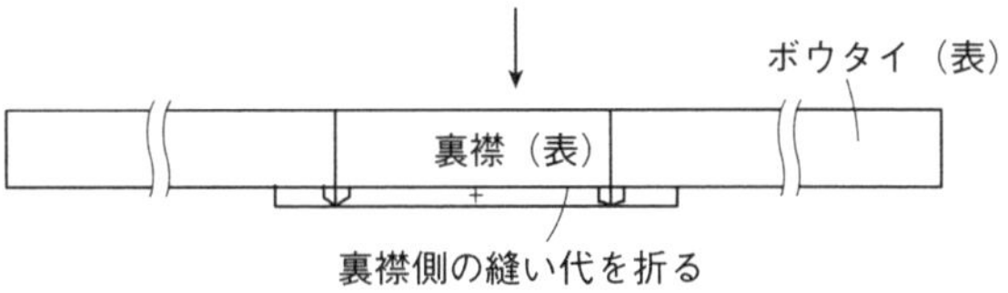
ボウタイ（表）
裏襟（表）
裏襟側の縫い代を折る

表に返し、裏襟側の縫い代を折る

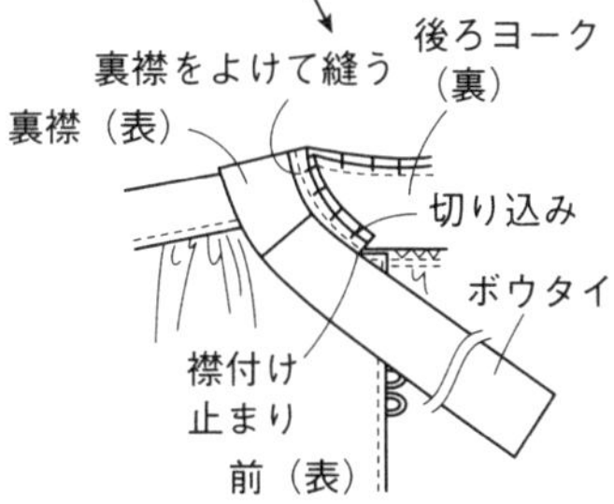
後ろヨーク（裏）
裏襟をよけて縫う
裏襟（表）
切り込み
ボウタイ
襟付け止まり
前（表）

身頃と表襟を中表に合わせて襟ぐりを縫う

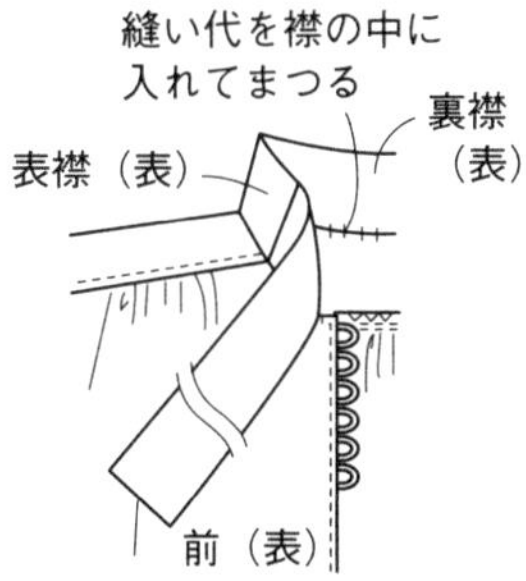
縫い代を襟の中に入れてまつる
裏襟（表）
表襟（表）
前（表）

襟を起こし、縫い代を襟の中に入れてまつる

6.袖を作り、付ける

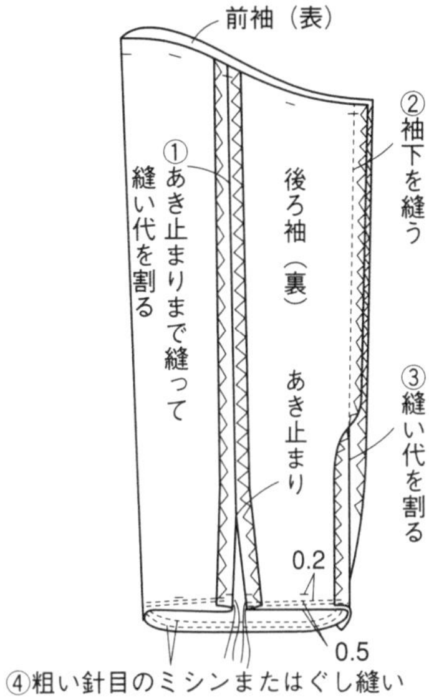
前袖（表）
①あき止まりまで縫って縫い代を割る
後ろ袖（裏）
②袖下を縫う
あき止まり
③縫い代を割る
0.2
0.5
④粗い針目のミシンまたはぐし縫い

前と後ろの袖を縫い、袖口に粗い針目のミシンをかける

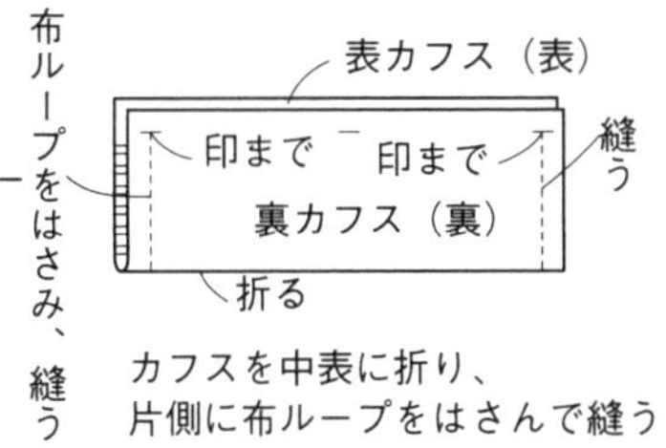
布ループをはさみ、縫う
表カフス（表）
印まで
印まで
裏カフス（裏）
縫う
折る

カフスを中表に折り、片側に布ループをはさんで縫う

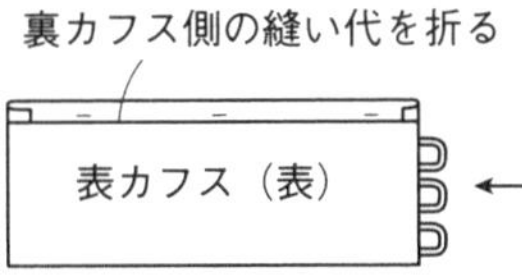
裏カフス側の縫い代を折る
表カフス（表）

表に返し、裏カフス側の縫い代を折る

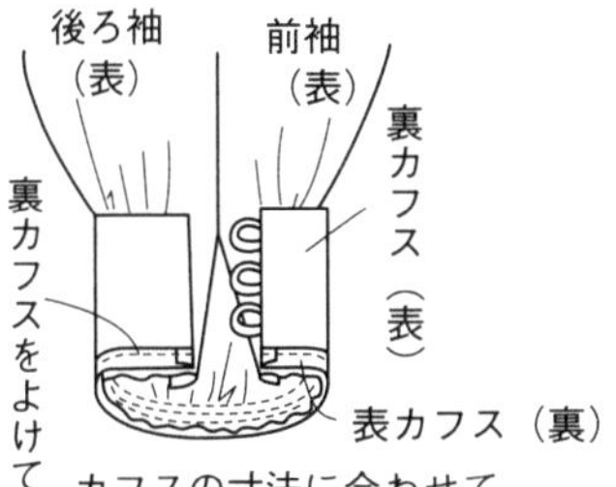
後ろ袖（表）
前袖（表）
裏カフス（表）
裏カフスをよけて縫う
表カフス（裏）

カフスの寸法に合わせて袖口にギャザーを寄せ、袖口と表カフスを中表に合わせて縫う

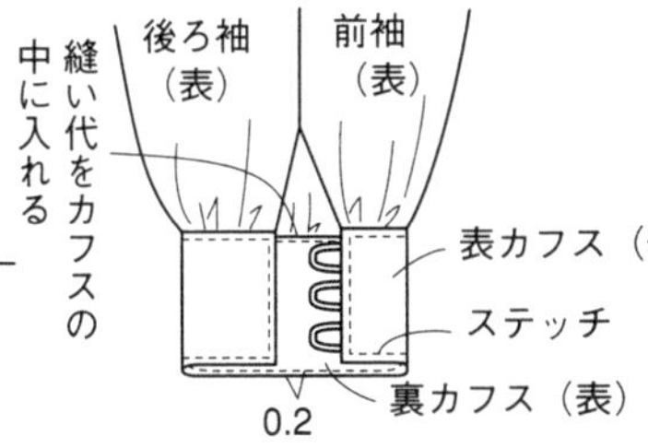
縫い代をカフスの中に入れる
後ろ袖（表）
前袖（表）
表カフス（表）
ステッチ
裏カフス（表）
0.2

カフスを起こし、縫い代をカフスの中に入れてステッチする

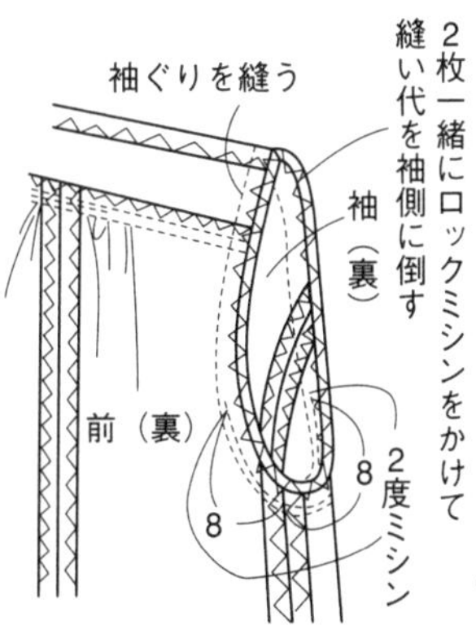
袖ぐりを縫う
2枚一緒にロックミシンをかけて縫い代を袖側に倒す
袖（裏）
前（裏）
8
8
2度ミシン

身頃と袖の袖ぐりを中表に合わせて縫う

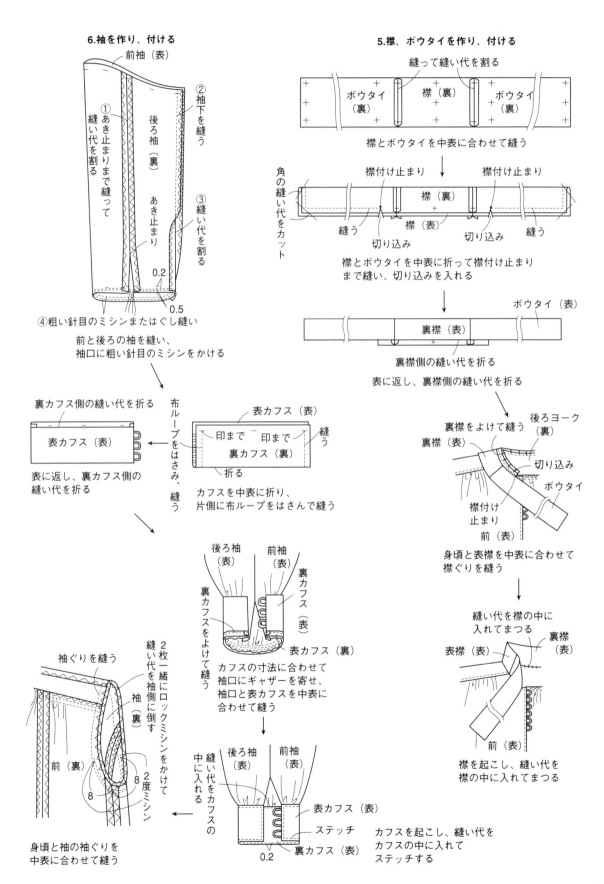

パフスリーブのブラウス

P.10

●着丈約54cm　身幅約63cm

※○の数字は縫い代。襟ぐり、袖口は裁ち切り、
指定のないものはすべて1cm付ける

前、後ろ各2枚

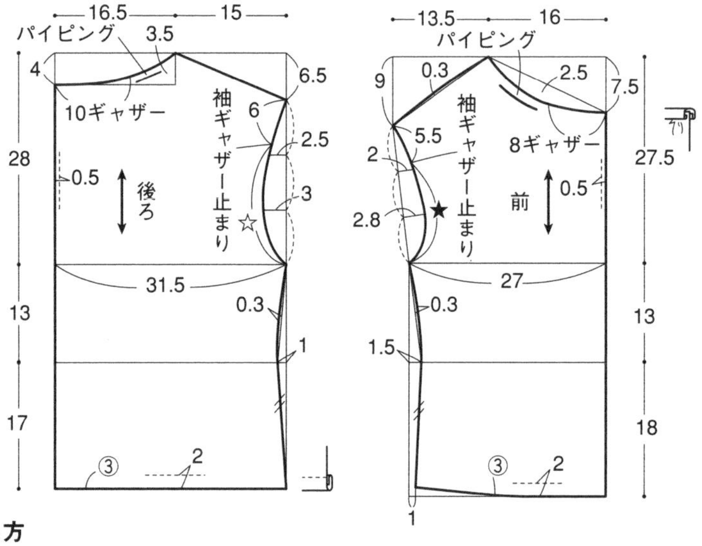

16.5
15
パイピング
3.5
4
6.5
10ギャザー
6
袖ギャザー止まり
2.5
28
0.5
後ろ
3
31.5
13
0.3
1
17
③
2
13.5
16
パイピング
9
0.3
2.5
7.5
5.5
2
8ギャザー
27.5
前
2.8
27
0.3
1.5
18
1

作り方順序

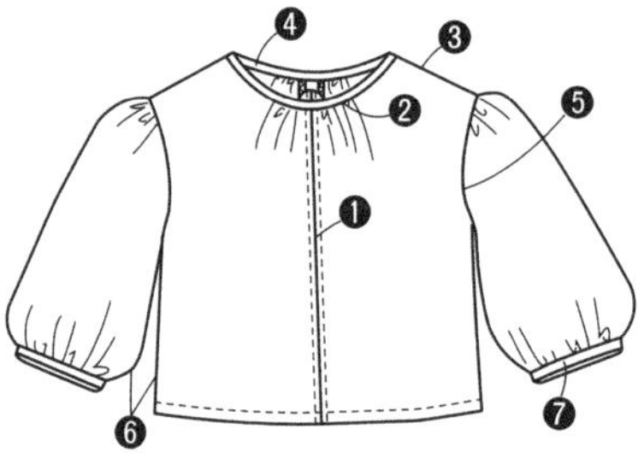

材料

表布36×520cm　幅1.8cmレース4cm

作り方のポイント

・肩、前中心、後ろ中心、脇、袖切り替え、袖下の布端にロックミシンまたはジグザグミシンをかける。

作り方

①前中心、後ろ中心を縫う。
②襟ぐりにギャザーを寄せる。
③肩を縫う。
④襟ぐりにパイピングをする。
⑤袖を作り、付ける。
⑥袖下から脇を縫い、裾を縫う。
⑦袖口にパイピングをする。

裁ち方

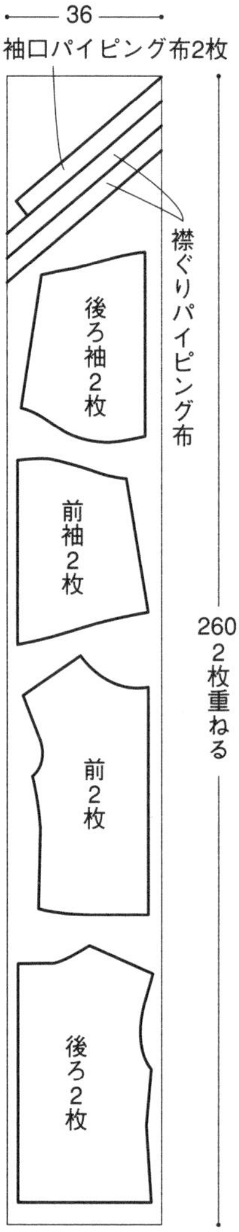

36
袖口パイピング布2枚
襟ぐりパイピング布
後ろ袖2枚
前袖2枚
前2枚
後ろ2枚
260
2枚重ねる

前袖、後ろ袖各2枚

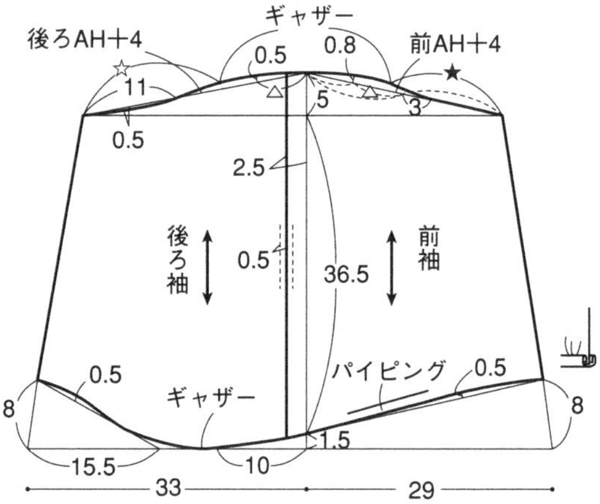

ギャザー
後ろAH＋4
0.5
0.8
前AH＋4
11
5
3
0.5
2.5
後ろ袖
0.5
36.5
前袖
0.5
パイピング
0.5
8
ギャザー
8
1.5
15.5
10
33
29

袖口パイピング布2枚

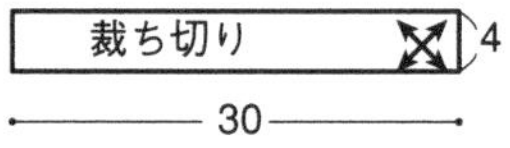

裁ち切り
4
30

襟ぐりパイピング布1枚

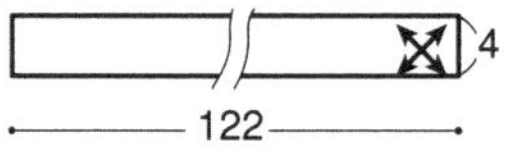

4
122

襟ぐりパイピング布は
接ぎ合わせて1枚にする

※襟ぐりパイピング布は
付き寸法に接ぎ合わせる

作り方

1.前中心、後ろ中心を縫う

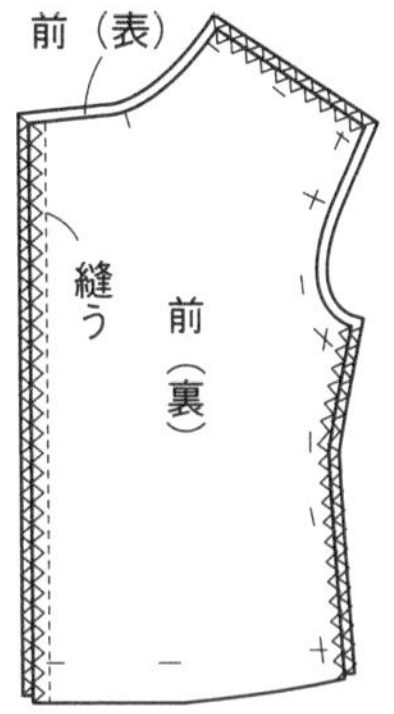
前（表）
縫う
前（裏）

前（後ろ）を中表に合わせて
前中心（後ろ中心）を縫う

前（表）
縫い代を割り、ステッチ
0.5
0.5

縫い代を割り、ステッチをする

2.襟ぐりにギャザーを寄せる

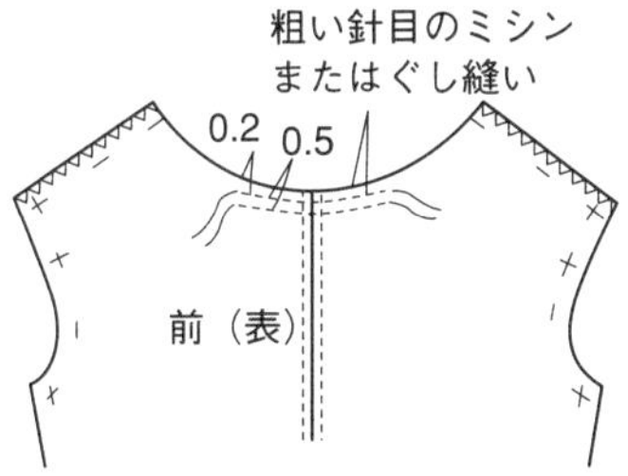
粗い針目のミシン
またはぐし縫い
0.2
0.5
前（表）

前（後ろ）襟ぐりに粗い針目の
ミシンをかける

↓

糸を引いてギャザーを寄せる

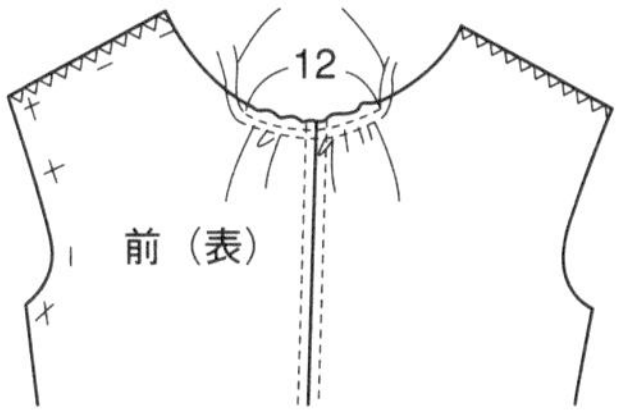
12
前（表）

糸を引いてギャザーを寄せる

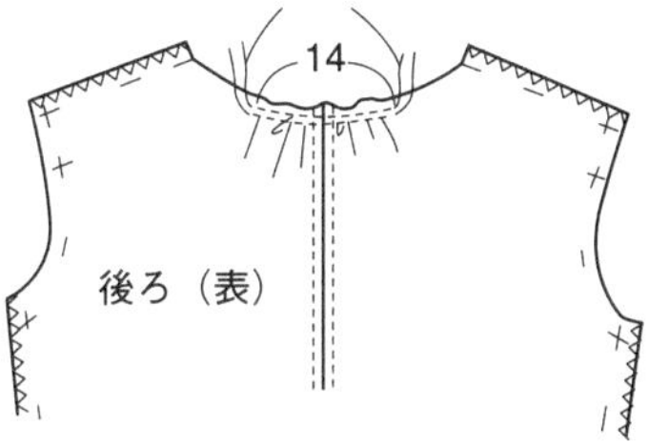
14
後ろ（表）

糸を引いて指定の寸法まで
ギャザーを寄せる

3.肩を縫う

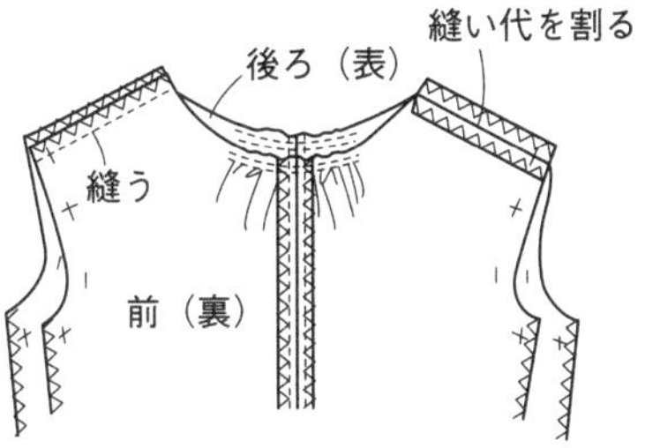
縫い代を割る
後ろ（表）
縫う
前（裏）

前と後ろを中表に合わせて
肩を縫う

4.襟ぐりにパイピングをする

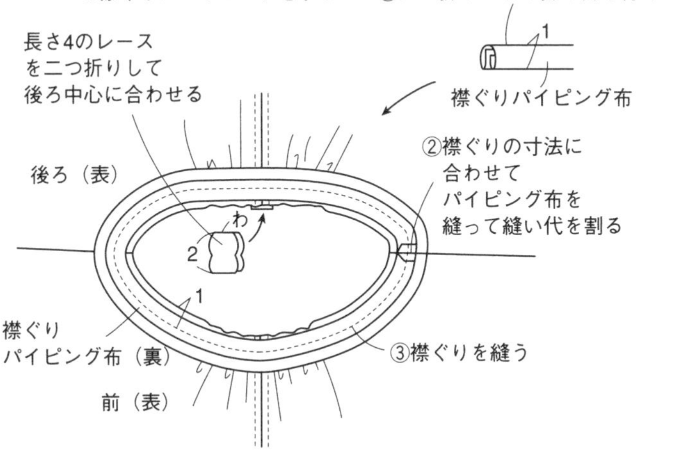
①四つ折りにして折り目を付ける
1
襟ぐりパイピング布
長さ4のレース
を二つ折りして
後ろ中心に合わせる
②襟ぐりの寸法に
合わせて
パイピング布を
縫って縫い代を割る
後ろ（表）
わ
2
1
襟ぐり
パイピング布（裏）
③襟ぐりを縫う
前（表）

身頃と襟ぐりパイピング布を
中表に合わせて縫う

↓

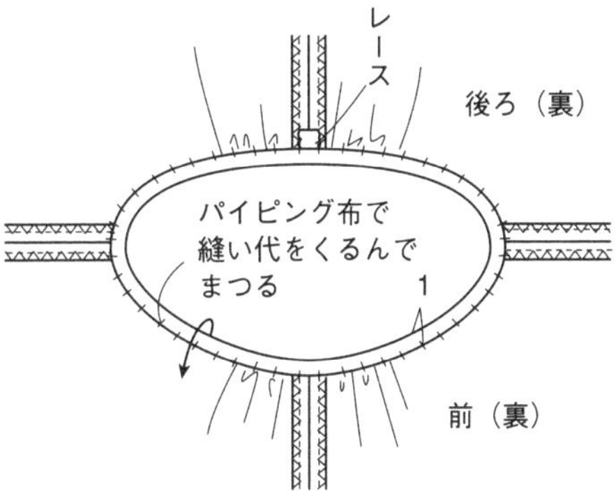
レース
後ろ（裏）
パイピング布で
縫い代をくるんで
まつる
1
前（裏）

襟ぐりパイピング布を表に返して
縫い代をくるみ、まつる

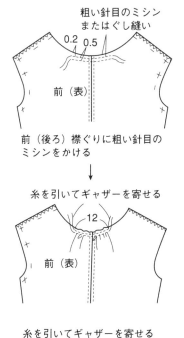

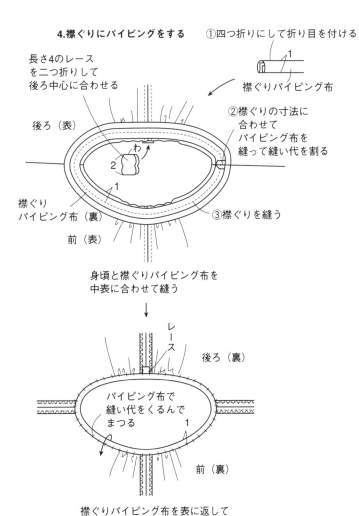

5.袖を作り、付ける

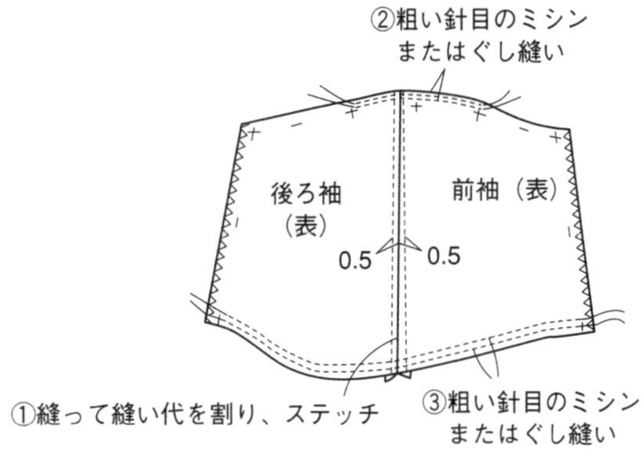
②粗い針目のミシン
またはぐし縫い
後ろ袖
（表）
前袖（表）
0.5
0.5
①縫って縫い代を割り、ステッチ
③粗い針目のミシン
またはぐし縫い

前と後ろの袖を中表に合わせて縫う

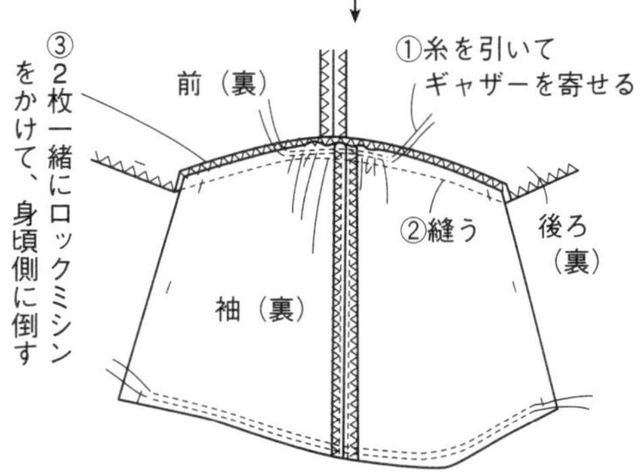
③2枚一緒にロックミシンをかけて、身頃側に倒す
前（裏）
①糸を引いて
ギャザーを寄せる
②縫う
後ろ
（裏）
袖（裏）

身頃と袖の袖ぐりを中表に合わせて縫う

6.袖下から脇を縫い、裾を縫う

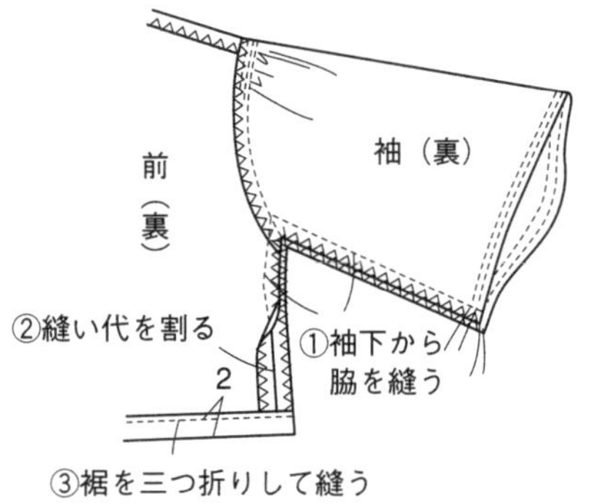
前
（裏）
袖（裏）
②縫い代を割る
2
①袖下から
脇を縫う
③裾を三つ折りして縫う

身頃と袖をそれぞれ中表に
合わせて袖下から脇を縫い、
裾を縫う

7.袖口にパイピングをする

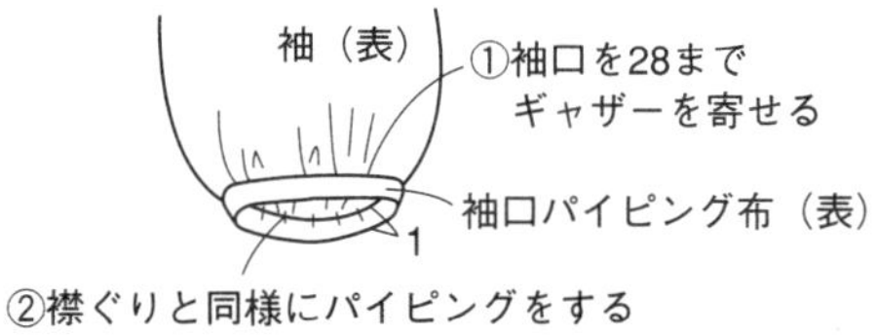
袖（表）
①袖口を28まで
ギャザーを寄せる
袖口パイピング布（表）
1
②襟ぐりと同様にパイピングをする

袖口にギャザーを寄せて
パイピングをする

フレアブラウス

●着丈約72cm　身幅約52cm

※○の数字は縫い代。指定のないものはすべて1cm付ける

前切り開き図

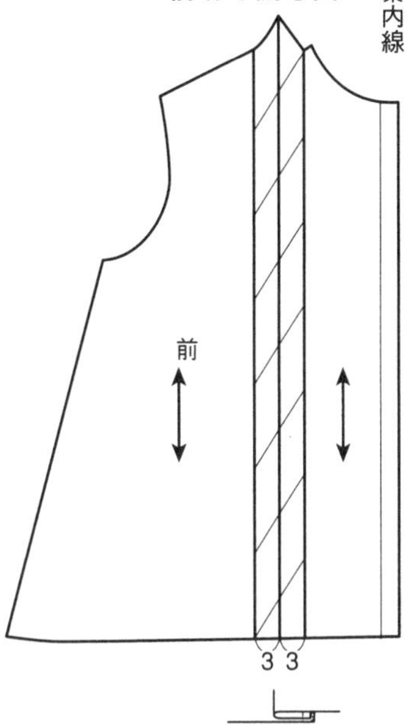
前
3 3

表襟、裏襟各1枚

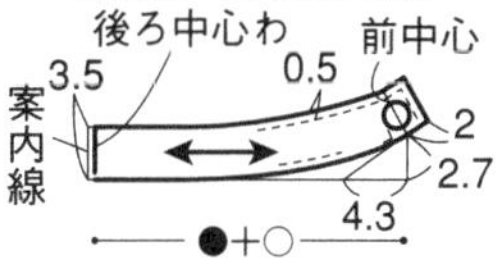
後ろ中心わ
前中心
3.5
0.5
案内線
2
2.7
4.3
●+○

前、前見返し各2枚

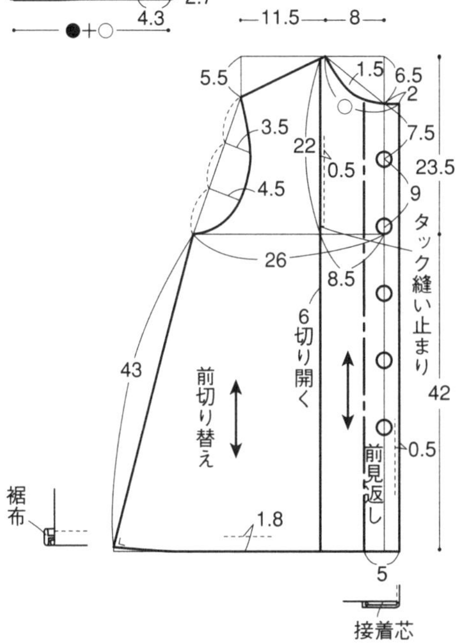
11.5
8
5.5
1.5
6.5
2
3.5
7.5
22
0.5
23.5
4.5
9
タック縫い止まり
26
8.5
6切り開く
43
前切り替え
42
0.5
前見返し
裾布
1.8
5
接着芯

前袖、後ろ袖各2枚

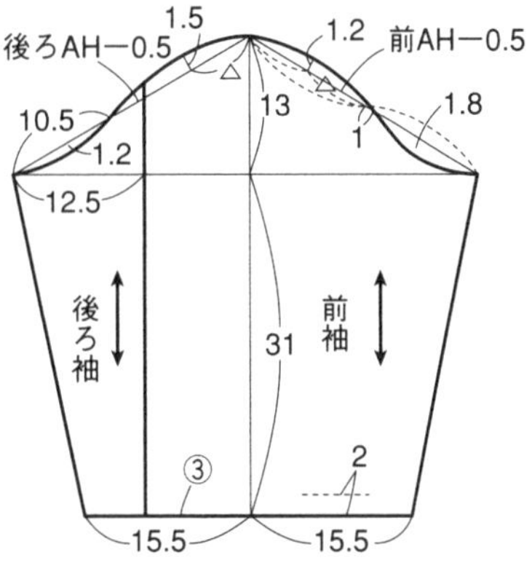
1.5
1.2
後ろAH−0.5
前AH−0.5
10.5
13
1.8
1.2
1
12.5
後ろ袖
31
前袖
③
2
15.5
15.5

後ろA、後ろB、後ろC、ヨーク各2枚

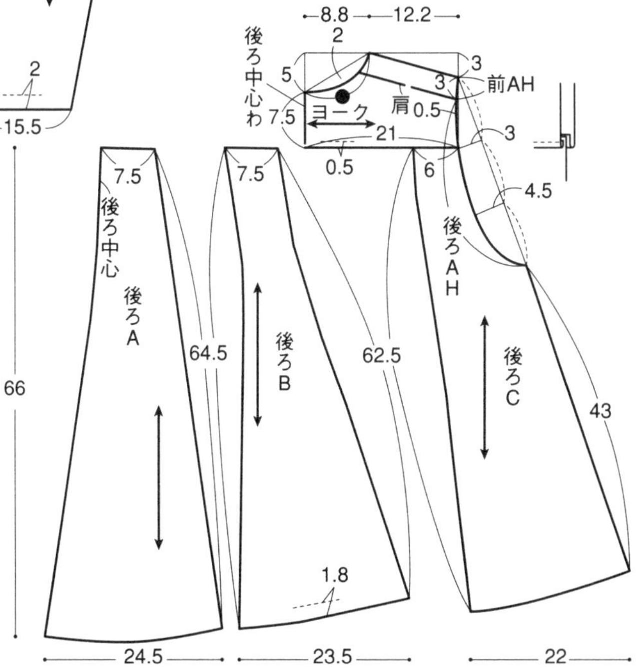
8.8
12.2
2
3
後ろ中心わ
5
3
前AH
肩
7.5
ヨーク
0.5
21
3
0.5
6
7.5
7.5
4.5
後ろ中心
後ろA
後ろAH
64.5
後ろB
62.5
後ろC
66
43
1.8
24.5
23.5
22

作り方順序

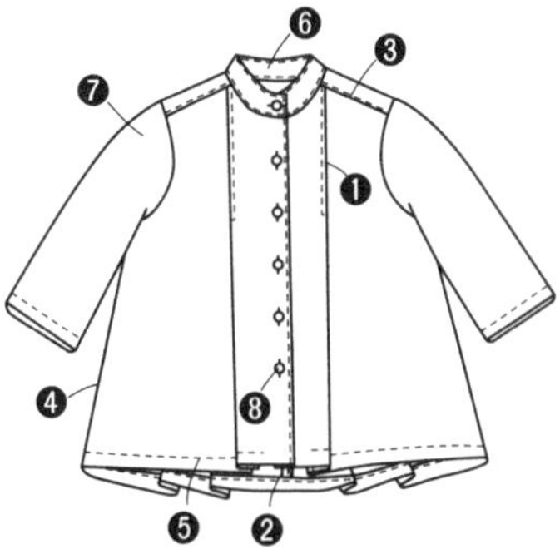
❶
❷
❸
❹
❺
❻
❼
❽

材料

表布36×890cm　接着芯40×70cm　直径2cmくるみボタン6個

作り方のポイント

・脇、袖切り替え、袖下、見返しの布端にロックミシンまたはジグザグミシンをかける。
・前見返し、裏襟に接着芯をはる。
・ヨーク、後ろA、後ろB、後ろCの型紙はとじこみ付録A参照。襟はとじこみ付録Aに掲載の型紙を参考にするとよい。

作り方

①前身頃の切り替えを縫い、タックを縫って、たたむ。
②後ろ身頃の切り替えを縫う。
③身頃にヨークを付ける。
④脇を縫う。
⑤前見返しと身頃の裾を縫う。
⑥襟を作り、付ける
⑦袖を作り、付ける。
⑧ボタンホールを作り、ボタンを付ける。

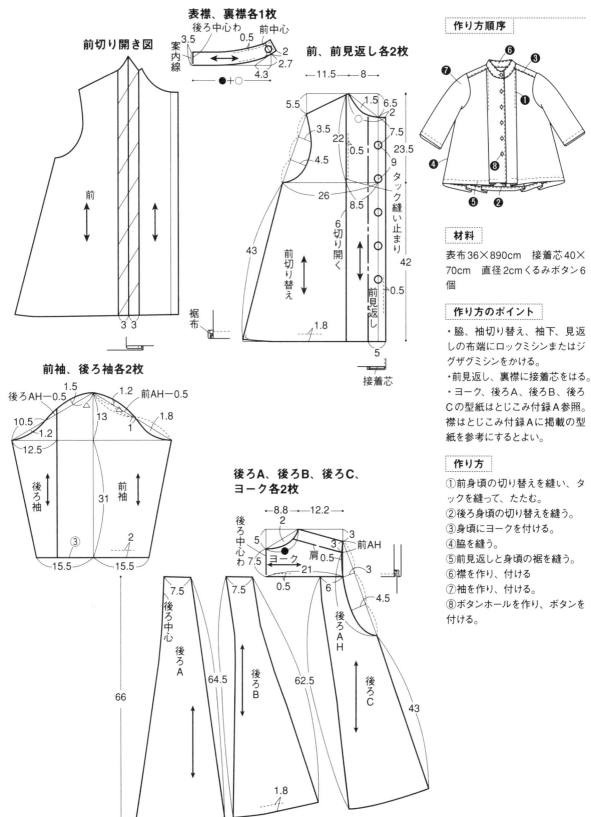

作り方

1.前身頃の切り替えを縫い、タックを縫ってたたむ

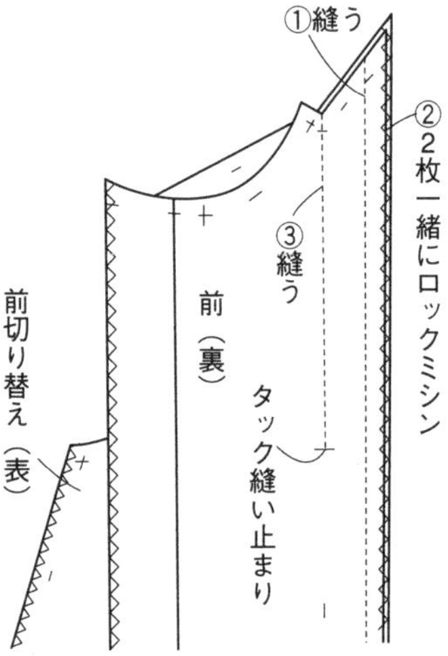
①縫う
②2枚一緒にロックミシン
③縫う
前（裏）
前切り替え（表）
タック縫い止まり

中表に合わせ、切り替えを縫い、タックを縫い止まりまで縫う

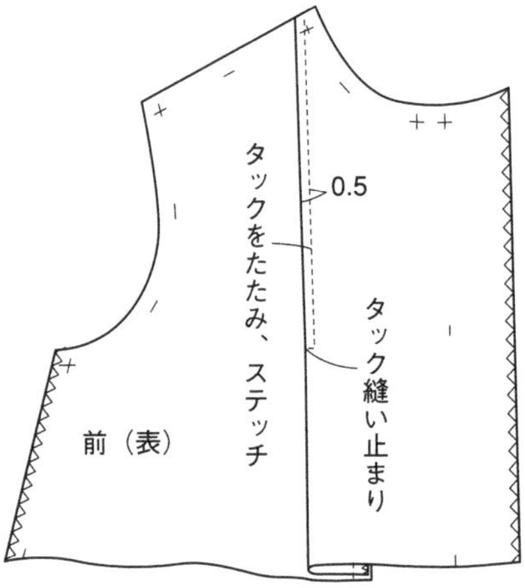
タックをたたみ、ステッチ
0.5
タック縫い止まり
前（表）

タックをたたみ、タック縫い止まりまでステッチする

2.後ろ身頃の切り替えを縫う

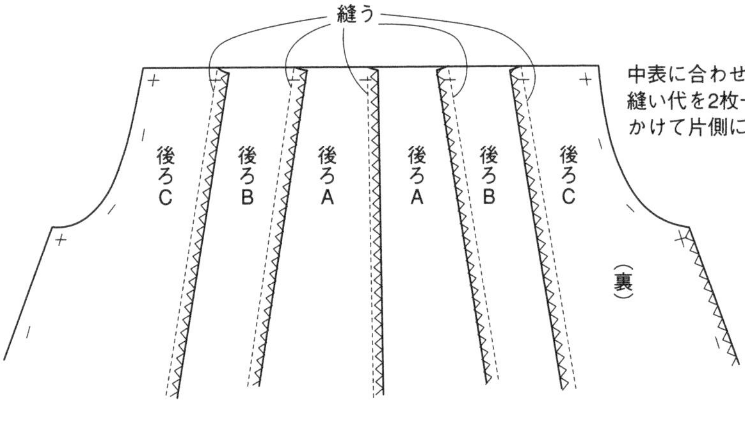
縫う
後ろC
後ろB
後ろA
後ろA
後ろB
後ろC
（裏）

中表に合わせて切り替えを縫い
縫い代を2枚一緒にロックミシンを
かけて片側に倒す

裁ち方

すき間でくるみボタン
をとる
※裾布は付け寸法
に接ぎ合わせる

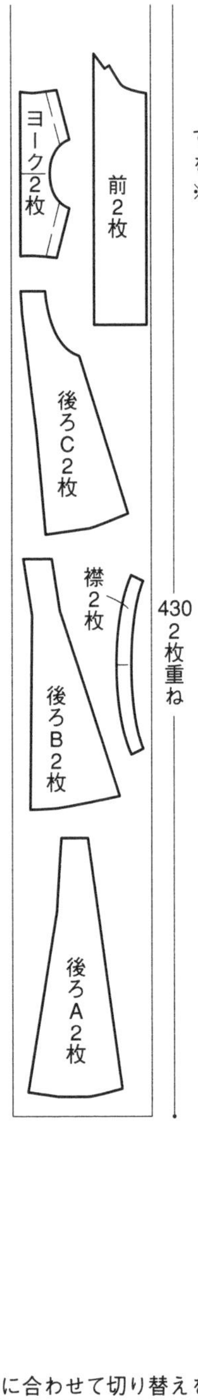
ヨーク2枚
前2枚
後ろC2枚
襟2枚
後ろB2枚
後ろA2枚
430
2枚重ね

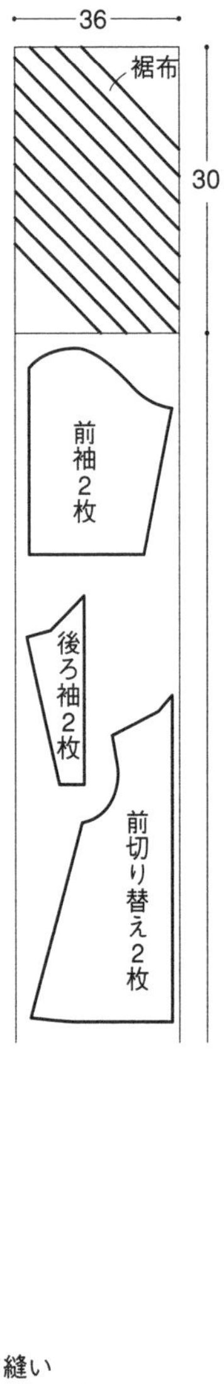
36
裾布
30
前袖2枚
後ろ袖2枚
前切り替え2枚

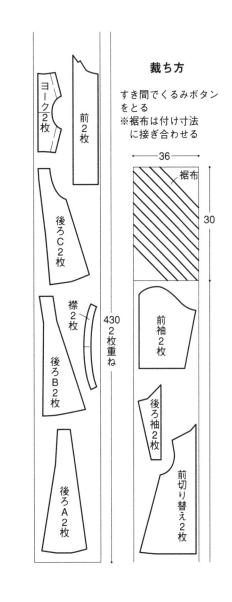

3.身頃にヨークを付ける

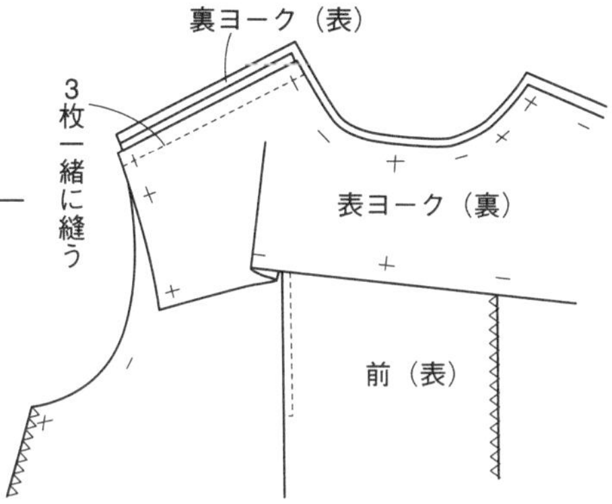
裏ヨーク（表）
3枚一緒に縫う
表ヨーク（裏）
前（表）

表と裏ヨークを中表に合わせて
前身頃をはさんで縫う

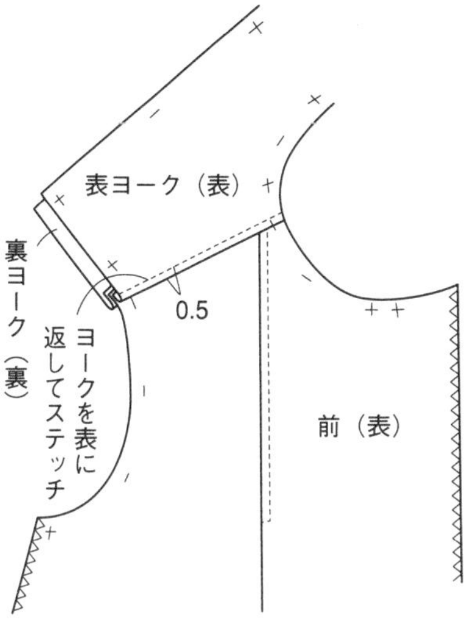
表ヨーク（表）
裏ヨーク（裏）
ヨークを表に返してステッチ
0.5
前（表）

ヨークを表に返してステッチする

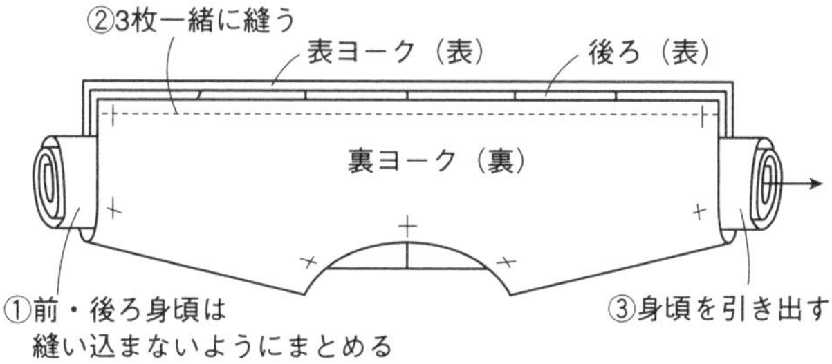
②3枚一緒に縫う
表ヨーク（表）
後ろ（表）
裏ヨーク（裏）
①前・後ろ身頃は
縫い込まないようにまとめる
③身頃を引き出す

表と裏のヨークを中表に合わせて後ろ身頃を
はさんで縫い、身頃を袖ぐりから引き出す

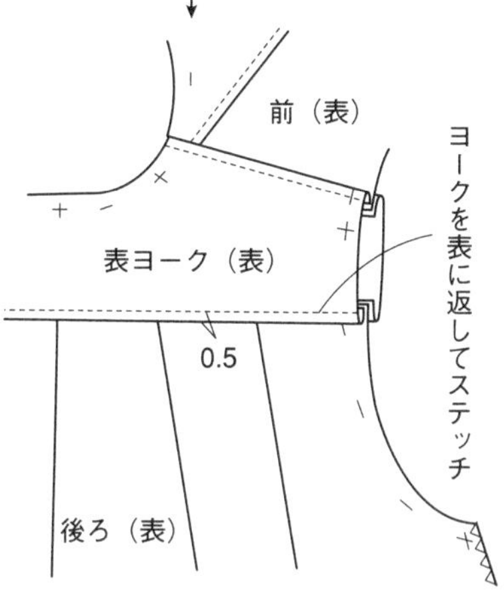
前（表）
ヨークを表に返してステッチ
表ヨーク（表）
0.5
後ろ（表）

ヨークを表に返してステッチする

4.脇を縫う

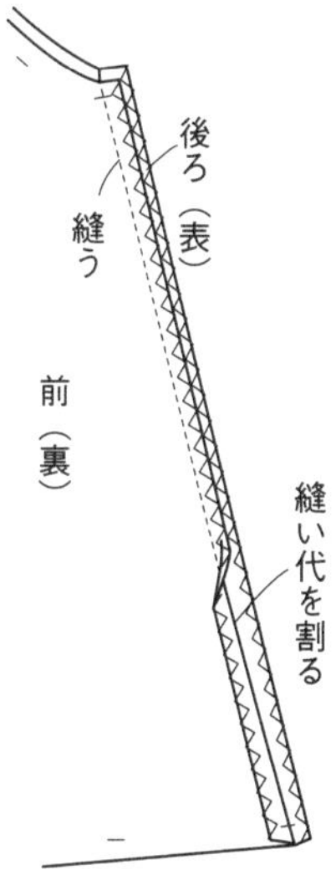
後ろ（表）
縫う
前（裏）
縫い代を割る

5.前見返しと身頃の裾を縫う

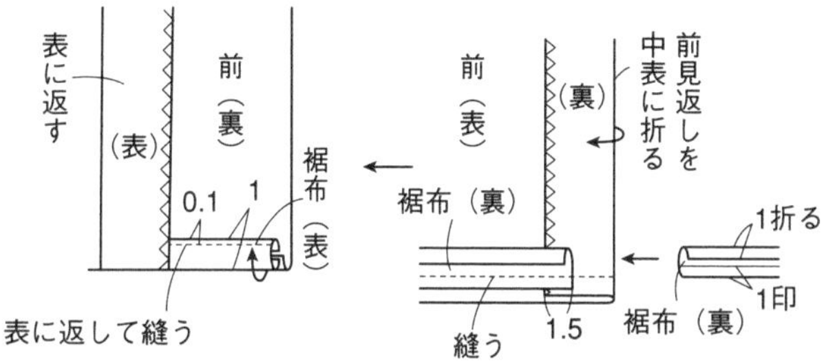
表に返す
（表）
前（裏）
0.1
1
裾布（表）
表に返して縫う
前（表）
（裏）
前見返しを中表に折る
裾布（裏）
縫う
1.5
1折る
1印
裾布（裏）

前見返しを中表に折り、身頃と裾布を
中表に合わせて裾を縫う

6.襟を作り、付ける

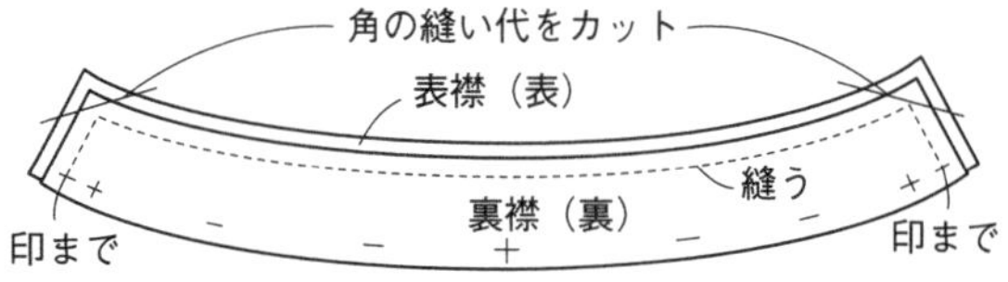
角の縫い代をカット
表襟（表）
縫う
裏襟（裏）
印まで
印まで

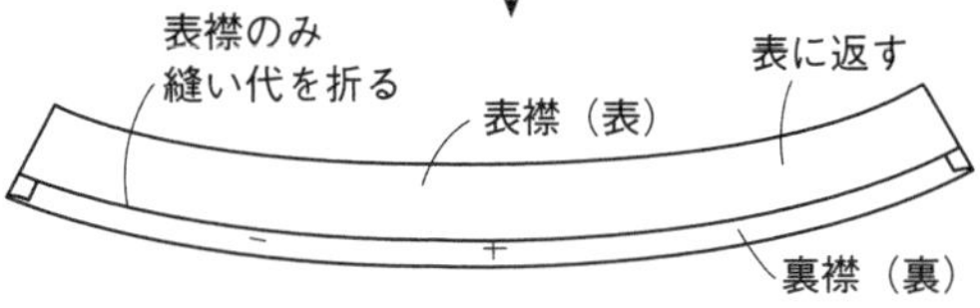
表襟のみ
縫い代を折る
表襟（表）
表に返す
裏襟（裏）

表と裏の襟を中表に合わせて縫い、
表に返す

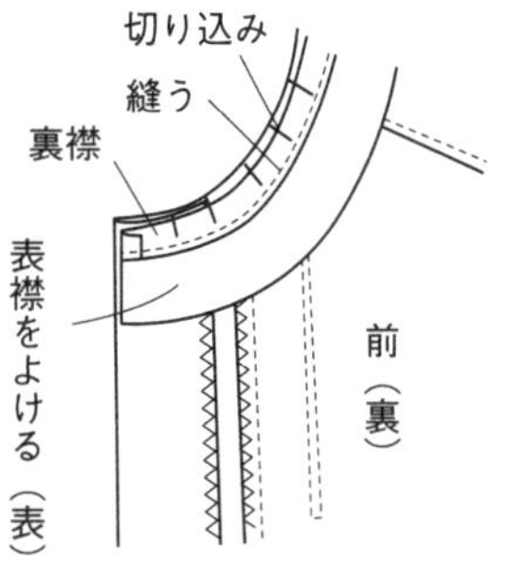
切り込み
縫う
裏襟
表襟をよける（表）
前（裏）

身頃の裏に裏襟を合わせて
襟ぐりを縫う

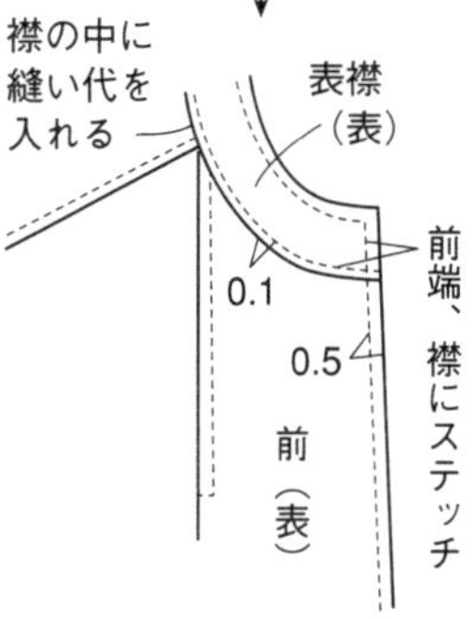
襟の中に
縫い代を
入れる
表襟
（表）
0.1
0.5
前端、襟にステッチ
前（表）

襟の中に縫い代を入れ
前端、襟にステッチする

7.袖を作り、付ける

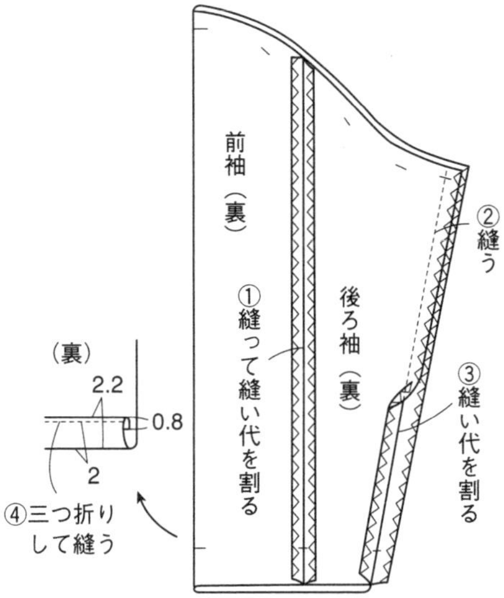
前袖（裏）
①縫って縫い代を割る
後ろ袖（裏）
②縫う
③縫い代を割る
（裏）
2.2
0.8
2
④三つ折りして縫う

前と後ろの袖を中表に合わせて
切り替えと袖下を縫い、袖口を
三つ折りして縫う

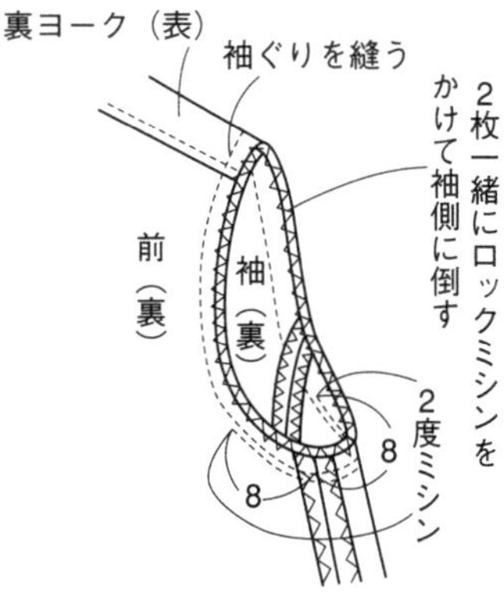
裏ヨーク（表）
袖ぐりを縫う
2枚一緒にロックミシンをかけて袖側に倒す
前（裏）
袖（裏）
2度ミシン
8
8

身頃と袖の袖ぐりを
中表に合わせて縫う

丸襟のシンプルブラウス

P.14

●着丈約57cm　身幅約53cm

※○の数字は縫い代。指定のないものはすべて1cm付ける

前、後ろ各2枚

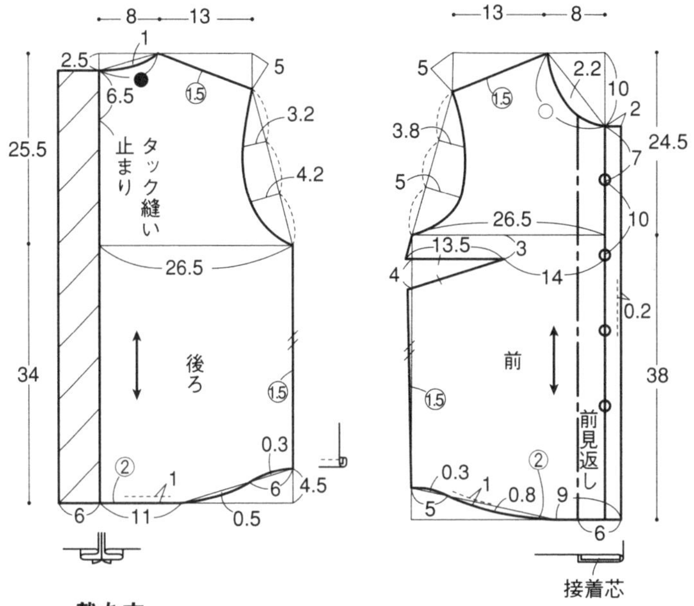

裁ち方

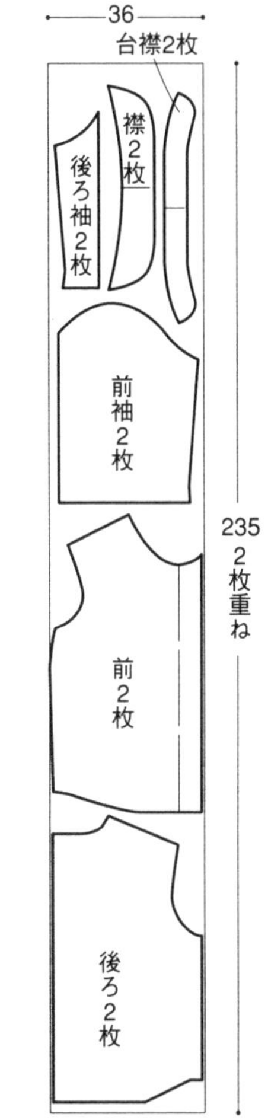

表襟、裏襟、表台襟、裏台襟各1枚

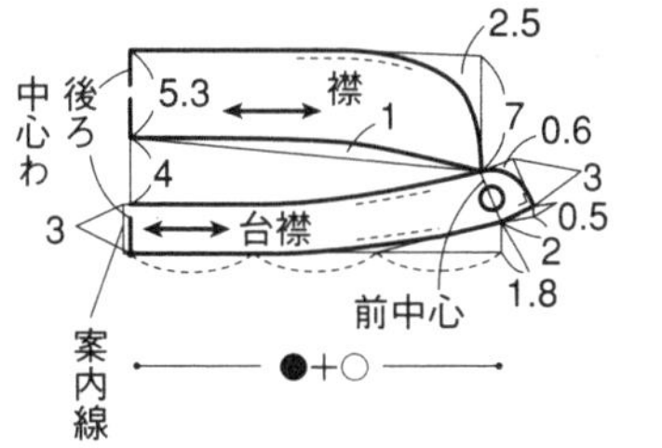

前袖、後ろ袖各2枚

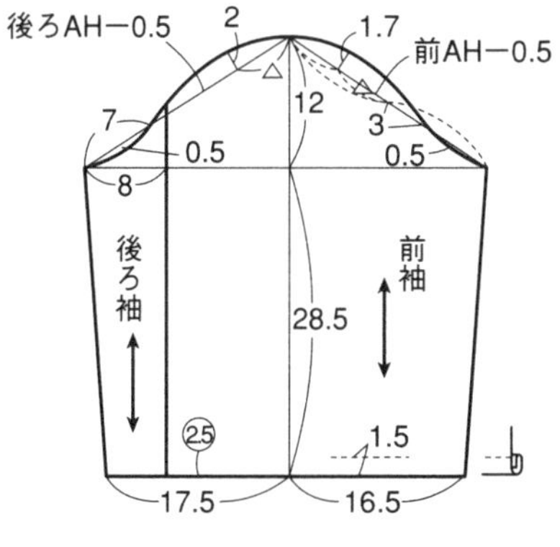

作り方順序

材料

表布36×470cm　接着芯40×60cm　直径1.2cmボタン5個

作り方のポイント

・肩、後ろ脇、後ろ中心、袖切り替え、袖下、前見返しの布端にロックミシンまたはジグザグミシンをかける。

・前見返し、裏襟、表台襟に接着芯をはる。

・襟と台襟の作り方は63ページも参照。

・襟と台襟はとじこみ付録Bに掲載の型紙を参考にするとよい。

作り方

①ダーツを縫う。
②後ろ中心とタックを縫う。
③肩を縫う。
④袖を作り、身頃に付ける。
⑤袖下から脇を縫い、袖口を縫う。
⑥前見返しと身頃の裾を縫う。
⑦襟を作り、台襟に付ける。
⑧台襟を身頃に付ける。
⑨ボタンホールを作り、ボタンを付ける。

作り方

1.ダーツを縫う

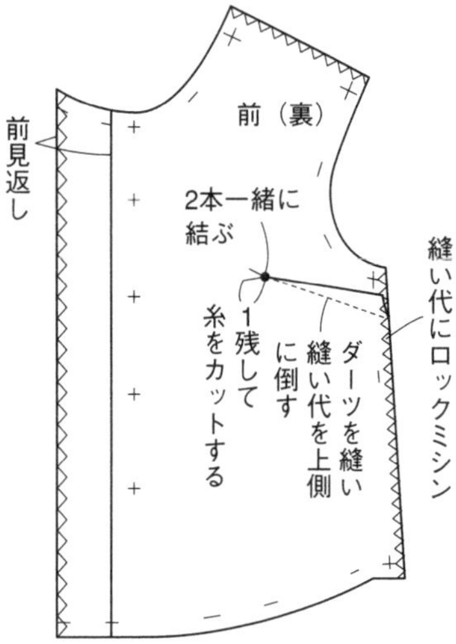
前（裏）
前見返し
2本一緒に結ぶ
1残して糸をカットする
ダーツを縫い縫い代を上側に倒す
縫い代にロックミシン

ダーツを縫って縫い代を倒し
脇の縫い代にロックミシンをかける

2.後ろ中心とタックを縫う

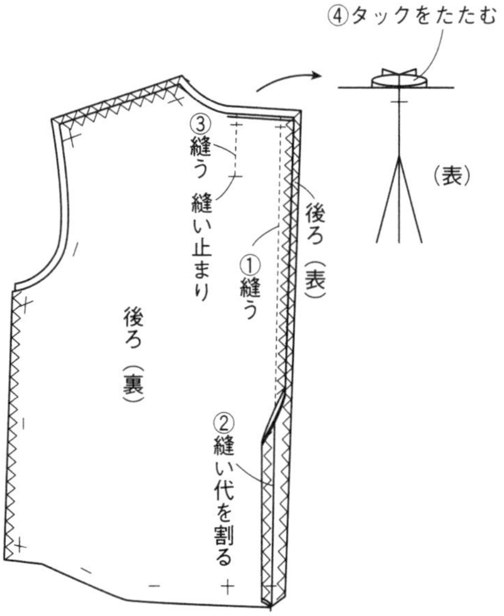
④タックをたたむ
（表）
③縫う
縫い止まり
①縫う
後ろ（表）
後ろ（裏）
②縫い代を割る

後ろを中表に合わせて中心
を縫い、タックを縫ってたたむ

3.肩を縫う

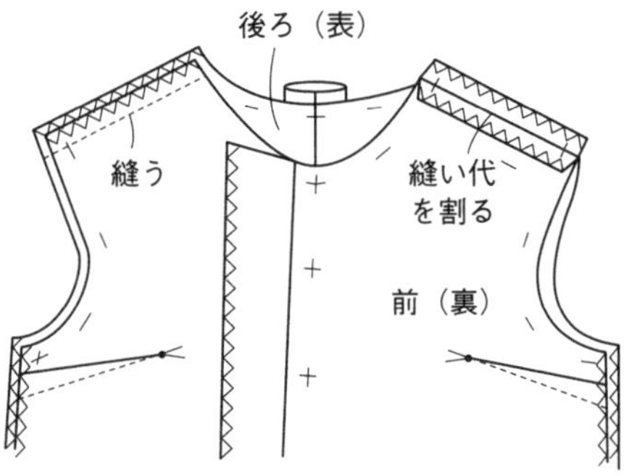
後ろ（表）
縫う
縫い代を割る
前（裏）

前と後ろを中表に合わせて肩を縫う

4.袖を作り、身頃に付ける

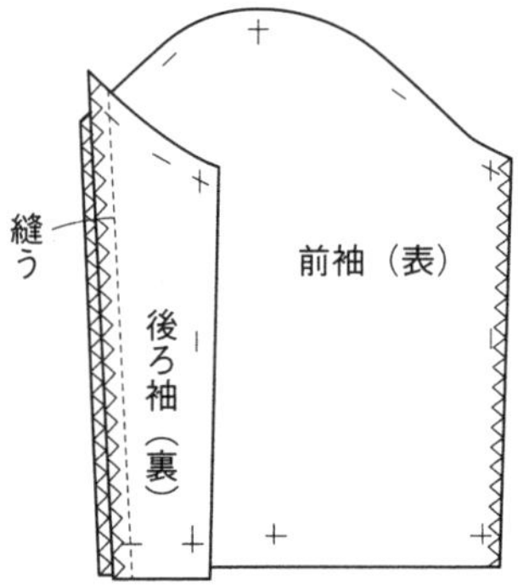
縫う
前袖（表）
後ろ袖（裏）

前と後ろの袖を中表に
合わせて縫う

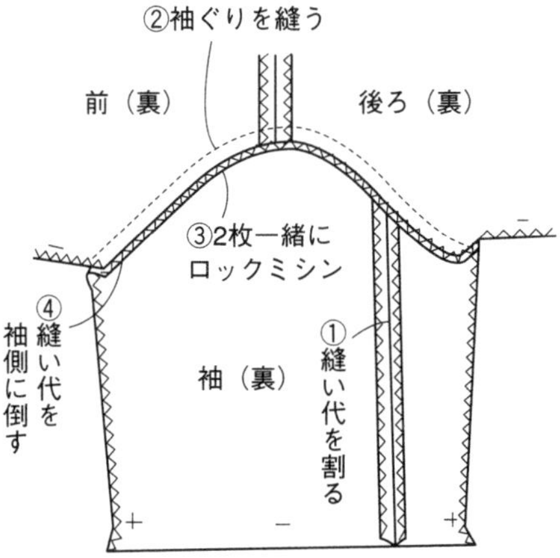
②袖ぐりを縫う
前（裏）
後ろ（裏）
③2枚一緒にロックミシン
①縫い代を割る
袖（裏）
④縫い代を袖側に倒す

身頃と袖の袖ぐりを中表に
合わせて縫い、ロックミシン
をかけて縫い代を倒す

5.袖下から脇を縫い、袖口を縫う

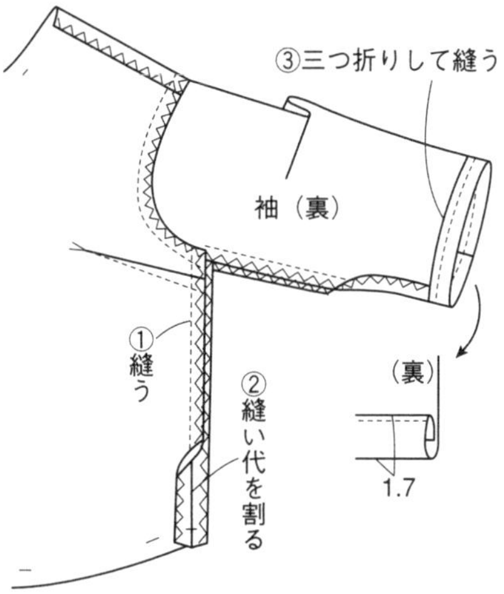
③三つ折りして縫う
袖（裏）
①縫う
②縫い代を割る
（裏）
1.7

袖と身頃をそれぞれ中表に
合わせて袖下から脇を縫う
袖口を三つ折りして縫う

6.前見返しと身頃の裾を縫う

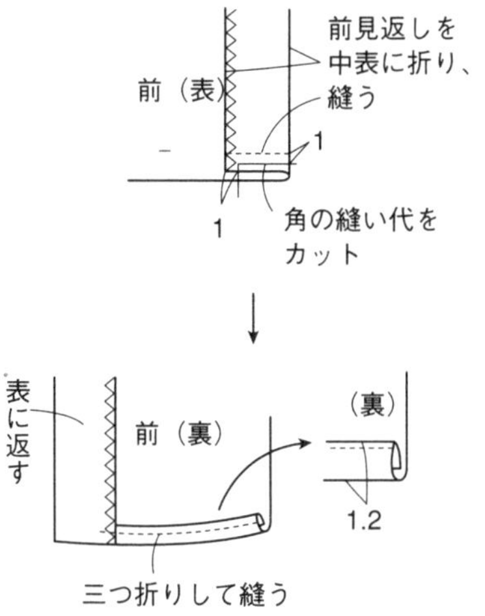
前見返しを
中表に折り、
縫う
前（表）
1
1
角の縫い代を
カット
表に返す
前（裏）
（裏）
1.2
三つ折りして縫う

前見返しを中表に折って裾を縫い、
前見返しを表に返して身頃の裾を
三つ折りして縫う

7.襟を作り、台襟に付ける

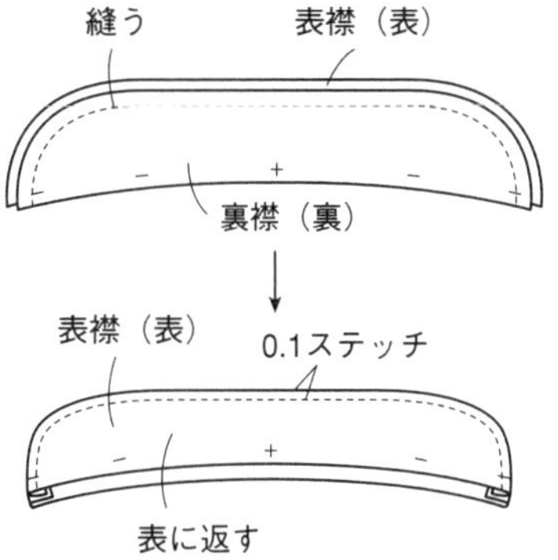
縫う
表襟（表）
裏襟（裏）
表襟（表）
0.1ステッチ
表に返す

表と裏の襟を中表に合わせて
縫い、表に返してステッチする

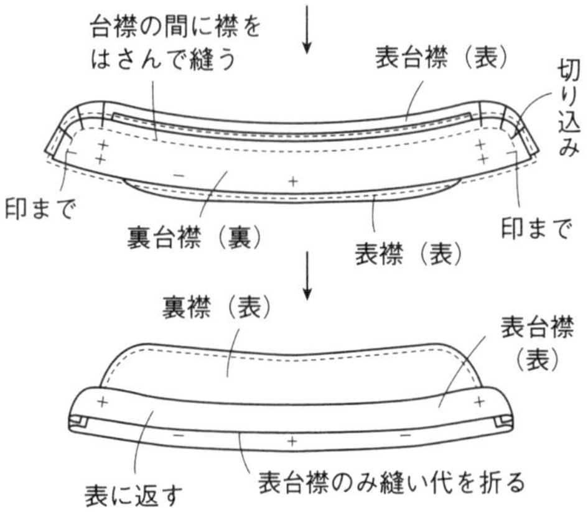
台襟の間に襟を
はさんで縫う
表台襟（表）
切り込み
印まで
裏台襟（裏）
表襟（表）
印まで
裏襟（表）
表台襟
（表）
表に返す
表台襟のみ縫い代を折る

襟を表と裏の台襟ではさんで縫い、表に返す

8.台襟を身頃に付ける

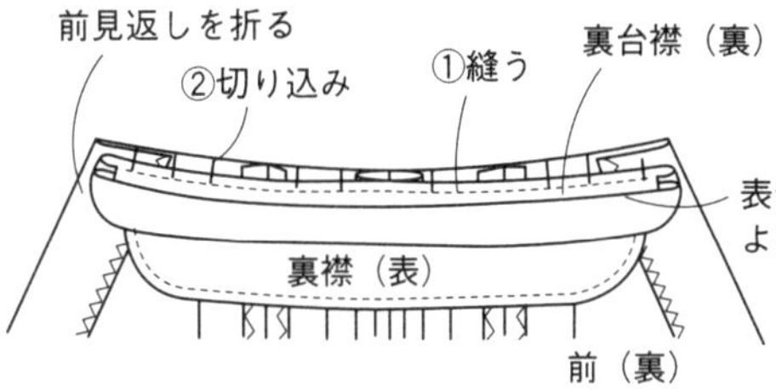
前見返しを折る
②切り込み
①縫う
裏台襟（裏）
表台襟を
よける
裏襟（表）
前（裏）

身頃の裏に裏台襟を合わせて
襟ぐりを縫う

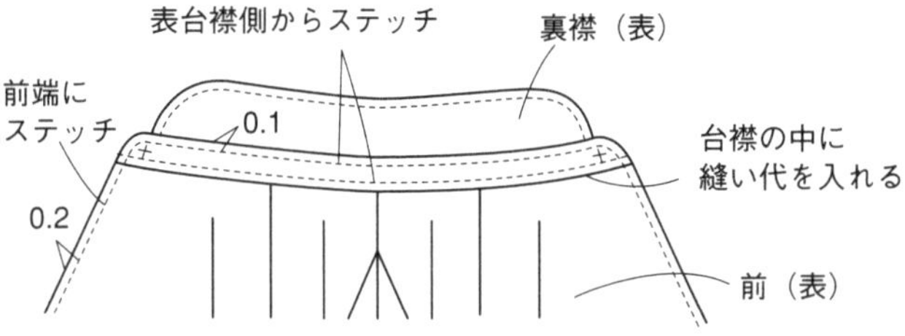
表台襟側からステッチ
裏襟（表）
前端に
ステッチ
0.1
台襟の中に
縫い代を入れる
0.2
前（表）

台襟の中に縫い代を入れて
台襟と前端にステッチする

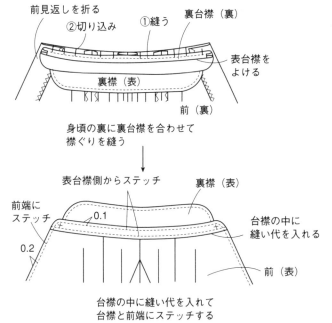

刺し子のベスト

P.16

●着丈約65cm　身幅約60cm

※指定のないものはすべて縫い代1cm付ける

前、裏前各1枚

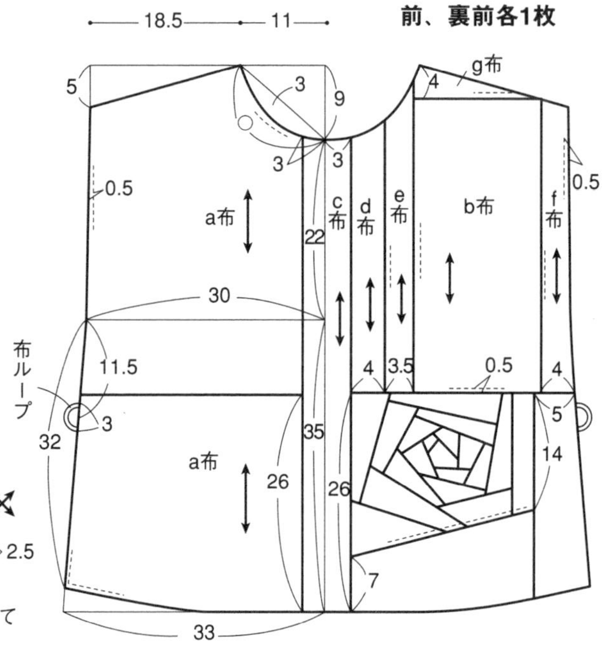

布ループ1枚

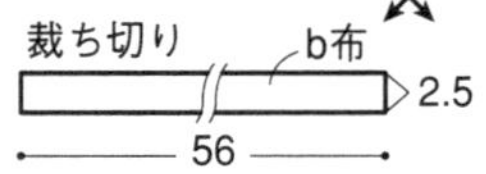

布を接ぎ合わせて作ってから8本にカットする

後ろ、裏後ろ各1枚

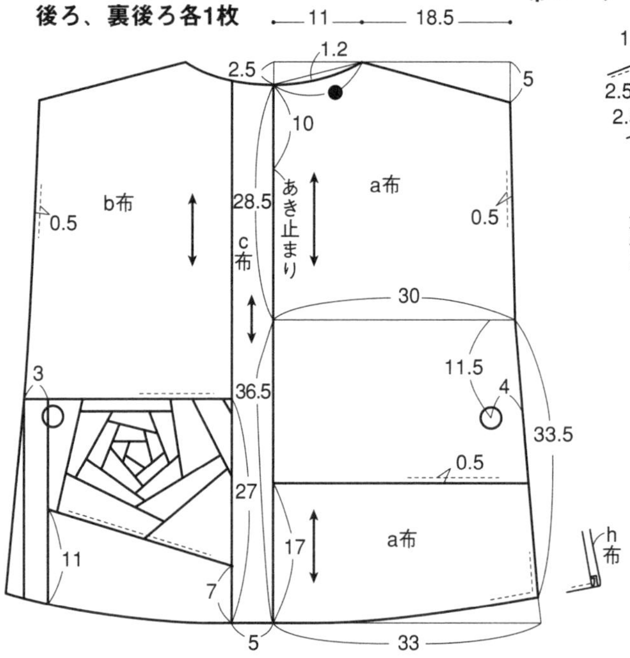

布ループ・ボタン付け位置

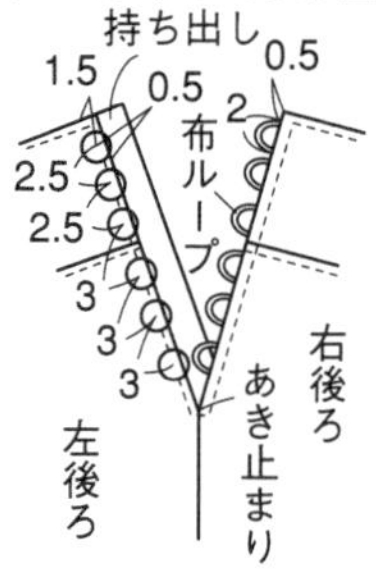

持ち出し1枚

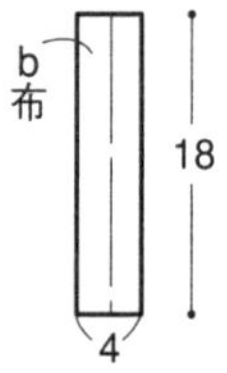

表襟、裏襟各1枚

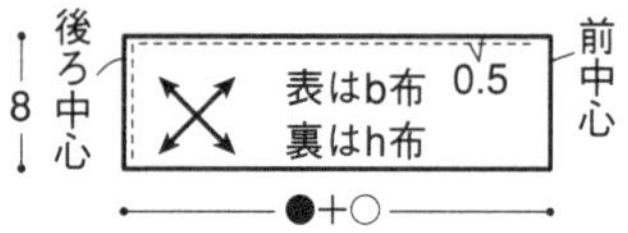

作り方順序

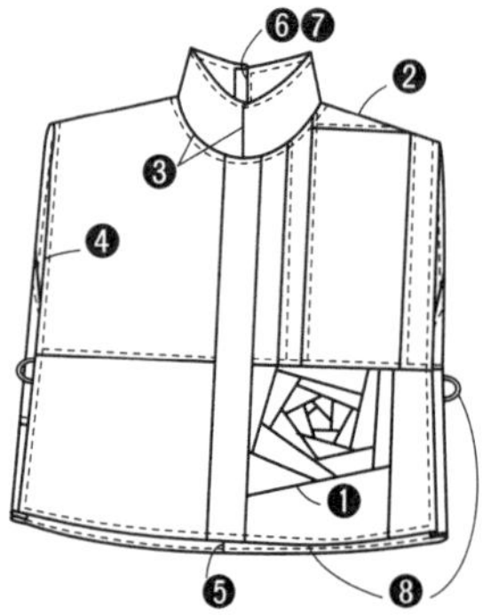

材料

パッチワーク用布各種　a布36×150cm　b 布36×130cm　c 布36×70cm　d・e・f 布各36×40cm　g布36×10cm　h布36×420cm　接着芯20×60cm　直径2cmくるみボタン6個　直径3cmくるみボタン2個

作り方のポイント

・裏襟に接着芯をはる。

・身頃は自由な模様で刺し子をする。

・ログキャビンのパッチワークの作り方は61ページ参照。ログキャビンは自由に接ぐ。

・布ループの作り方は59ページ参照。

・襟はとじこみ付録Bに掲載の型紙を参考にするとよい。

作り方

①身頃のパッチワークをし、切り替えを縫う。

②肩を縫う。

③襟の前中心を縫い、襟を身頃に付ける。

④表と裏を中表に合わせて縫い、表に返す。

⑤後ろ中心をあき止まりまで縫う。

⑥持ち出しを作る。

⑦表後ろと裏後ろを中表に合わせ、持ち出しと布ループをはさんであき止まりから襟まで縫う。

⑧表に返してあき口をまつり、ステッチをしてくるみボタンを付ける。

作り方

1.身頃のパッチワークをし、切り替えを縫う

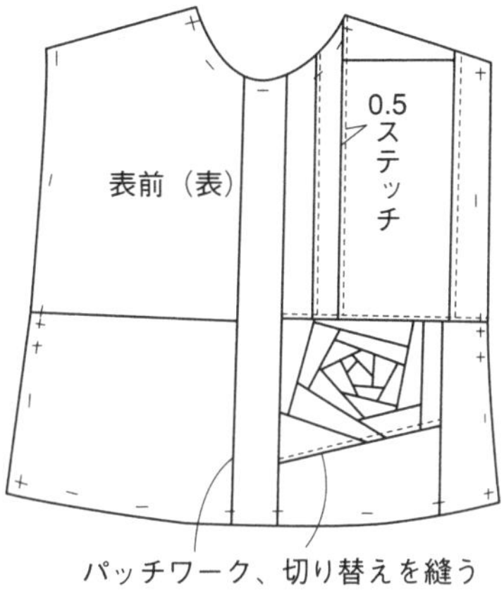
0.5
ステッチ
表前（表）
パッチワーク、切り替えを縫う

中表に合わせて切り替えを縫い、片倒しにする
表後ろ、裏前、裏後ろの切り替えも縫う
裏の切り替えは縫い代を割る

2.肩を縫う

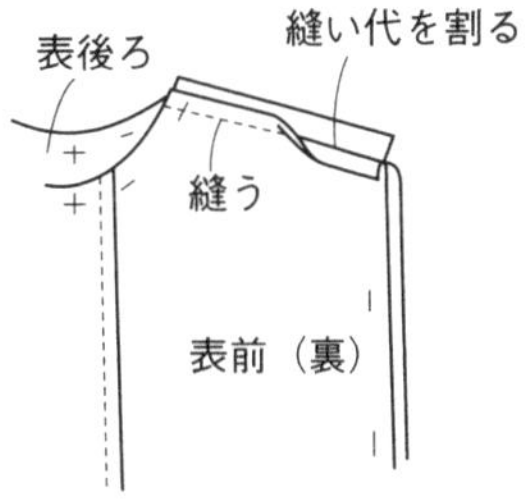
表後ろ
縫い代を割る
縫う
表前（裏）

表前と表後ろを中表に合わせて縫う
裏前と裏後ろの肩も縫う

3.襟の前中心を縫い、襟を身頃に付ける

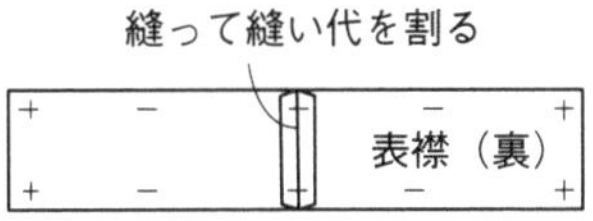
縫って縫い代を割る
表襟（裏）

表襟と裏襟の前中心を
それぞれ中表に合わせて縫う

↓

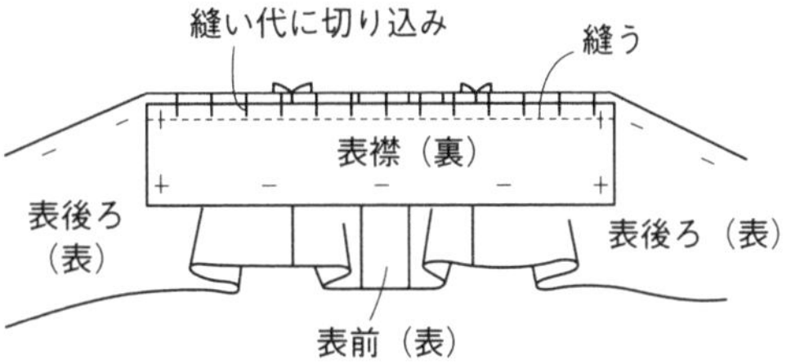
縫い代に切り込み
縫う
表襟（裏）
表後ろ（表）
表後ろ（表）
表前（表）

表身頃と表襟、裏身頃と裏襟をそれぞれ
中表に合わせて襟ぐりを縫う

裏前、裏後ろの切り替え位置

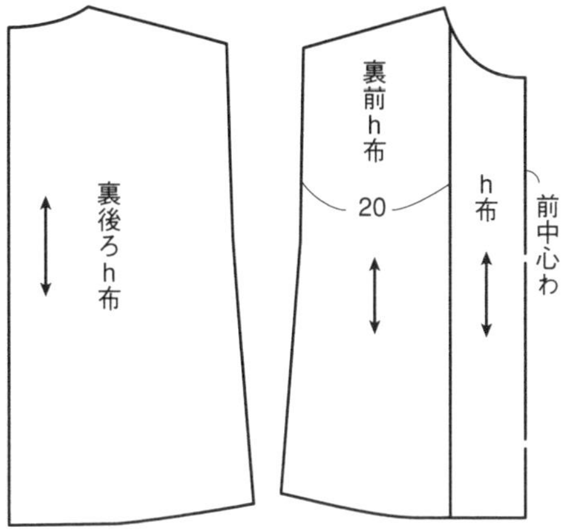
裏後ろh布
裏前h布
20
h布
前中心わ

裁ち方

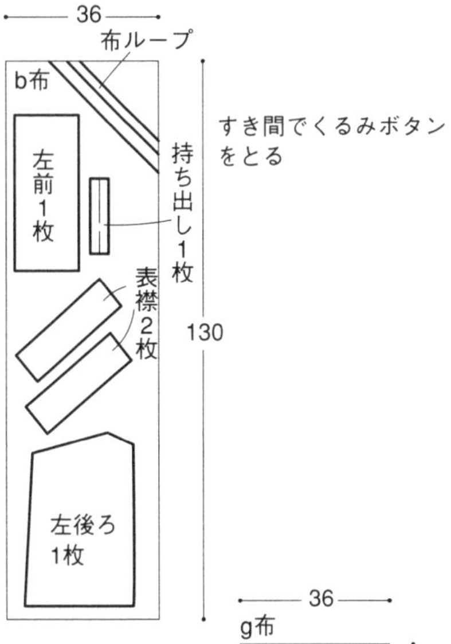
36
布ループ
b布
左前1枚
持ち出し1枚
表襟2枚
130
左後ろ1枚
すき間でくるみボタンをとる

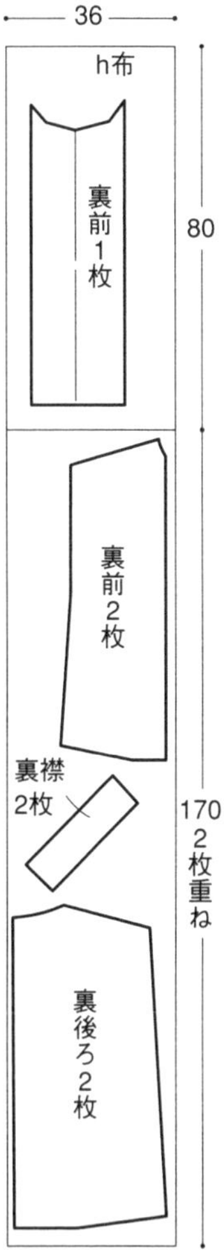
36
h布
裏前1枚
80
裏前2枚
裏襟2枚
170
2枚重ね
裏後ろ2枚

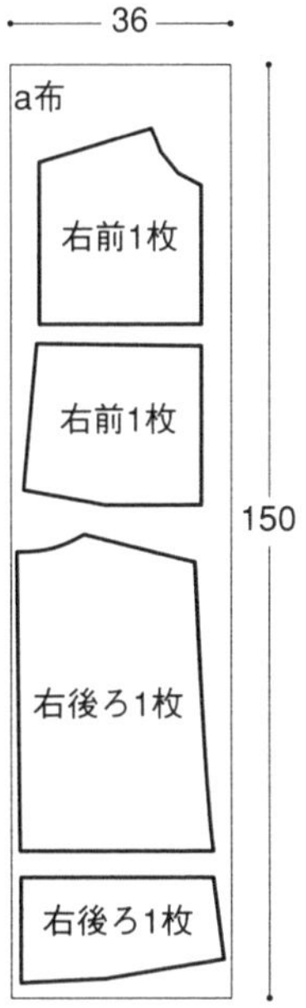
36
a布
右前1枚
右前1枚
150
右後ろ1枚
右後ろ1枚

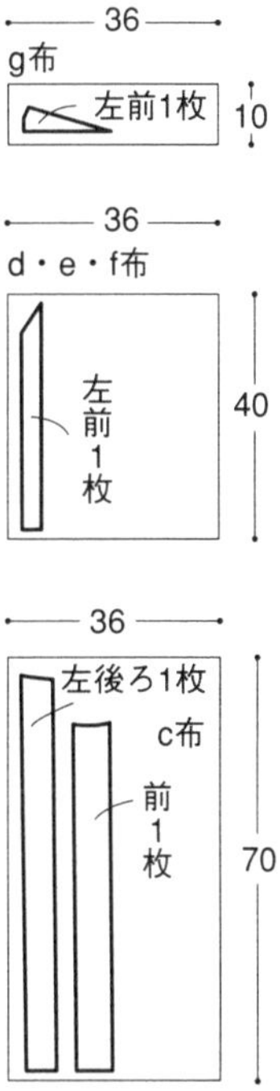
36
g布
左前1枚
10
36
d・e・f布
左前1枚
40
36
左後ろ1枚
c布
前1枚
70

4.表と裏を中表に合わせて縫い、表に返す

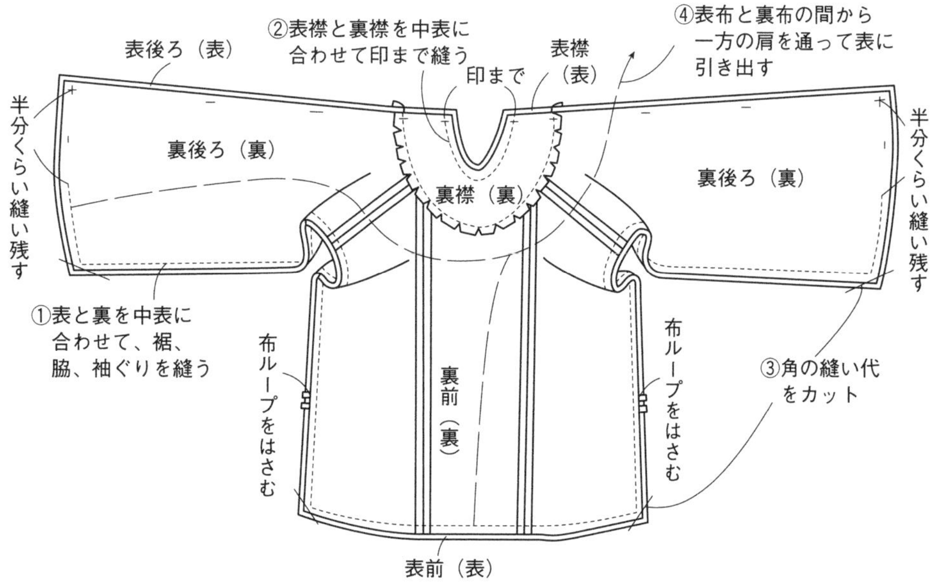
表後ろ（表）
②表襟と裏襟を中表に合わせて印まで縫う
印まで
表襟（表）
④表布と裏布の間から一方の肩を通って表に引き出す
半分くらい縫い残す
裏後ろ（裏）
裏襟（裏）
裏後ろ（裏）
半分くらい縫い残す
①表と裏を中表に合わせて、裾、脇、袖ぐりを縫う
布ループをはさむ
裏前（裏）
布ループをはさむ
③角の縫い代をカット
表前（表）

表と裏を中表に合わせて裾から脇、袖ぐり、襟を縫い、表に返す

5.後ろ中心をあき止まりまで縫う

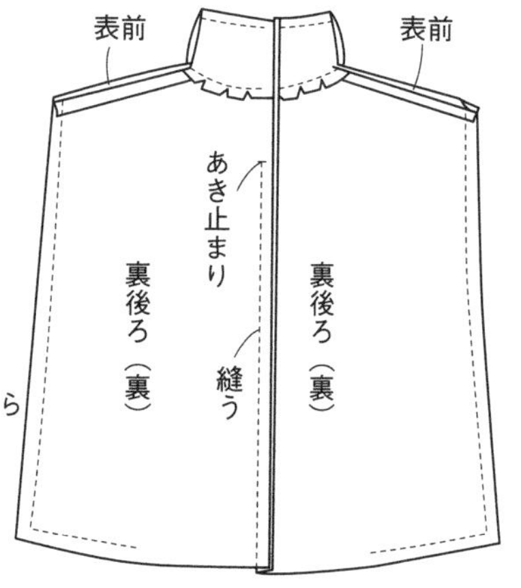
表前
表前
あき止まり
裏後ろ（裏）
縫う
裏後ろ（裏）

表後ろ中心、裏後ろ中心をそれぞれ中表に合わせてあき止まりまで縫う

6.持ち出しを作る

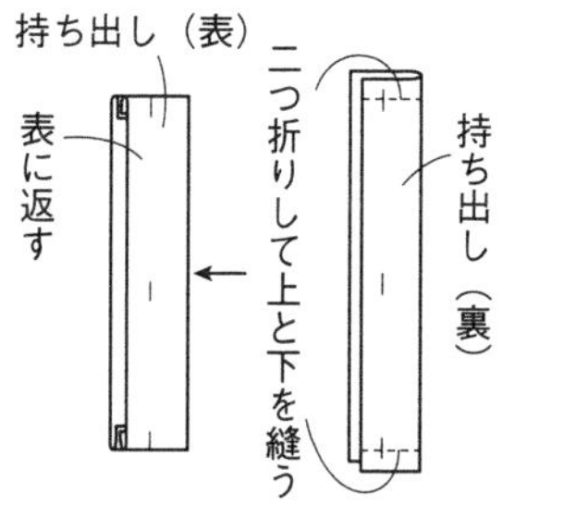
持ち出し（表）
表に返す
二つ折りして上と下を縫う
持ち出し（裏）

持ち出しを中表に二つ折りして縫い表に返す

7.表後ろと裏後ろを中表に合わせ持ち出しと布ループをはさんであき止まりから襟まで縫う

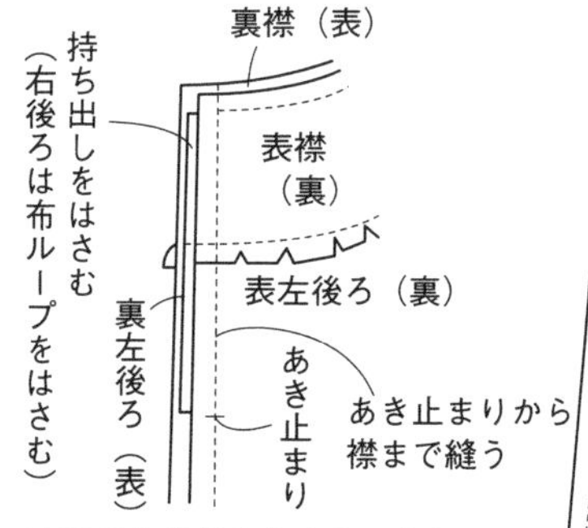
裏襟（表）
持ち出しをはさむ（右後ろは布ループをはさむ）
表襟（裏）
表左後ろ（裏）
裏左後ろ（表）
あき止まり
あき止まりから襟まで縫う

表後ろと裏後ろを中表に合わせて左後ろに持ち出し、右後ろに布ループをそれぞれはさんであき止まりから襟まで縫う

↓

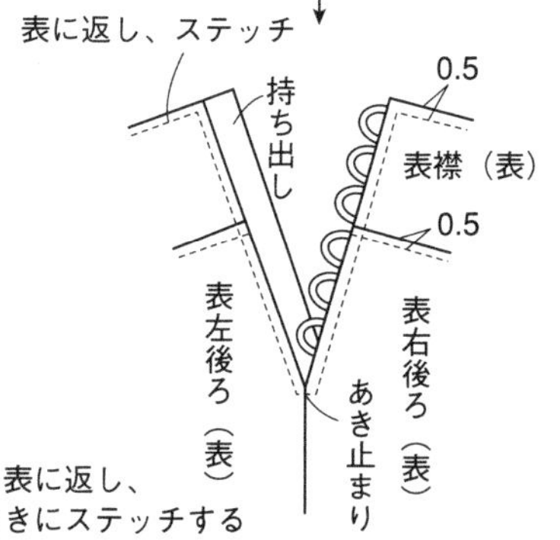
表に返し、ステッチ
持ち出し
0.5
表襟（表）
0.5
表左後ろ（表）
表右後ろ（表）
あき止まり

裾のあき口から表に返し、襟ぐり、襟、あきにステッチする

8.表に返してあき口をまつりステッチをしてくるみボタンを付ける

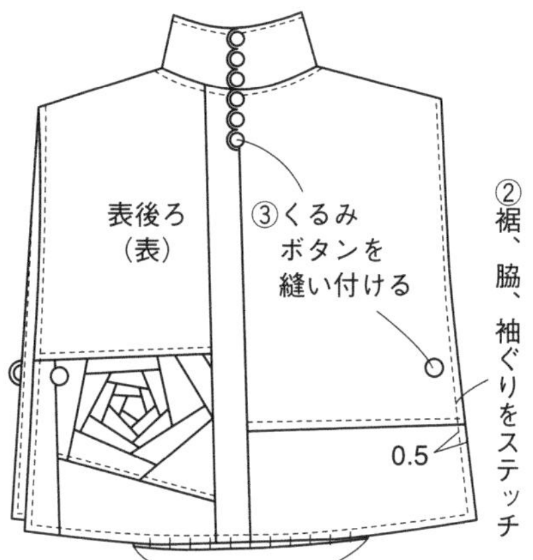
表後ろ（表）
③くるみボタンを縫い付ける
②裾、脇、袖ぐりをステッチ
0.5
①裾のあき口をまつる

裾のあき口をまつり、裾、袖ぐり、脇をステッチしくるみボタンを縫い付ける

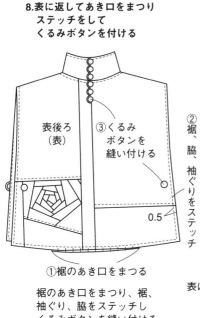

はぎれ使いのスカート

P.21

●スカート丈約86cm

※○の数字は縫い代。指定のないものはすべて1cm付ける

布ループ1枚

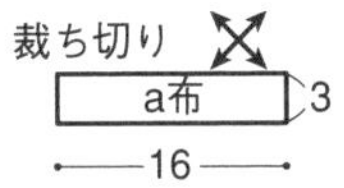

裁ち切り
a布
3
16

0.8幅の布ループを作り
2本にカットする

パイピング布1枚

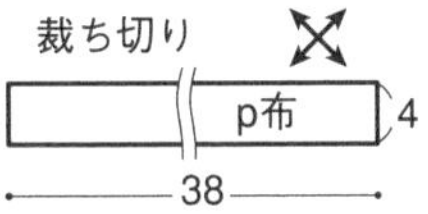

裁ち切り
p布
4
38

スカート1枚

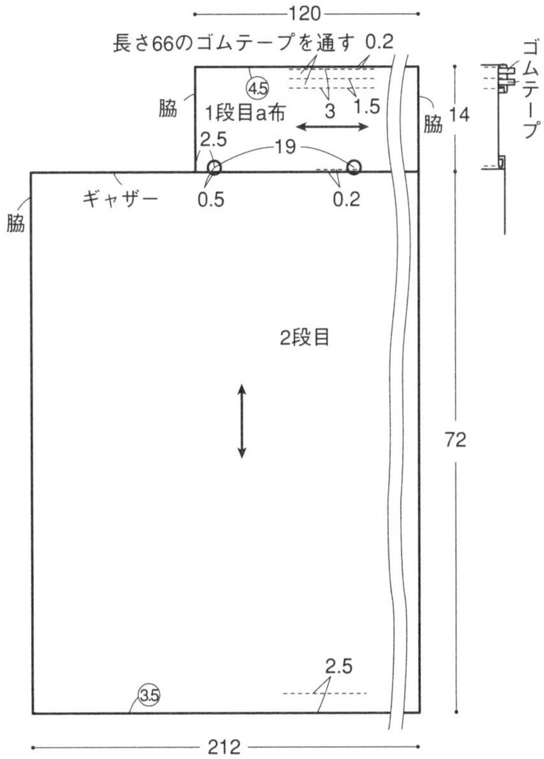

120
長さ66のゴムテープを通す 0.2
4.5
脇
1段目a布
3
1.5
脇
14
ゴムテープ
2.5
19
0.5
0.2
ギャザー
脇
2段目
72
2.5
3.5
212

前ポケット、後ろポケット各2枚

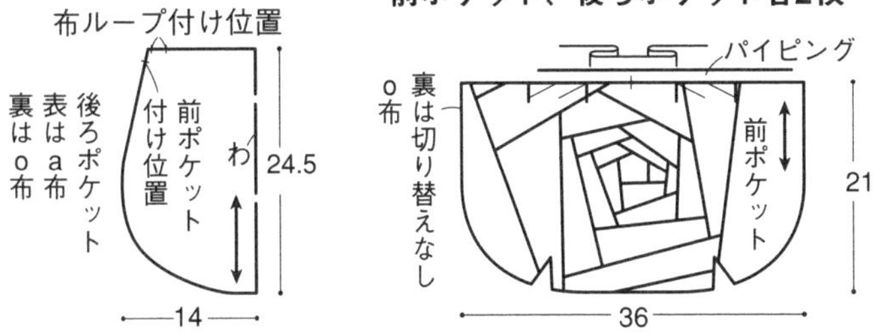

布ループ付け位置
後ろポケット
表はa布
裏はo布
前ポケット付け位置
わ
24.5
14
パイピング
裏は切り替えなし
o布
前ポケット
21
36

2段目布の配色

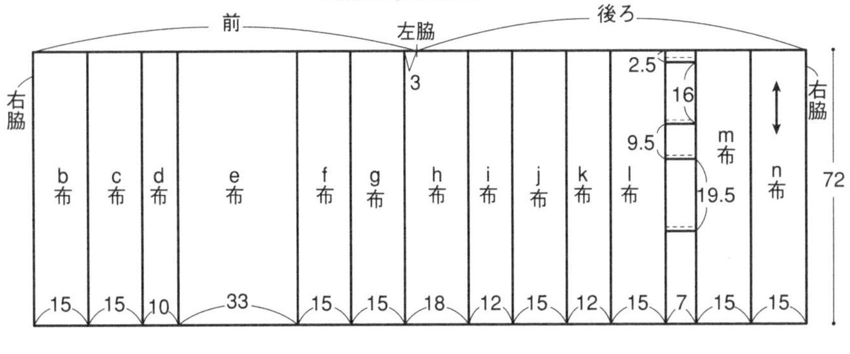

前
左脇
後ろ
右脇
3
2.5
16
9.5
19.5
右脇
72
b布
c布
d布
e布
f布
g布
h布
i布
j布
k布
l布
m布
n布
15
15
10
33
15
15
18
12
15
12
15
7
15
15

作り方順序

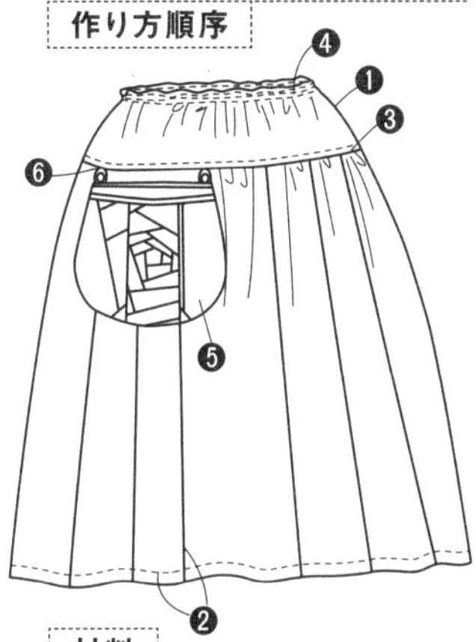

❹
❶
❸
❻
❺
❷

材料

パッチワーク用布各種　a布36×160cm　b～n布各36×80cm　o布39×60cm　p布36×30cm　直径2cmくるみボタン2個　幅1cmゴムテープ140cm

作り方のポイント

- 1段目の脇の布端にロックミシンまたはジグザグミシンをかける。
- 2段目は自由に接ぎ合わせる。柄の好きな位置を前にしてはくとよい。
- ログキャビンのパッチワークの作り方は61ページ参照。ログキャビンは自由に接ぐ。
- 布ループの作り方は59ページ参照。
- 前ポケット、後ろポケットの型紙はとじこみ付録B参照。

作り方

①1段目の脇を縫う。
②2段目の切り替えと裾を縫う。
③1段目と2段目を縫い、ウエストを縫う。
④ウエストにゴムテープを通す。
⑤ポケットを縫う。
⑥くるみボタンを付ける。

作り方

1.1段目の脇を縫う

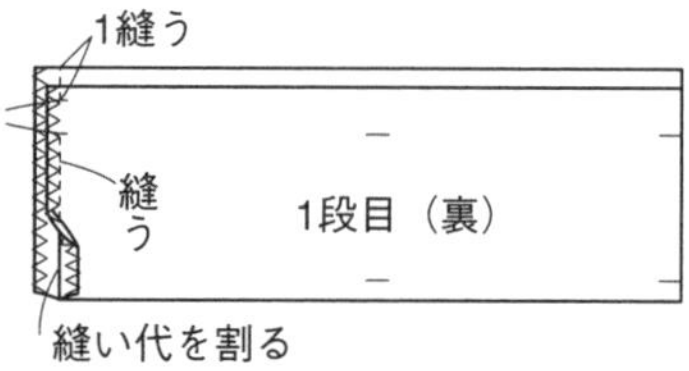

1縫う
3.2縫い残す（ゴムテープ通し口）
縫う
1段目（裏）
縫い代を割る

1段目を中表に合わせて脇を縫う

2.2段目の切り替えと裾を縫う

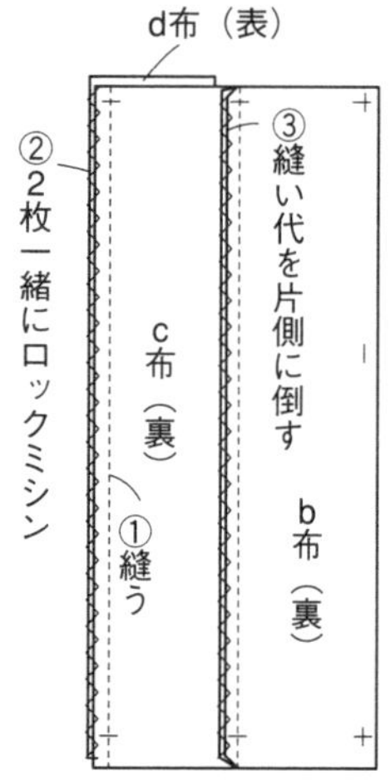

d布（表）
②2枚一緒にロックミシン
c布（裏）
①縫う
③縫い代を片側に倒す
b布（裏）

b～n布、パッチワーク布を中表に合わせて縫う

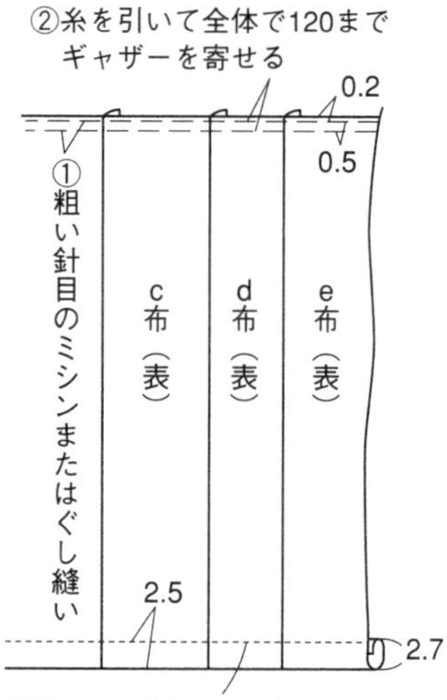

②糸を引いて全体で120までギャザーを寄せる
0.2
0.5
①粗い針目のミシンまたはぐし縫い
c布（表）
d布（表）
e布（表）
2.5
2.7
③裾を三つ折りして縫う

上にギャザーを寄せて裾を三つ折りして縫う

3.1段目と2段目を縫い、ウエストを縫う

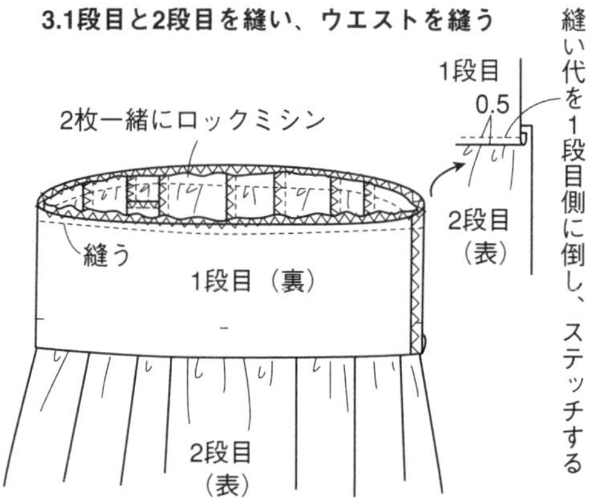

1段目
0.5
2段目（表）
縫い代を1段目側に倒し、ステッチする
2枚一緒にロックミシン
縫う
1段目（裏）
2段目（表）

1段目と2段目を中表に合わせて縫い、表に返してステッチする

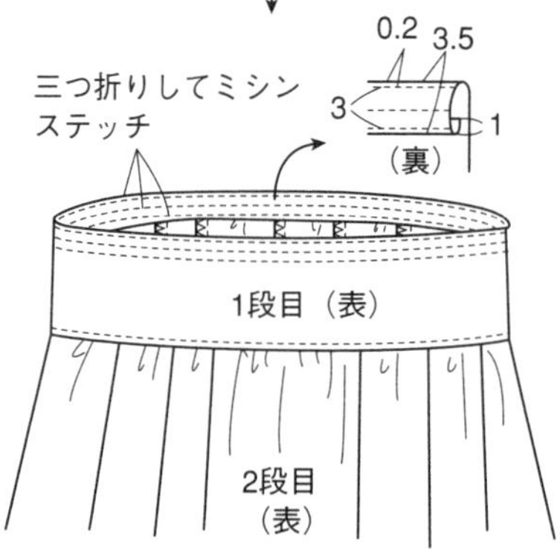

0.2
3.5
三つ折りしてミシンステッチ
3
1
（裏）
1段目（表）
2段目（表）

1段目のウエストを三つ折りしてステッチする

4.ウエストにゴムテープを通す

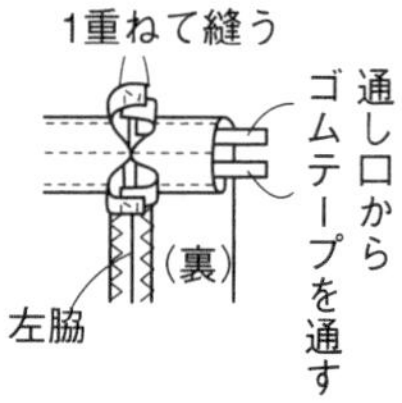

1重ねて縫う
通し口からゴムテープを通す
（裏）
左脇

ウエストの通し口から2本ゴムテープを通す

裁ち方

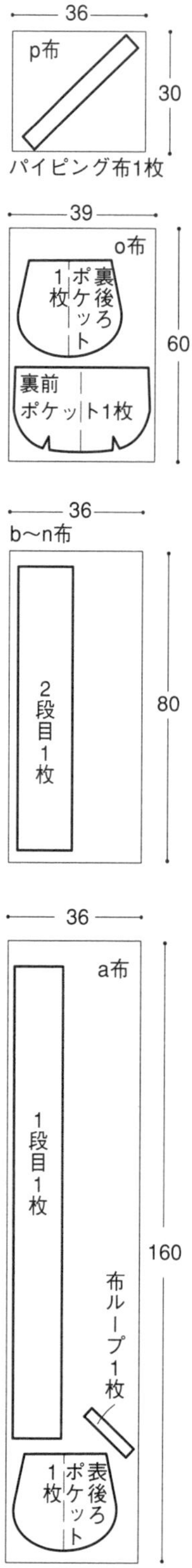

36
p布
30
パイピング布1枚
39
o布
裏後ろポケット1枚
60
裏前ポケット1枚
36
b～n布
2段目1枚
80
36
a布
1段目1枚
160
布ループ1枚
表後ろポケット1枚

すき間でくるみボタンをとる

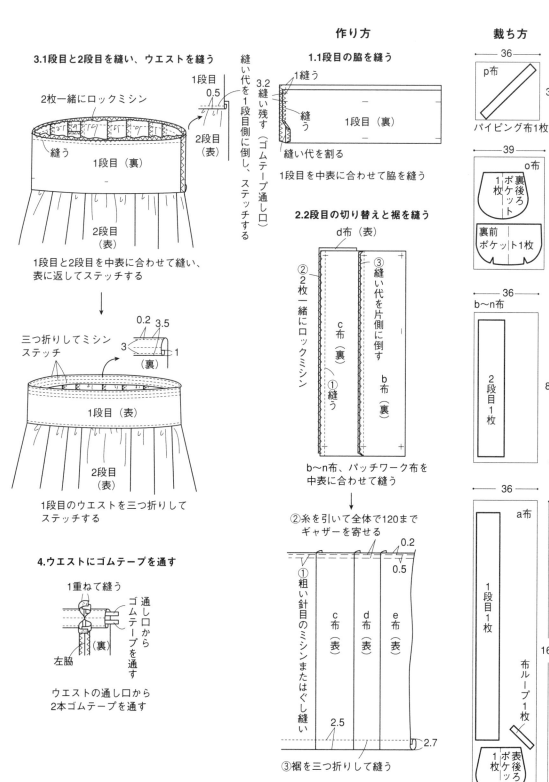

5.ポケットを縫う

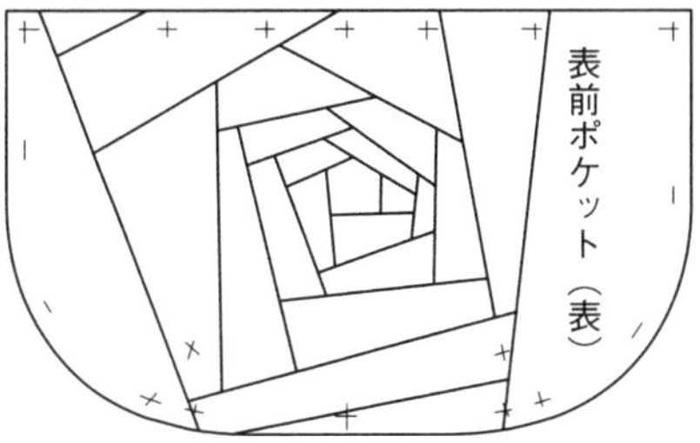
表前ポケット（表）

表前ポケットをパッチワークする

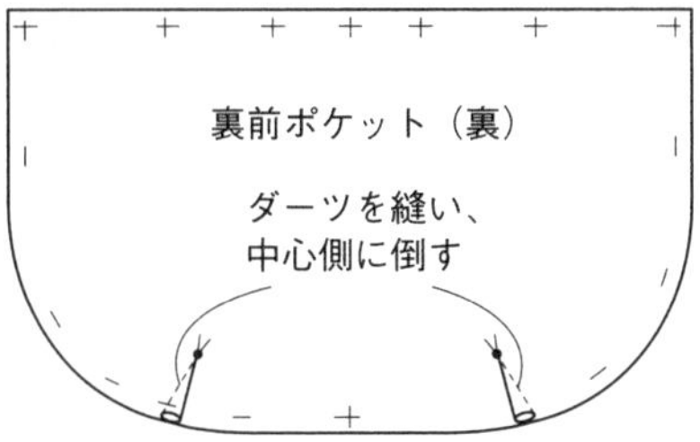
裏前ポケット（裏）
ダーツを縫い、
中心側に倒す

表と裏の前ポケットのダーツをそれぞれ縫う

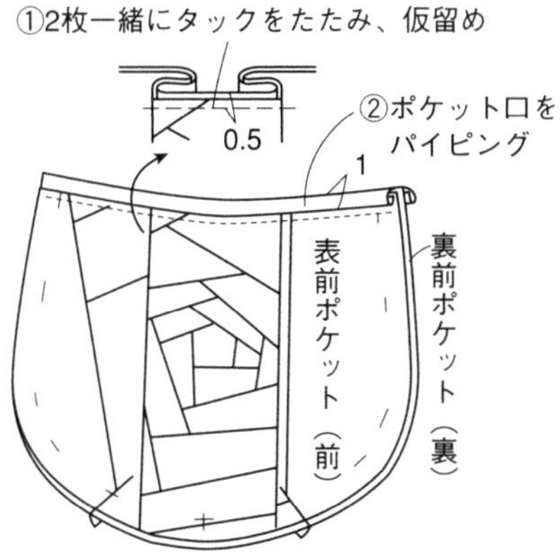
①2枚一緒にタックをたたみ、仮留め
0.5
②ポケット口を
パイピング
1
表前ポケット（前）
裏前ポケット（裏）

表前ポケットと裏前ポケットを外表に合わせてタックをたたみ、ポケット口をパイピングする

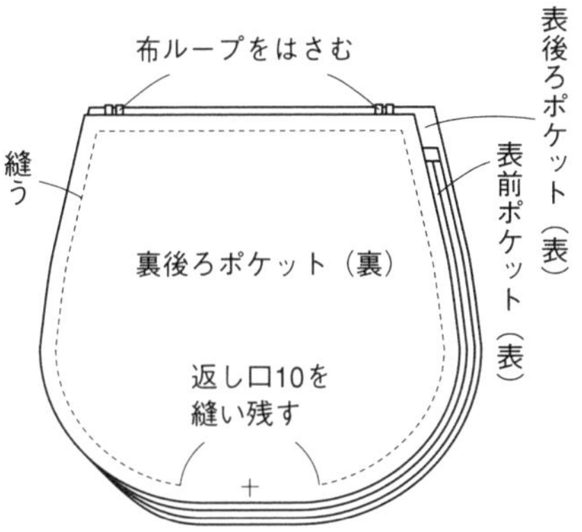
布ループをはさむ
縫う
表後ろポケット（表）
表前ポケット（表）
裏後ろポケット（裏）
返し口10を
縫い残す

表と裏の後ろポケットを中表に合わせて前ポケットと布ループをはさんで縫う

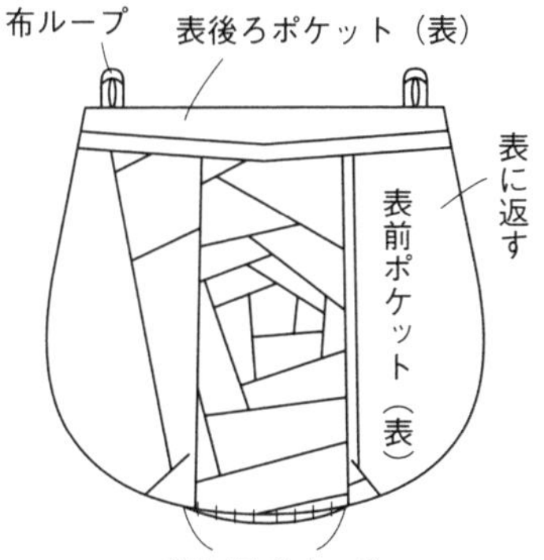
布ループ
表後ろポケット（表）
表に返す
表前ポケット（表）
返し口をまつる

表に返して返し口をまつる

ワイドパンツ

P.23

●パンツ丈約92cm

作り方順序

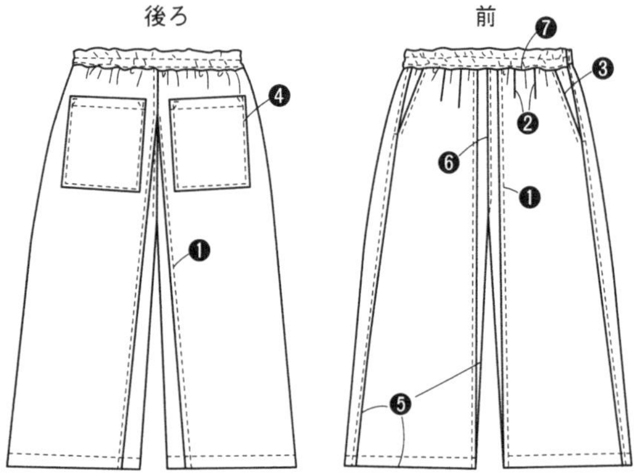
後ろ
前
❼
❸
❹
❷
❻
❶
❶
❺

材料

表 布36×720cm　別 布36×60cm　幅1cmゴムテープ70cm

作り方のポイント

・後ろポケット、見返し、脇布の布端にロックミシンまたはジグザグミシンをかける。

作り方

①切り替えを縫う。
②前ウエストにタックを縫う。
③前ポケットを作る。
④後ろポケットを作り、付ける。
⑤脇、股下を縫い、裾を縫う。
⑥股上を縫う。
⑦ベルトを作って付け、ゴムテープを通す。

※○の数字は縫い代。指定のないものはすべて1cm付ける

ベルト1枚

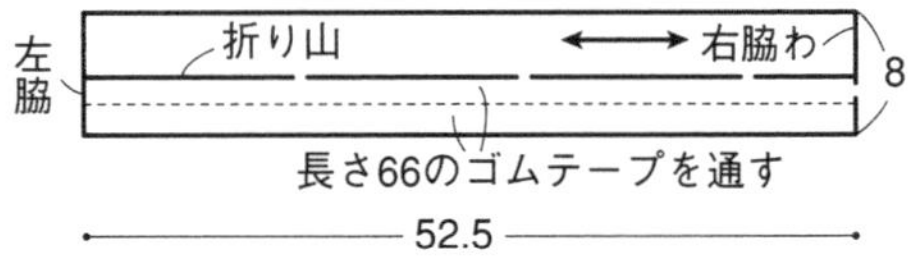
左脇
折り山
右脇わ
8
長さ66のゴムテープを通す
52.5

前ポケット、脇布、見返し各2枚

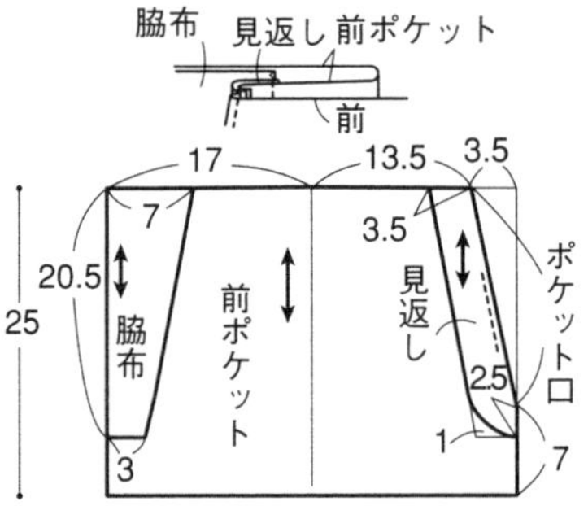
脇布
見返し
前ポケット
前
17
13.5
3.5
7
3.5
20.5
25
脇布
前ポケット
見返し
ポケット口
2.5
1
7
3

前、後ろ、後ろポケット各2枚

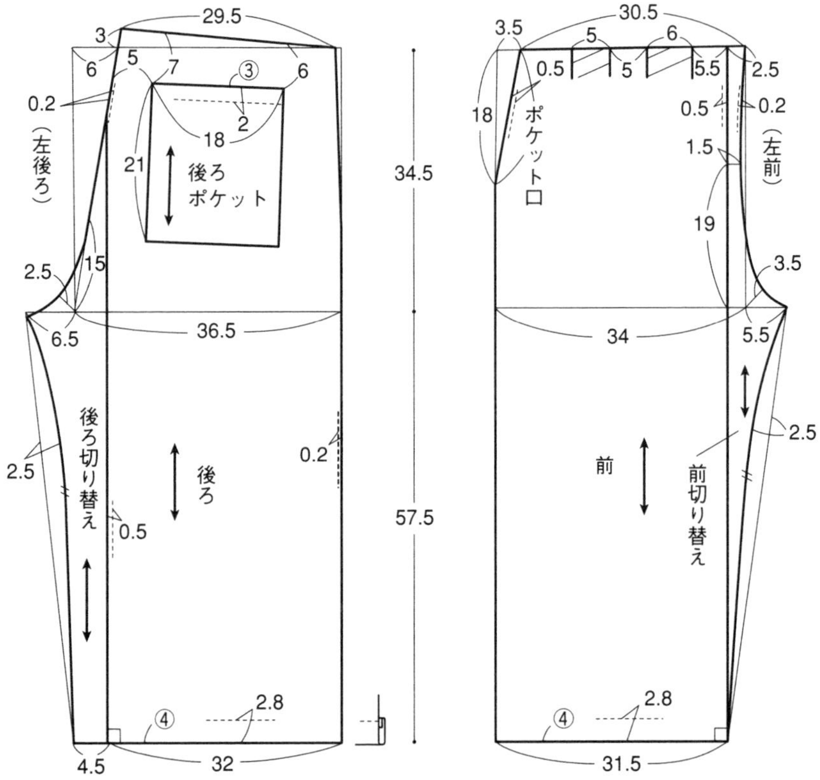
29.5
3
6
5
7
③
6
0.2
(左後ろ)
2
18
21
後ろポケット
15
2.5
6.5
36.5
後ろ切り替え
後ろ
2.5
0.2
0.5
④
2.8
4.5
32
34.5
57.5
30.5
3.5
5
6
0.5
5
5.5
2.5
18
ポケット口
0.5
0.2
1.5
(左前)
19
3.5
34
5.5
前
前切り替え
2.5
④
2.8
31.5

作り方

1.切り替えを縫う

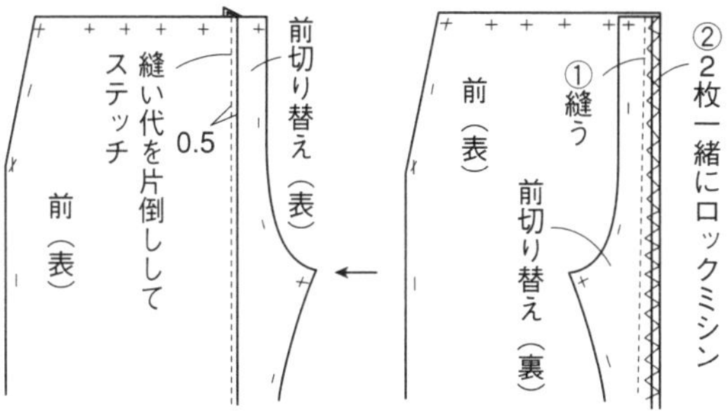
前切り替え（表）
縫い代を片倒ししてステッチ
0.5
前（表）
①縫う
②2枚一緒にロックミシン
前（表）
前切り替え（裏）

前（後ろ）切り替えを中表に合わせて縫う

2.前ウエストにタックを縫う

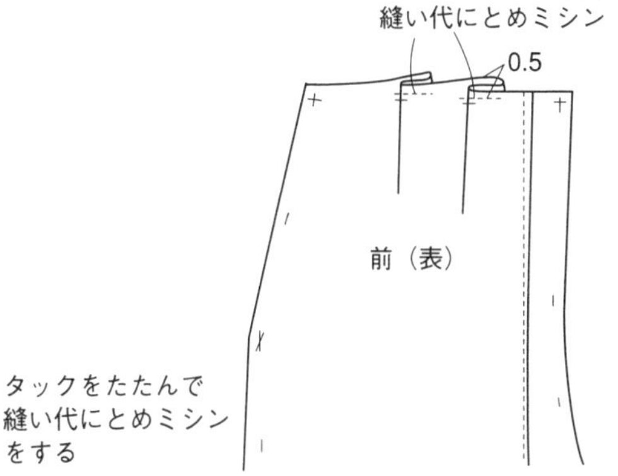
縫い代にとめミシン
0.5
前（表）
タックをたたんで
縫い代にとめミシン
をする

3.前ポケットを作る

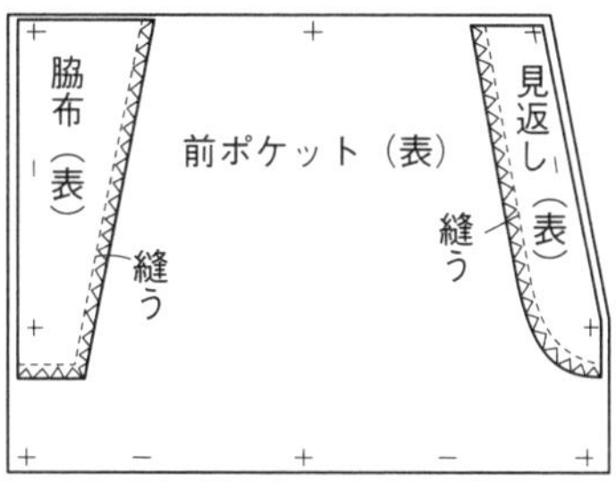
脇布（表）
縫う
前ポケット（表）
見返し（表）
縫う

前ポケットに見返しと
脇布を重ねて縫う

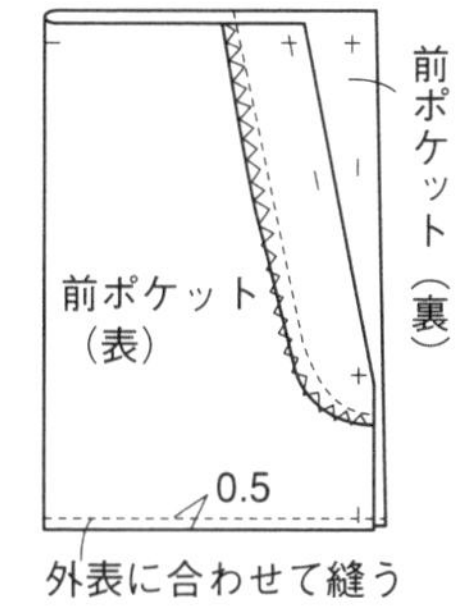
前ポケット（裏）
前ポケット（表）
0.5
外表に合わせて縫う

前ポケットを外表に合わせて底を縫う

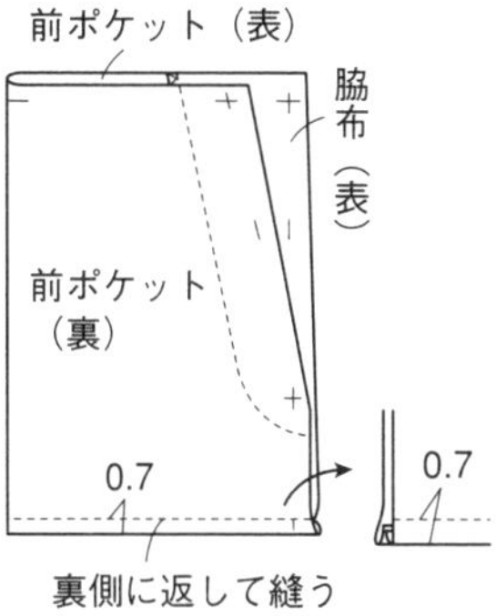
前ポケット（表）
脇布（表）
前ポケット（裏）
0.7
0.7
裏側に返して縫う

前ポケットを裏側に返して底を縫う
（袋縫い）

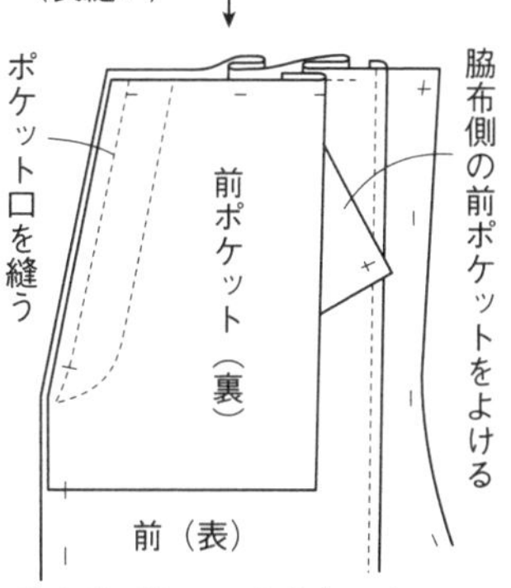
ポケット口を縫う
前ポケット（裏）
脇布側の前ポケットをよける
前（表）

前と前ポケットを中表に合わせてポケット口を縫う

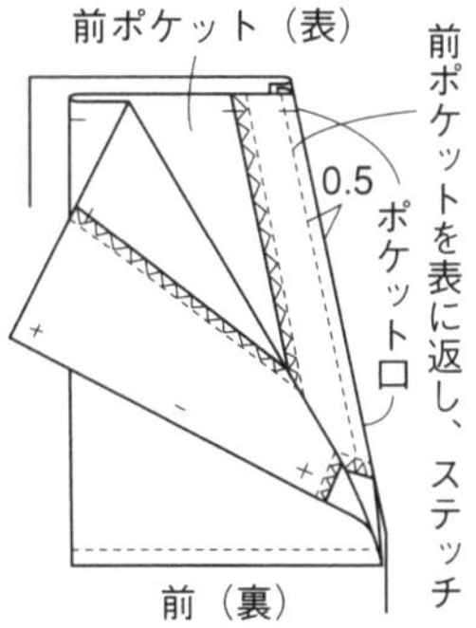
前ポケット（表）
前ポケットを表に返し、ステッチ
0.5
ポケット口
前（裏）

ポケット口にステッチ
をかける

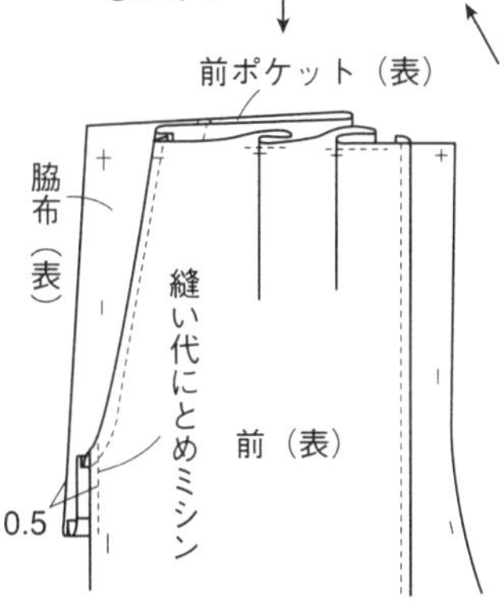
前ポケット（表）
脇布（表）
縫い代にとめミシン
前（表）
0.5

前ポケットを前の縫い代に縫い付ける

裁ち方

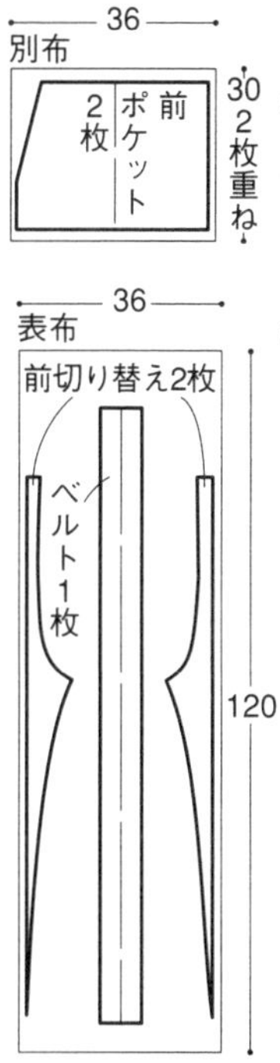
36
別布
前ポケット2枚
30
2枚重ね
36
表布
前切り替え2枚
ベルト1枚
120

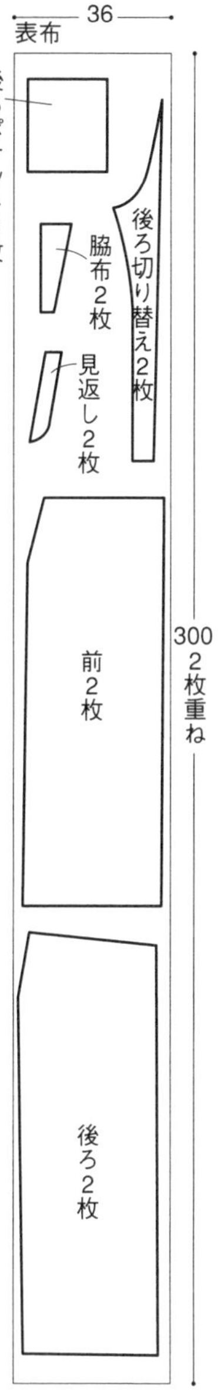
36
表布
後ろポケット2枚
後ろ切り替え2枚
脇布2枚
見返し2枚
前2枚
後ろ2枚
300
2枚重ね

4.ポケットを作り、付ける

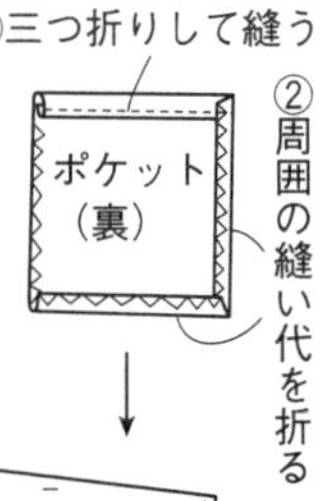
①三つ折りして縫う
ポケット（裏）
②周囲の縫い代を折る

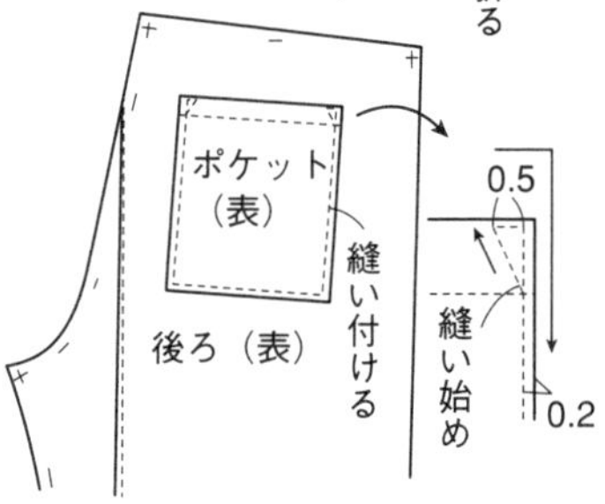
ポケット（表）
縫い付ける
後ろ（表）
0.5
縫い始め
0.2

ポケットを作って後ろに縫い付ける

5.脇、股下を縫い、裾を縫う

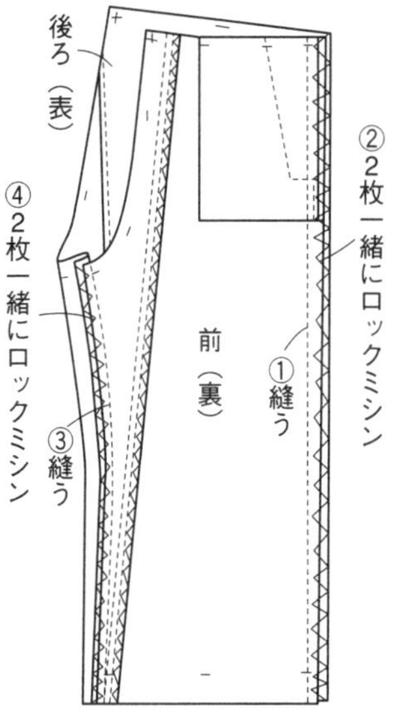
後ろ（表）
②2枚一緒にロックミシン
④2枚一緒にロックミシン
前（裏）
①縫う
③縫う

前と後ろを中表に合わせて
脇と股下を縫う

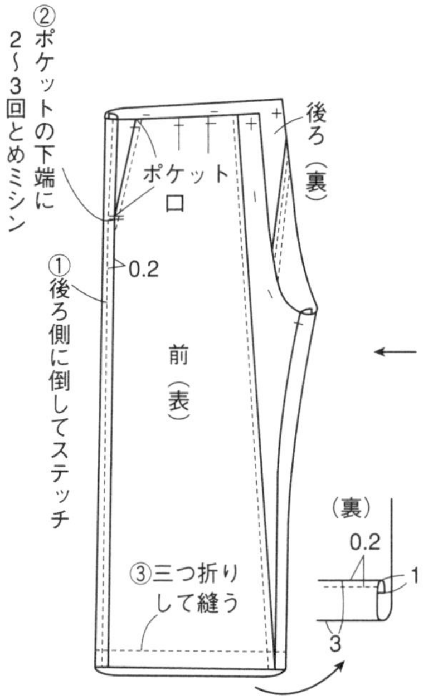
②ポケットの下端に2〜3回とめミシン
ポケット口
後ろ（裏）
①後ろ側に倒してステッチ
0.2
前（表）
③三つ折りして縫う
（裏）
0.2
1
3

縫い代を片倒しして脇にステッチをかけ
裾を三つ折りして縫う

6.股上を縫う

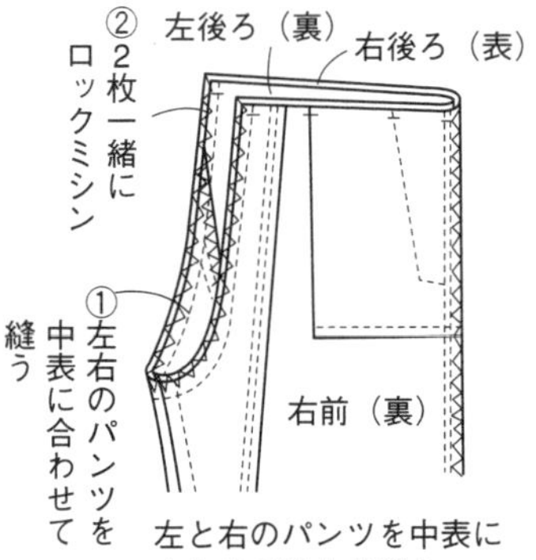
②2枚一緒にロックミシン
左後ろ（裏）
右後ろ（表）
①左右のパンツを中表に合わせて縫う
右前（裏）

左と右のパンツを中表に
合わせて股上を縫う

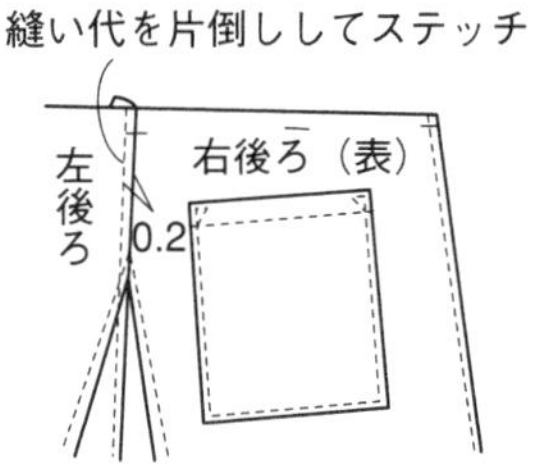
縫い代を片倒ししてステッチ
左後ろ
右後ろ（表）
0.2

股上にステッチをかける

7.ベルトを作って付け、ゴムテープを通す

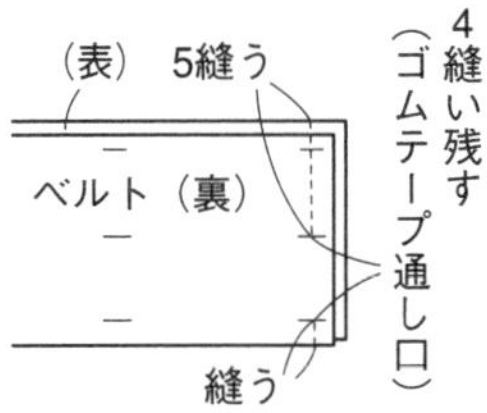
（表）
5縫う
4縫い残す（ゴムテープ通し口）
ベルト（裏）
縫う

ベルトを中表に合わせて
左脇を縫う

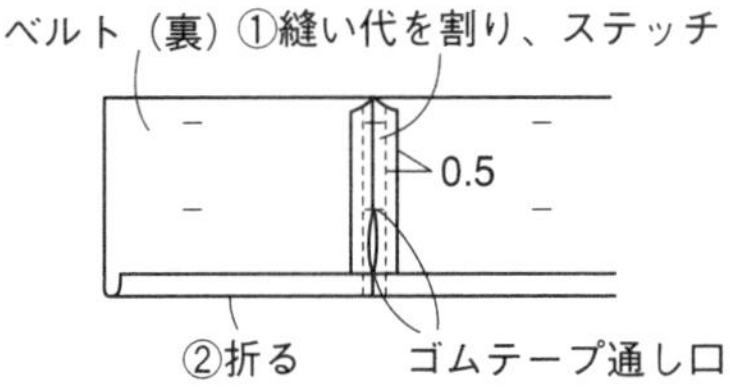
ベルト（裏）
①縫い代を割り、ステッチ
0.5
②折る
ゴムテープ通し口

通し口の縫い代を割り、
片方の縫い代を折る

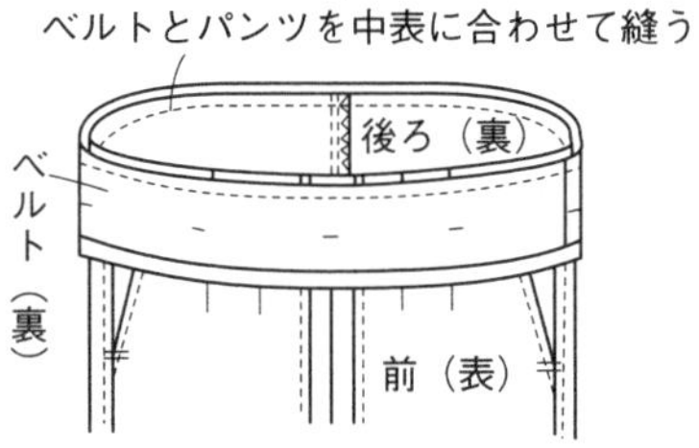
ベルトとパンツを中表に合わせて縫う
後ろ（裏）
ベルト（裏）
前（表）

パンツのウエストにベルトを
中表に合わせて縫う

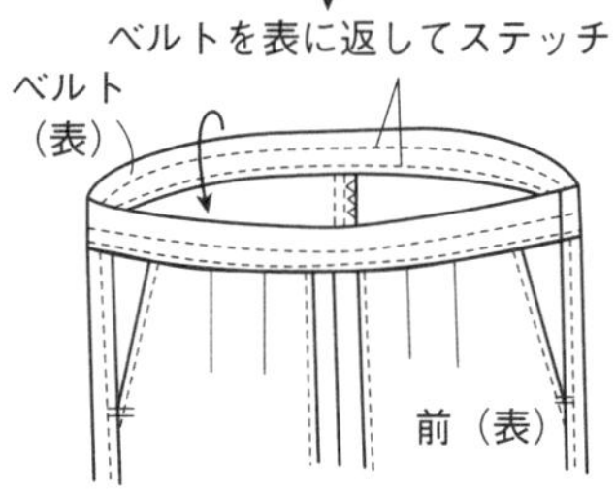
ベルトを表に返してステッチ
ベルト（表）
前（表）

ベルトを表に返してベルト端
と中心をぐるりと縫う

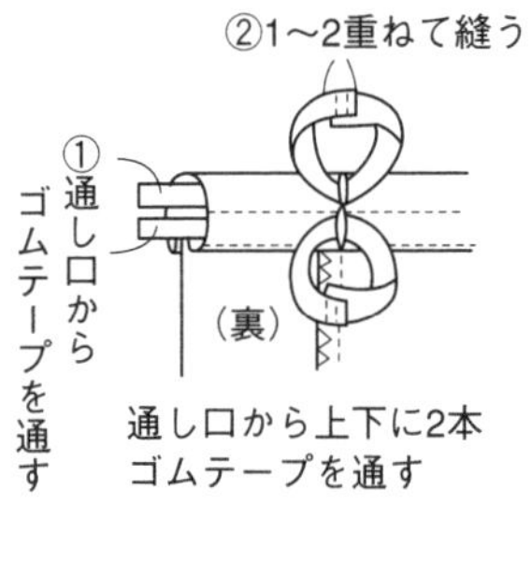
②1〜2重ねて縫う
①通し口からゴムテープを通す
（裏）

通し口から上下に2本
ゴムテープを通す

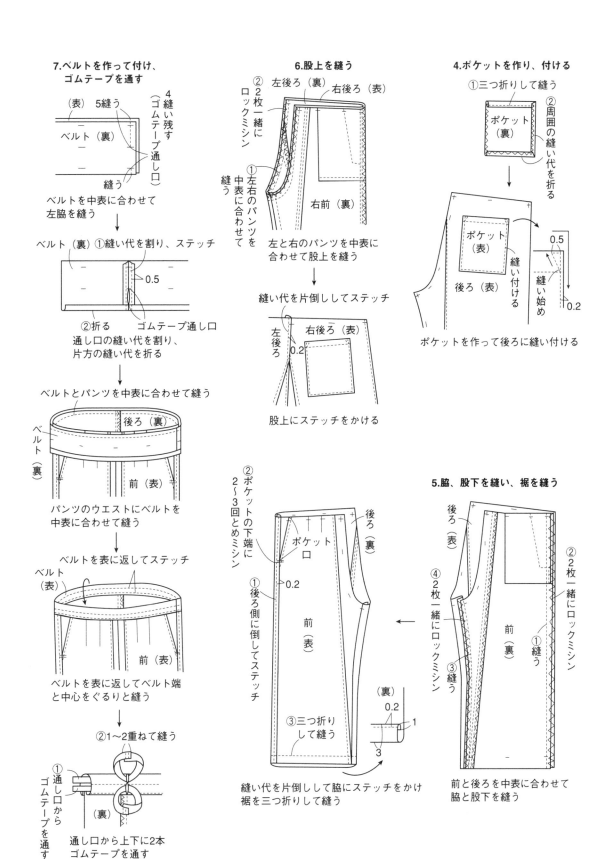

簡単パンツ

P.22

●パンツ丈約87.5cm

※○の数字は縫い代。指定のないものはすべて1cm付ける

ベルト2枚

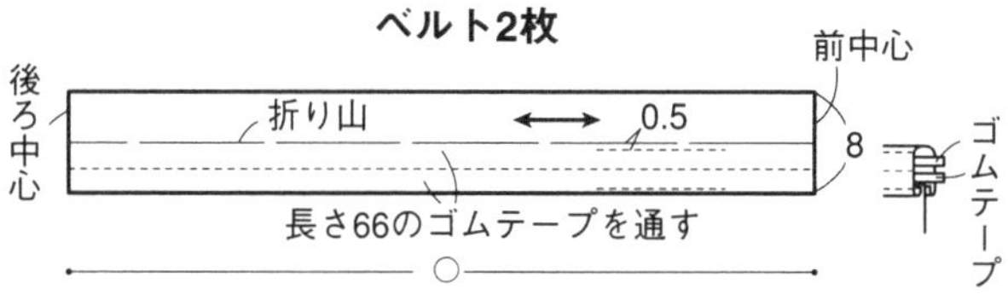

前中心
後ろ中心
折り山
0.5
8
ゴムテープ
長さ66のゴムテープを通す
○

前、後ろ、脇布各2枚

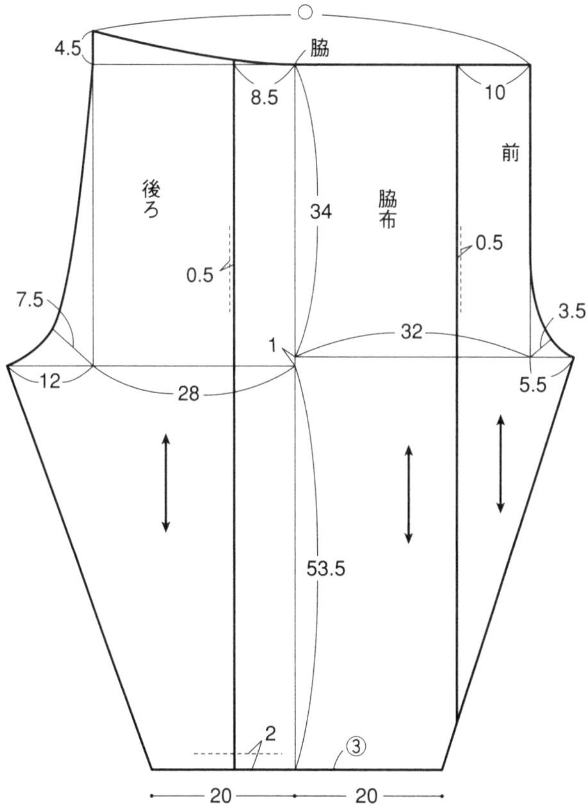

○
4.5
脇
8.5
10
前
後ろ
34
脇布
0.5
0.5
7.5
3.5
32
1
12
28
5.5
53.5
2
③
20
20

裁ち方

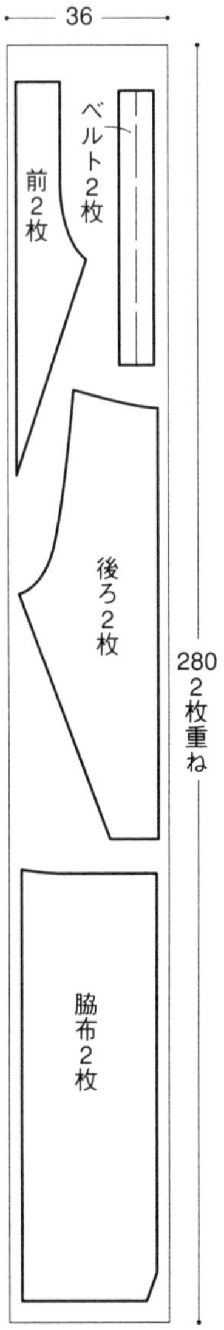

36
ベルト2枚
前2枚
後ろ2枚
脇布2枚
280
2枚重ね

作り方順序

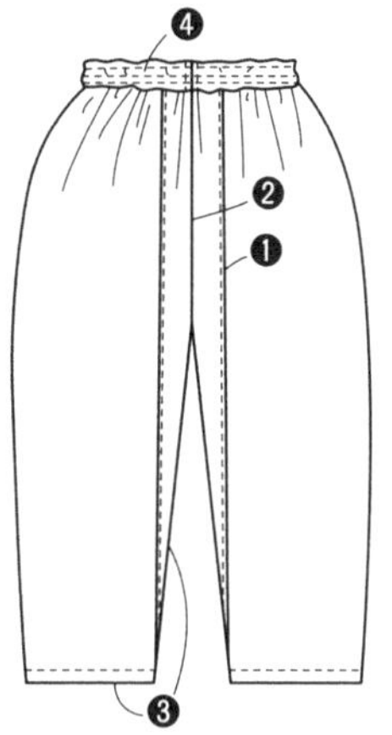

❹
❷
❶
❸

材料

表布36×560cm　幅1cmゴムテープ140cm

作り方のポイント

・ベルトの付け方とゴムテープの通し方は87ページ参照。

作り方

①脇布と前、後ろを縫う。
②股上を縫う。
③股下を縫い、裾を縫う。
④ベルトを作って付け、ゴムテープを通す。

作り方

1.脇布と前、後ろを縫う

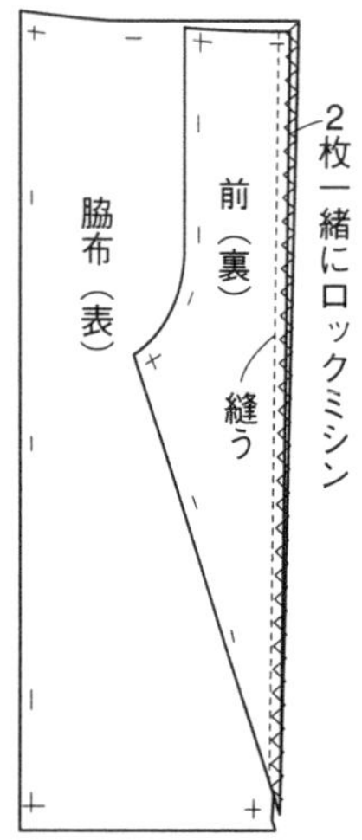

脇布（表）
前（裏）
2枚一緒にロックミシン
縫う

脇布と前、後ろをそれぞれ
中表に合わせて縫う

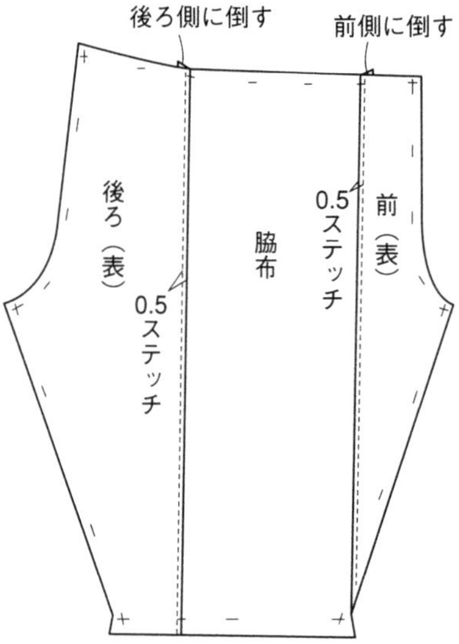

後ろ側に倒す
前側に倒す
後ろ（表）
0.5
ステッチ
脇布
0.5
ステッチ
前（表）

縫い代を前（後ろ）側に
それぞれ倒し、ステッチする
左右対称にもう1枚作る

2.股上を縫う

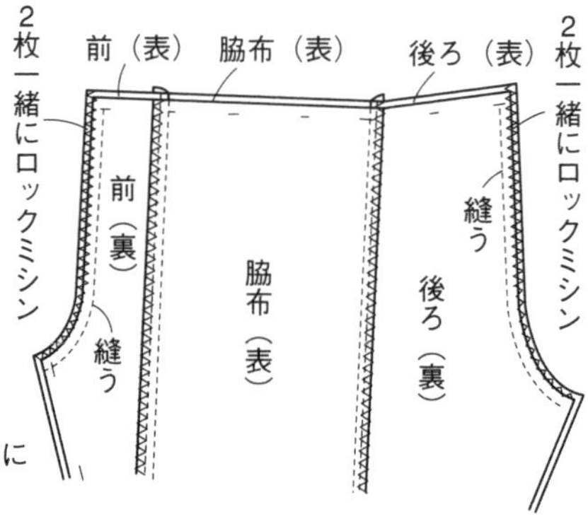

2枚一緒にロックミシン
前（表）
脇布（表）
後ろ（表）
2枚一緒にロックミシン
前（裏）
縫う
脇布（表）
縫う
後ろ（裏）

前、後ろをそれぞれ中表に
合わせて股上を縫う

3.股下を縫い、裾を縫う

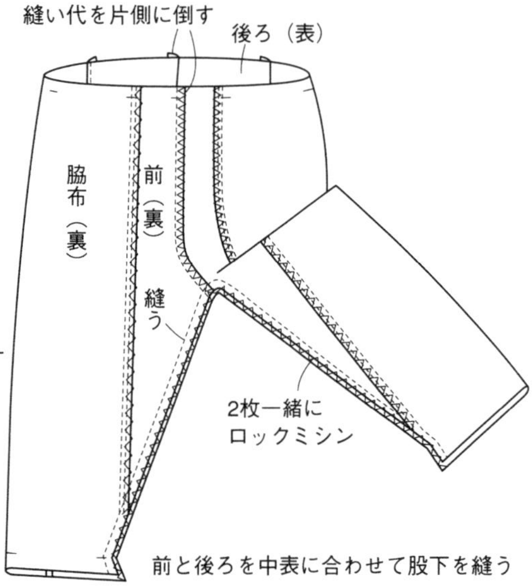

縫い代を片側に倒す
後ろ（表）
脇布（裏）
前（裏）
縫う
2枚一緒に
ロックミシン

前と後ろを中表に合わせて股下を縫う

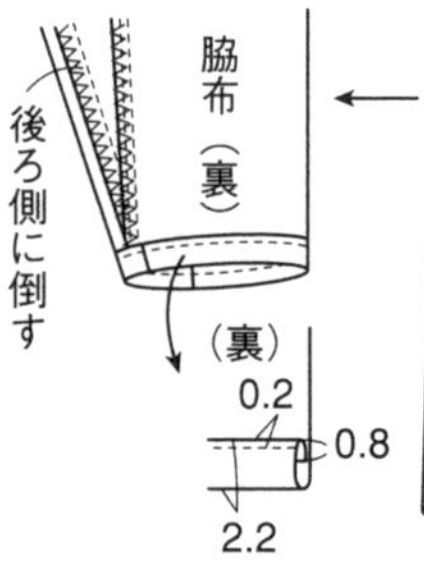

後ろ側に倒す
脇布（裏）
（裏）
0.2
0.8
2.2

裾を三つ折りして縫う

4.ベルトを作って付け、ゴムテープを通す

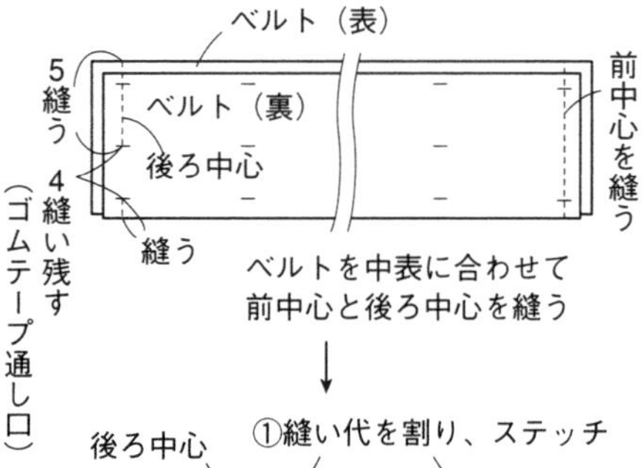

ベルト（表）
5縫う
ベルト（裏）
後ろ中心
4縫い残す（ゴムテープ通し口）
縫う
前中心を縫う

ベルトを中表に合わせて
前中心と後ろ中心を縫う

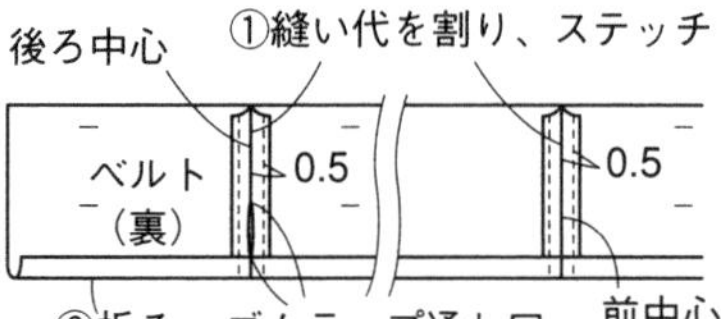

後ろ中心
①縫い代を割り、ステッチ
ベルト（裏）
0.5
0.5
②折る
ゴムテープ通し口
前中心

縫い代を割り、片方の縫い代を折る

※ベルトの付け方とゴムテープの
通し方は87ページ参照

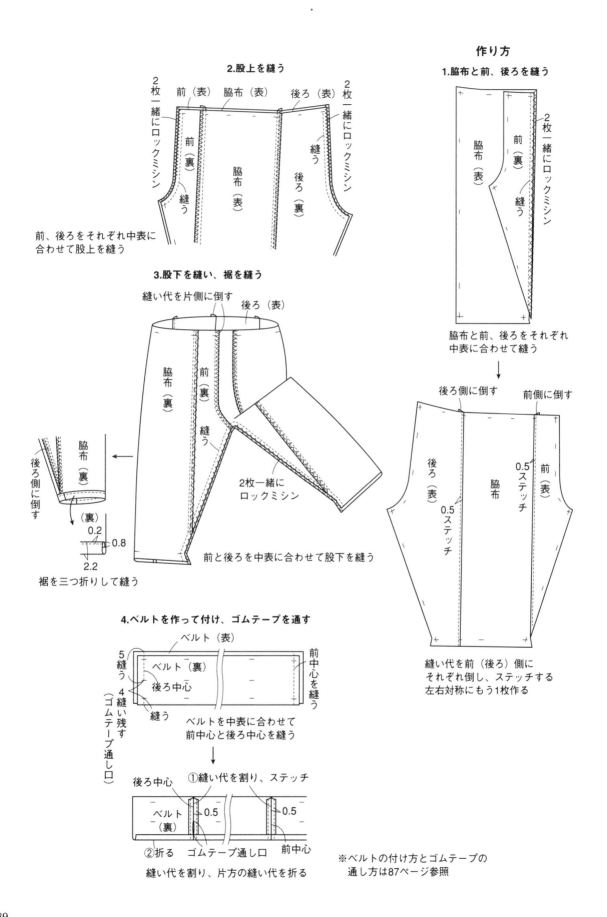

バルーンワンピース

P.25

●着丈約105cm　身幅約54cm

※○の数字は縫い代。指定のないものはすべて1cm付ける

後ろ、後ろ見返し、後ろあき見返し各2枚　持ち出し1枚

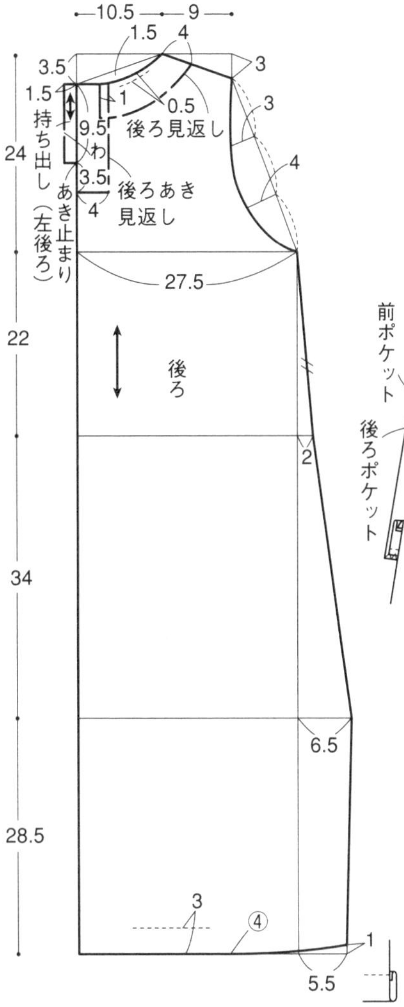
10.5
9
1.5
4
3.5
1.5
1
0.5
後ろ見返し
持ち出し
9.5
わ
3.5
後ろあき見返し
あき止まり（左後ろ）
4
3
3
4
24
27.5
22
後ろ
2
34
6.5
28.5
3
④
1
5.5

前、前見返し、前ポケット、後ろポケット各2枚

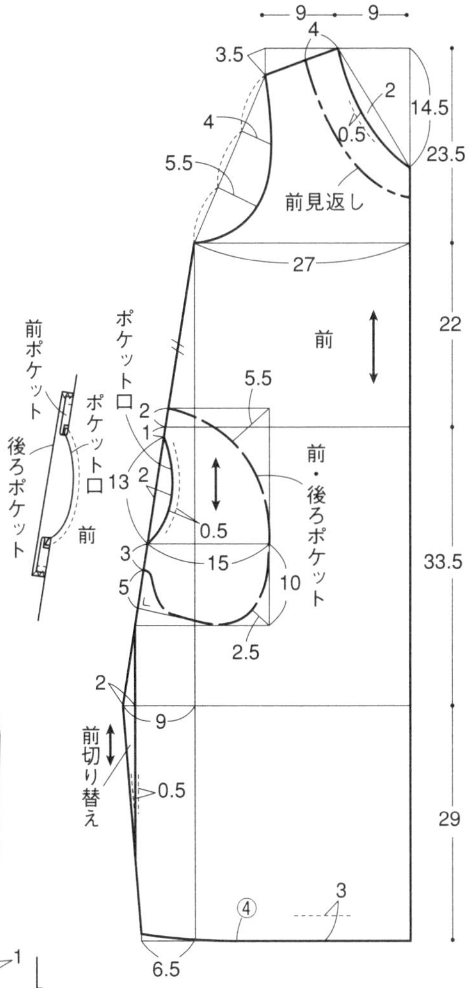
9
9
4
3.5
2
14.5
0.5
23.5
4
5.5
前見返し
27
前
22
ポケット口
前ポケット
ポケット口
後ろポケット
前
5.5
2
1
2
13
0.5
前・後ろポケット
15
3
5
10
33.5
2.5
2
9
前切り替え
0.5
29
④
3
6.5

作り方順序

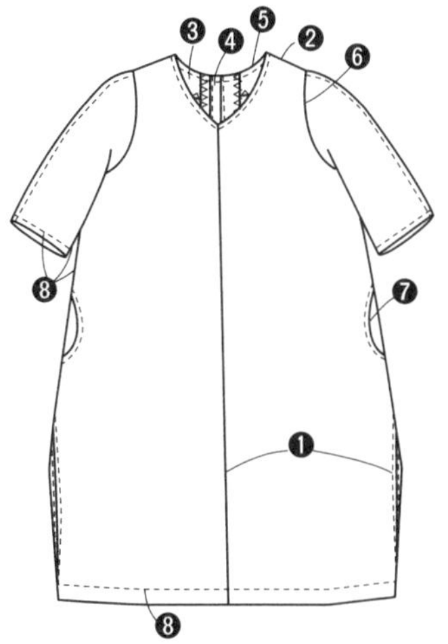

布ループ、ボタン付け位置

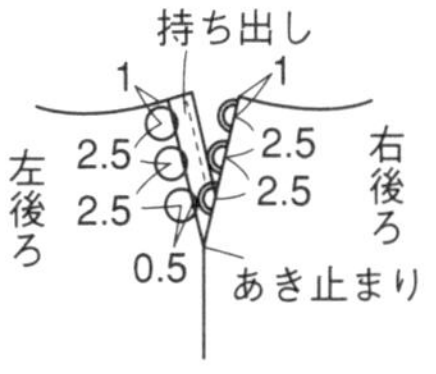
持ち出し
1
1
2.5
2.5
2.5
2.5
左後ろ
右後ろ
0.5
あき止まり

布ループ1枚

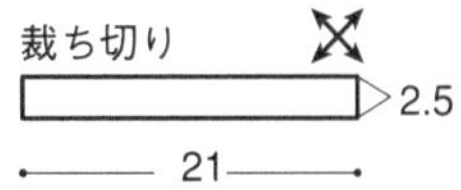
裁ち切り
2.5
21

布ループを作ってから
3本にカットする

前袖、後ろ袖各2枚

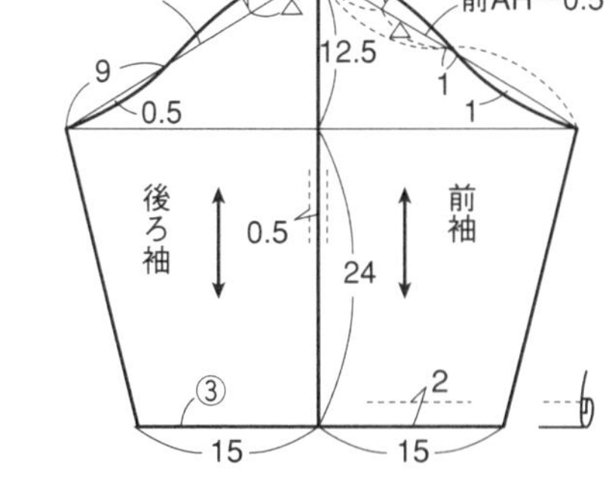
1.5
後ろAH－0.5
1.5
前AH－0.5
12.5
9
1
0.5
1
後ろ袖
0.5
前袖
24
③
2
15
15

材料

表布36×740cm　接着芯30×30cm　直径1.7cmボタン3個

作り方のポイント

・身頃の肩、前中心、後ろ中心、前切り替え、後ろ脇、後ろあき見返し、袖切り替え、袖下の布端にロックミシンまたはジグザグミシンをかける。

・前見返し、後ろ見返しに接着芯をはる。

・布ループの作り方は59ページ参照。

・ポケットの作り方は62ページも参照。

作り方

①前切り替え、前中心、後ろ中心を縫う。
②肩を縫う。
③見返しを作る。
④持ち出しを作る。
⑤身頃と見返しを中表に合わせ、持ち出しと布ループをはさんで、あき止まりから襟ぐりを縫う。
⑥袖を作り、付ける。
⑦ポケットを作る
⑧袖下から脇を縫い、裾、袖口を縫う。
⑨ボタンを付ける。

裁ち方

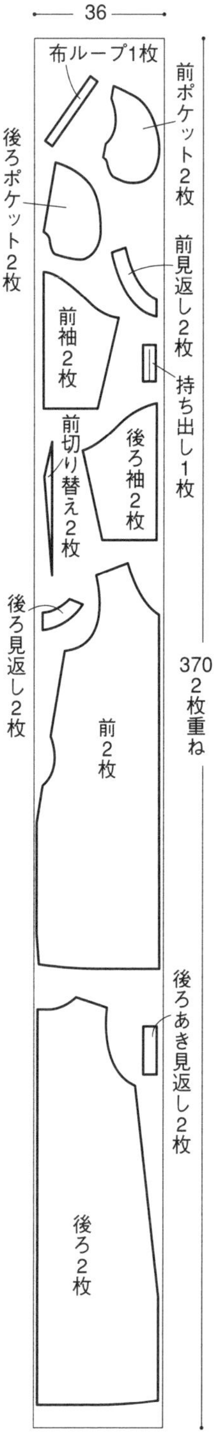
36
布ループ1枚
前ポケット2枚
後ろポケット2枚
前見返し2枚
前袖2枚
持ち出し1枚
前切り替え2枚
後ろ袖2枚
後ろ見返し2枚
370
2枚重ね
前2枚
後ろあき見返し2枚
後ろ2枚

作り方

1.前切り替え、前中心、後ろ中心を縫う

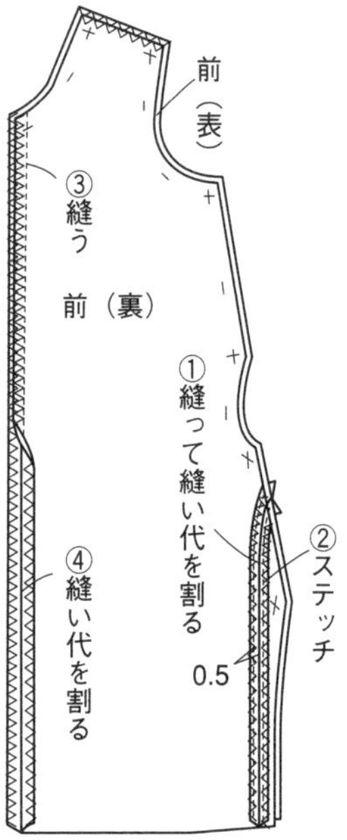
前（表）
③縫う
前（裏）
①縫って縫い代を割る
②ステッチ
④縫い代を割る
0.5

前を中表に合わせて切り替えと中心を縫う

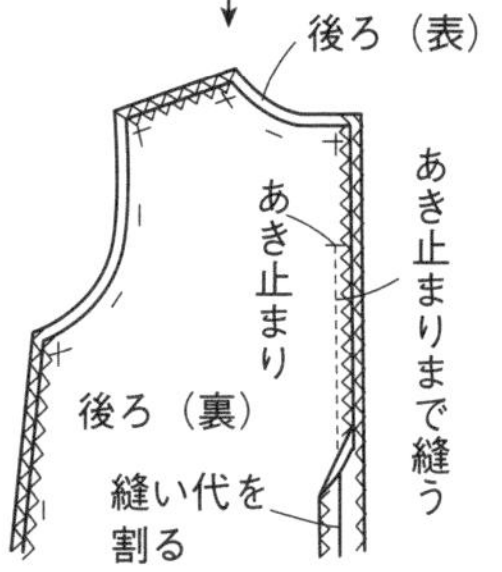
後ろ（表）
あき止まり
あき止まりまで縫う
後ろ（裏）
縫い代を割る

後ろを中表に合わせて中心を縫う

2.肩を縫う

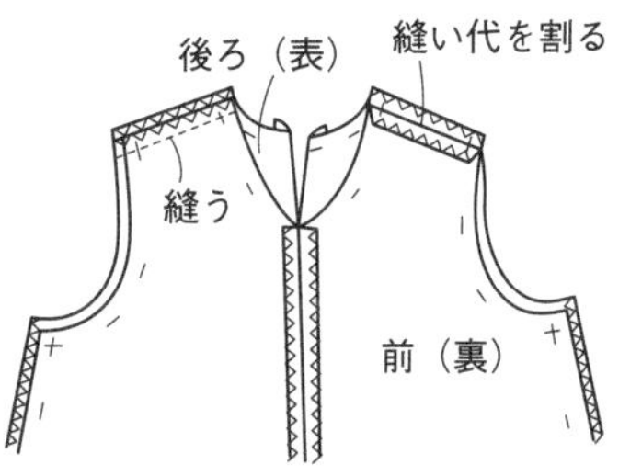
後ろ（表）
縫い代を割る
縫う
前（裏）

前と後ろを中表に合わせて肩を縫う

3.見返しを作る

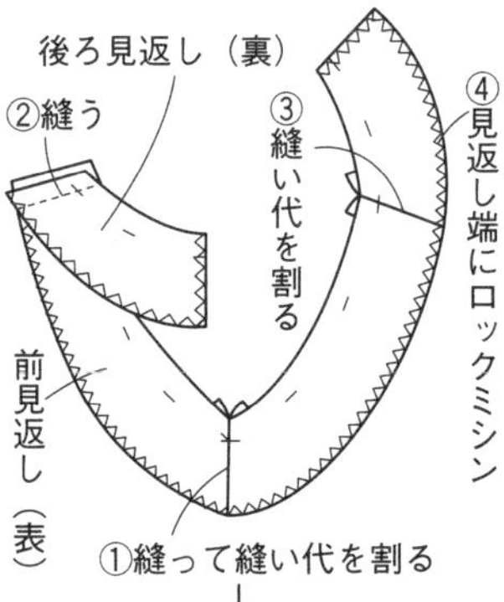
後ろ見返し（裏）
②縫う
③縫い代を割る
④見返し端にロックミシン
前見返し（表）
①縫って縫い代を割る

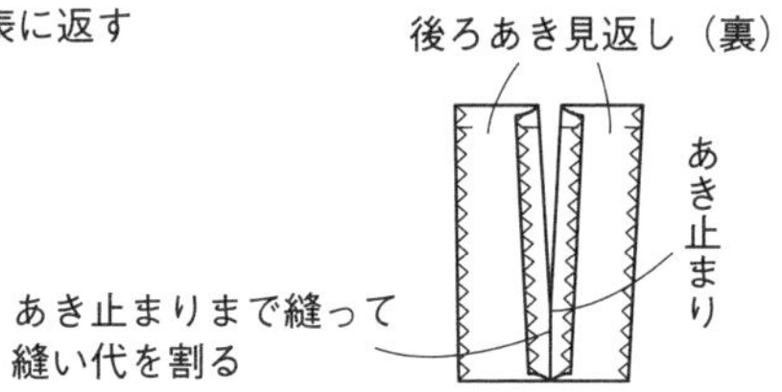
後ろあき見返し（裏）
あき止まり
あき止まりまで縫って縫い代を割る

4.持ち出しを作る

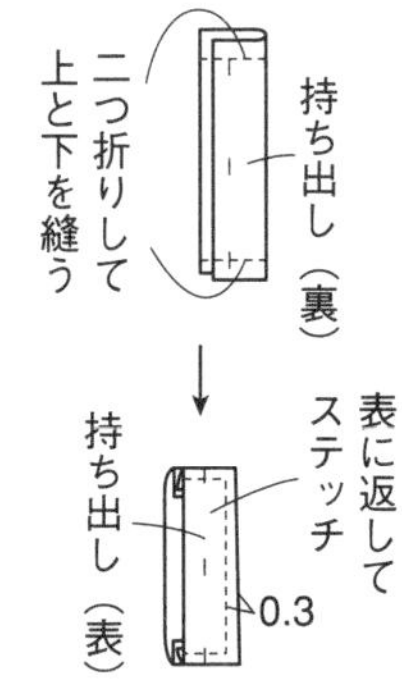
二つ折りして上と下を縫う
持ち出し（裏）
持ち出し（表）
表に返してステッチ
0.3

持ち出しを中表に二つ折りして縫い、表に返す

5.身頃と見返しを中表に合わせ、持ち出しと布ループをはさんであき止まりから襟ぐりを縫う

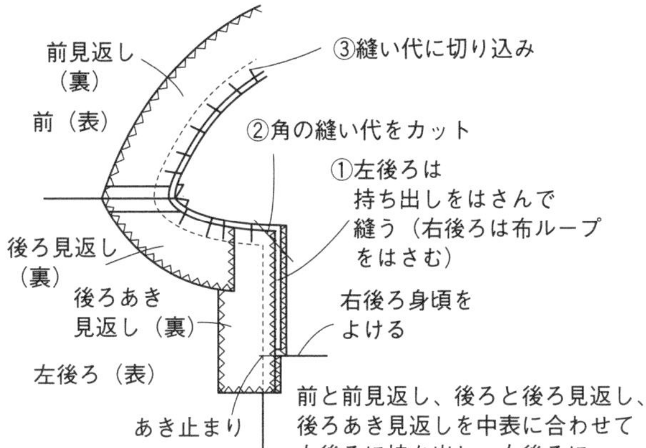
前見返し（裏）
③縫い代に切り込み
前（表）
②角の縫い代をカット
①左後ろは持ち出しをはさんで縫う（右後ろは布ループをはさむ）
後ろ見返し（裏）
後ろあき見返し（裏）
右後ろ身頃をよける
左後ろ（表）
あき止まり

前と前見返し、後ろと後ろ見返し、後ろあき見返しを中表に合わせて左後ろに持ち出し、右後ろに布ループをそれぞれはさんで縫う

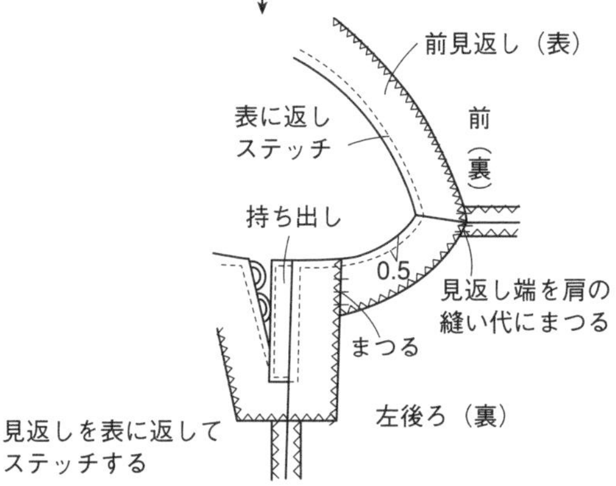
前見返し（表）
表に返しステッチ
前（裏）
持ち出し
0.5
見返し端を肩の縫い代にまつる
まつる
左後ろ（裏）

見返しを表に返してステッチする

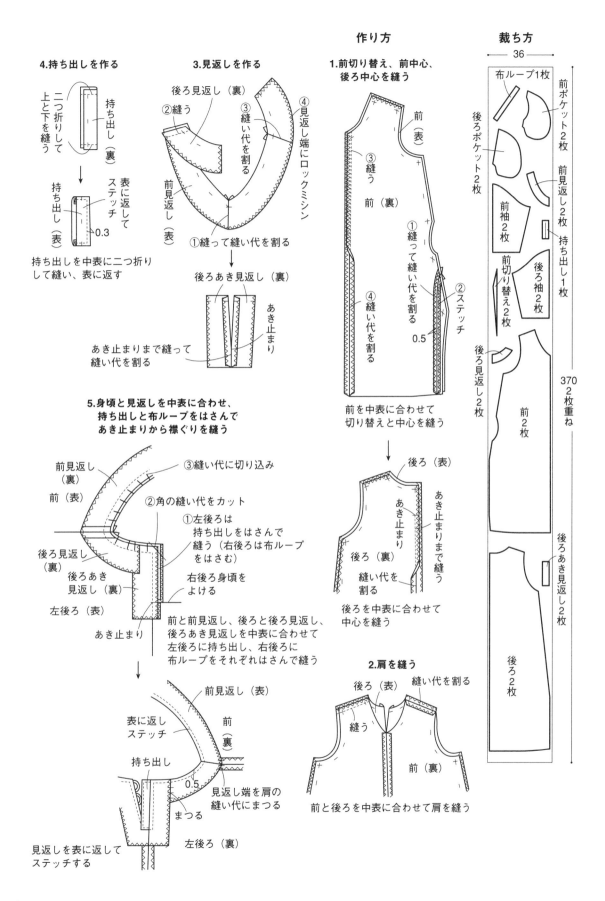

6.袖を作り、付ける

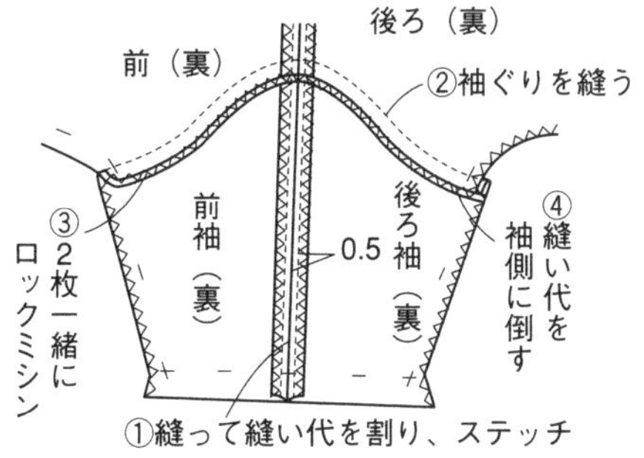
後ろ（裏）
前（裏）
②袖ぐりを縫う
③2枚一緒にロックミシン
前袖（裏）
0.5
後ろ袖（裏）
④縫い代を袖側に倒す
①縫って縫い代を割り、ステッチ

前と後ろの袖を中表に合わせて縫う
身頃と袖の袖ぐりを中表に合わせて縫い
ロックミシンをかけて縫い代を倒す

7.ポケットを作る

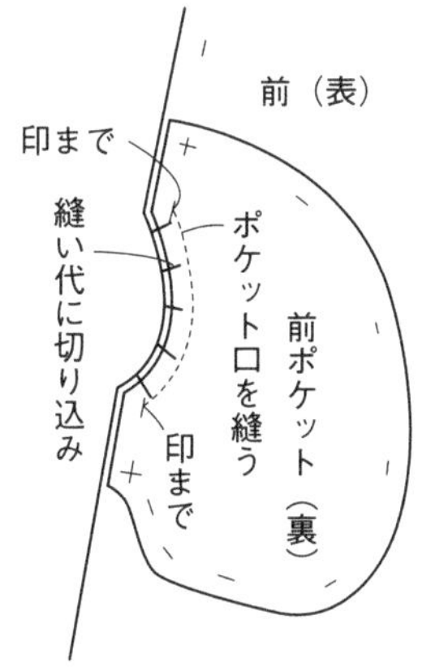
前（表）
印まで
縫い代に切り込み
ポケット口を縫う
印まで
前ポケット（裏）

前と前ポケットを中表に
合わせてポケット口を縫う

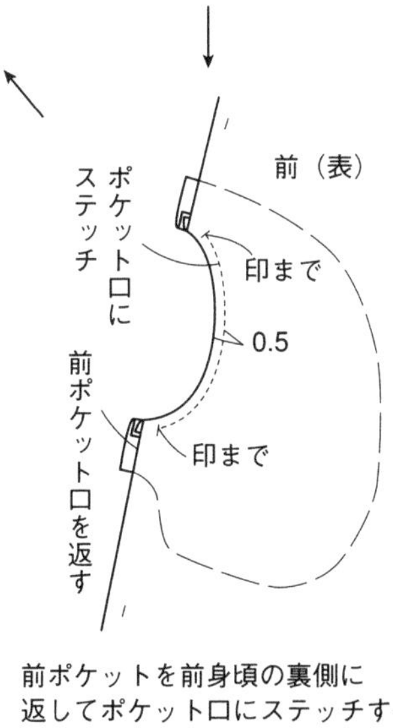
前（表）
ポケット口にステッチ
印まで
0.5
印まで
前ポケット口を返す

前ポケットを前身頃の裏側に
返してポケット口にステッチする

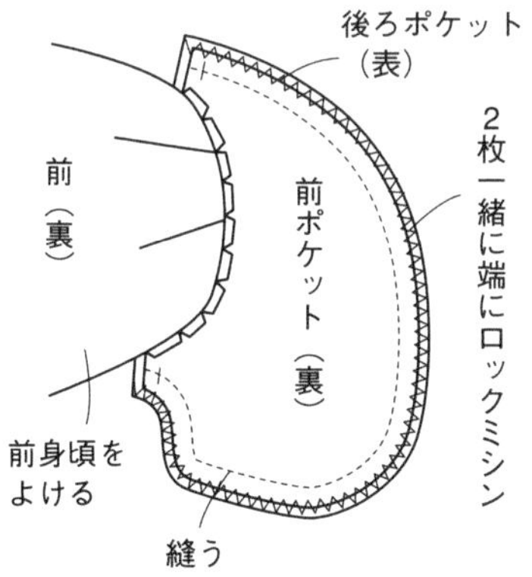
後ろポケット（表）
前（裏）
前ポケット（裏）
2枚一緒に端にロックミシン
前身頃をよける
縫う

前と後ろのポケットを中表に
合わせて周囲を縫う

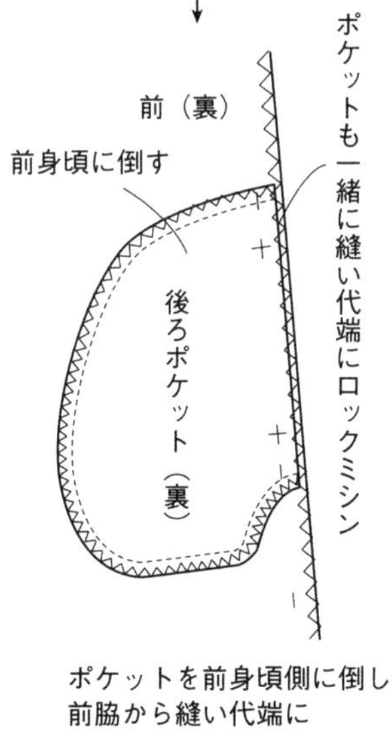
前（裏）
ポケットも一緒に縫い代端にロックミシン
前身頃に倒す
後ろポケット（裏）

ポケットを前身頃側に倒し
前脇から縫い代端に
ロックミシンをかける

8.袖下から脇を縫い、裾、袖口を縫う

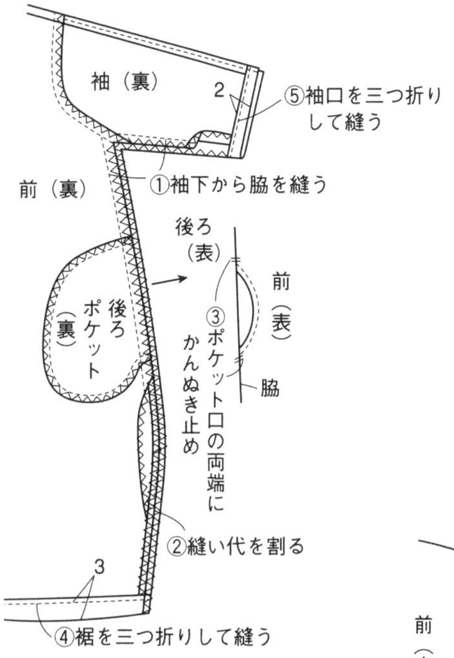
袖（裏）
2
⑤袖口を三つ折りして縫う
前（裏）
①袖下から脇を縫う
後ろ（表）
前（表）
③ポケット口の両端にかんぬき止め
脇
後ろポケット（裏）
②縫い代を割る
3
④裾を三つ折りして縫う

身頃と袖をそれぞれ中表に
合わせて袖下から脇を縫い
裾、袖口を縫う

シャツワンピース

P.28

●着丈約116.5cm　身幅約55cm

※○の数字は縫い代。指定のないものはすべて1cm付ける

前、前見返し、後ろ各2枚

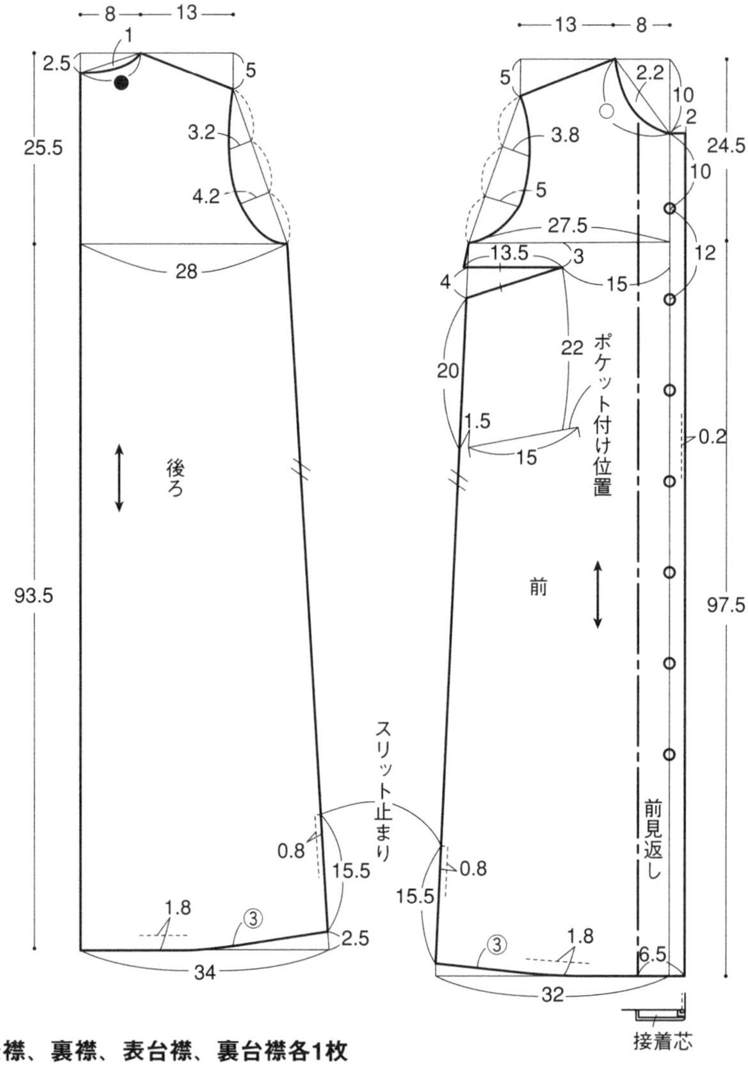

作り方順序

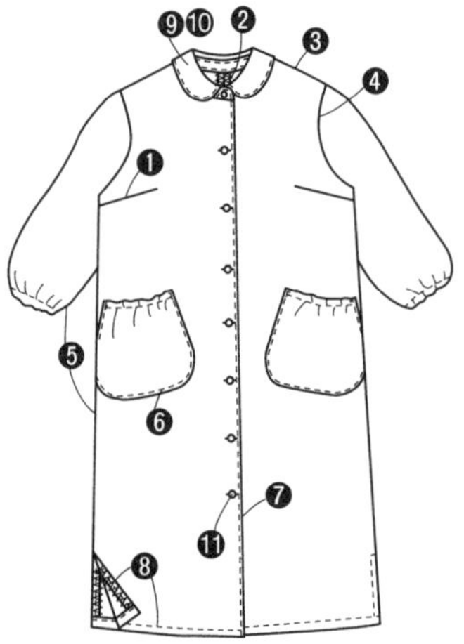

材料

表布36×940cm　ポケット裏布30×60cm　接着芯30×120cm　直径1.7cmボタン8個　幅1cmゴムテープ90cm

作り方のポイント

・肩、脇、後ろ中心、袖切り替え、袖下、前見返しの布端にロックミシンまたはジグザグミシンをかける。

・前見返し、裏襟、表台襟に接着芯をはる。

・ポケットの作り方は62ページも参照。

・襟と台襟はとじこみ付録Bに掲載の型紙を参考にするとよい。

表襟、裏襟、表台襟、裏台襟各1枚

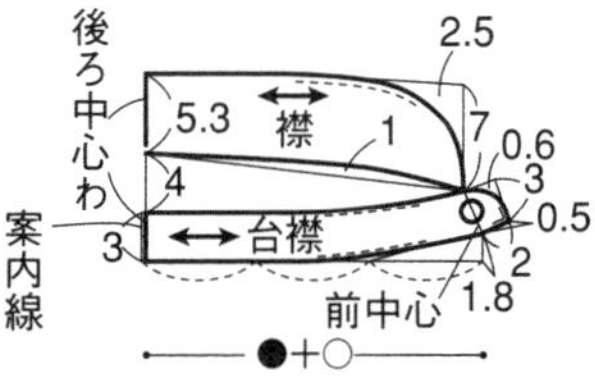

前袖、後ろ袖各2枚

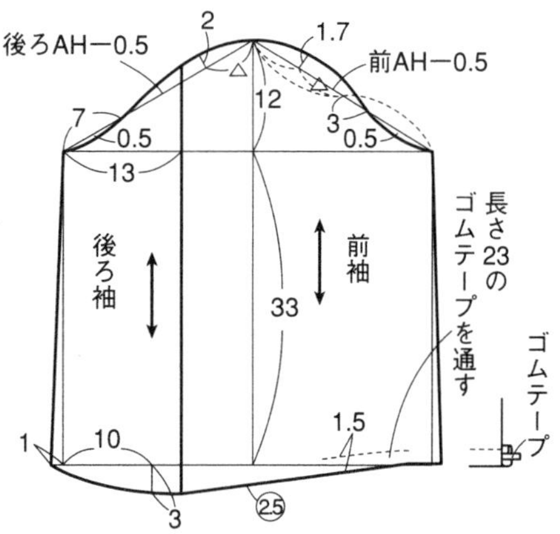

ポケット2枚

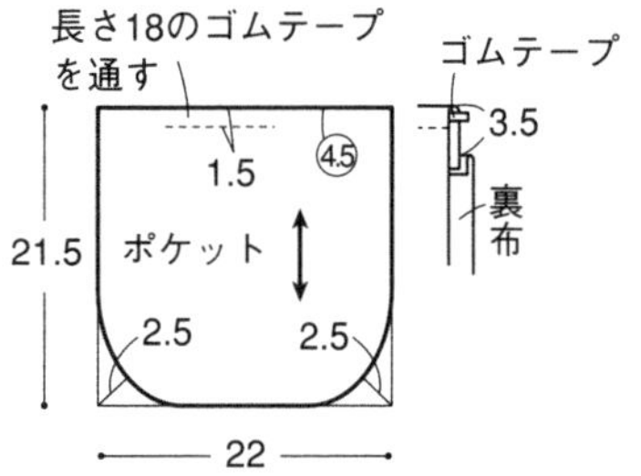

作り方

①ダーツを縫う（77ページ参照）。

②後ろ中心を縫う（77ページ参照。タックはとらない）。

③肩を縫う（77ページ参照）。

④袖を作り、身頃に付ける（77ページ参照）。

⑤袖下から脇を縫い、袖口を縫ってゴムテープを通す。

⑥ポケットを作り、付ける。

⑦前身頃と前見返しを中表に合わせて前端を縫う。

⑧スリットあき、裾を縫う。

⑨襟を作り、台襟に付ける（78ページ参照）。

⑩台襟を身頃に付ける（78ページ参照）。

⑪ボタンホールを作り、ボタンを付ける。

作り方

5.袖下から脇を縫い、
袖口を縫ってゴムテープを通す

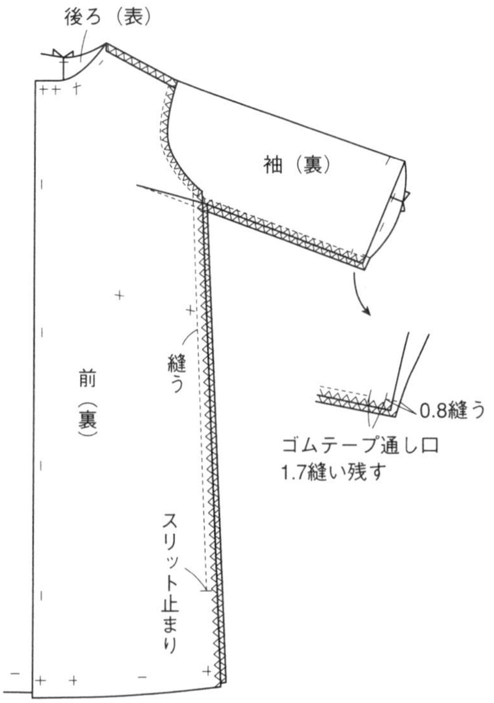

後ろ（表）
袖（裏）
前（裏）
縫う
スリット止まり
0.8縫う
ゴムテープ通し口
1.7縫い残す

袖と身頃をそれぞれ中表に合わせて
袖下から脇を縫う

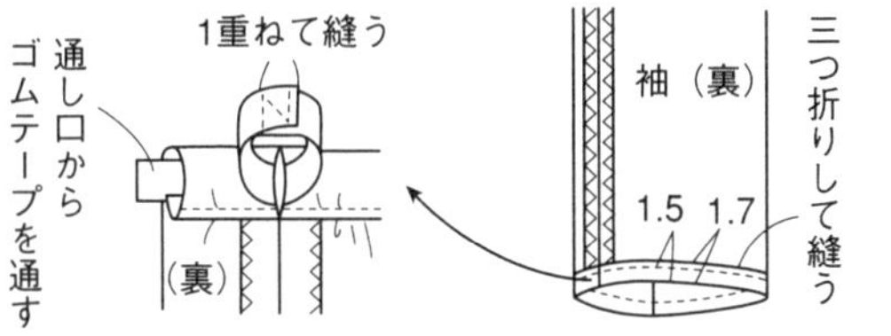

通し口からゴムテープを通す
1重ねて縫う
（裏）
袖（裏）
1.5
1.7
三つ折りして縫う

袖口を三つ折りして縫い、
通し口からゴムテープを通す

裁ち方

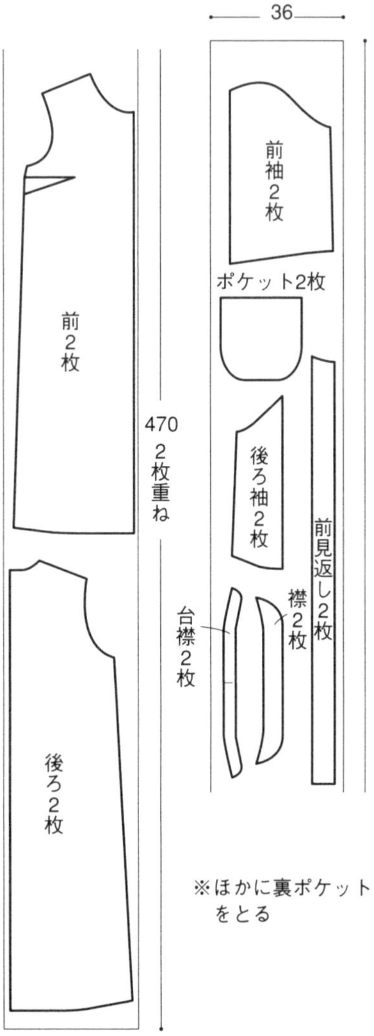

36
470
2枚重ね
前2枚
後ろ2枚
前袖2枚
ポケット2枚
後ろ袖2枚
前見返し2枚
襟2枚
台襟2枚

※ほかに裏ポケット
をとる

6.ポケットを作り、付ける

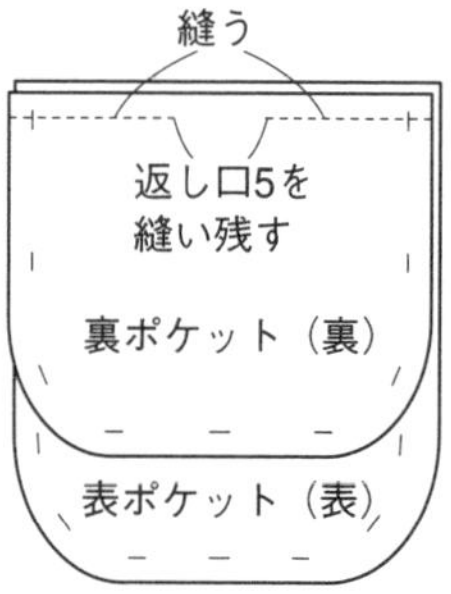
縫う
返し口5を
縫い残す
裏ポケット（裏）
表ポケット（表）

表と裏のポケットを中表に
合わせて縫う

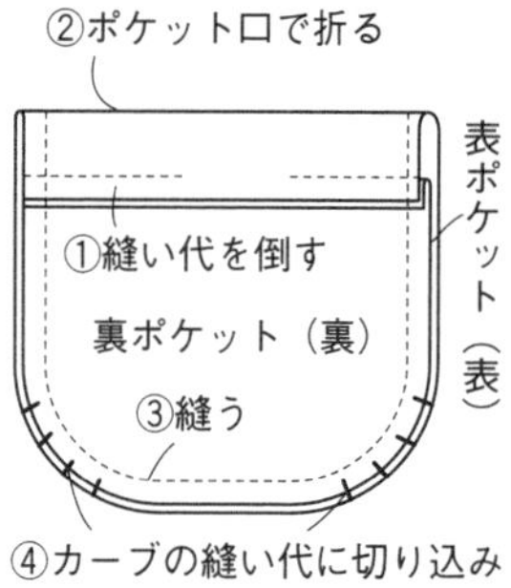
②ポケット口で折る
表ポケット（表）
①縫い代を倒す
裏ポケット（裏）
③縫う
④カーブの縫い代に切り込み

ポケット口で折り、周囲を縫う

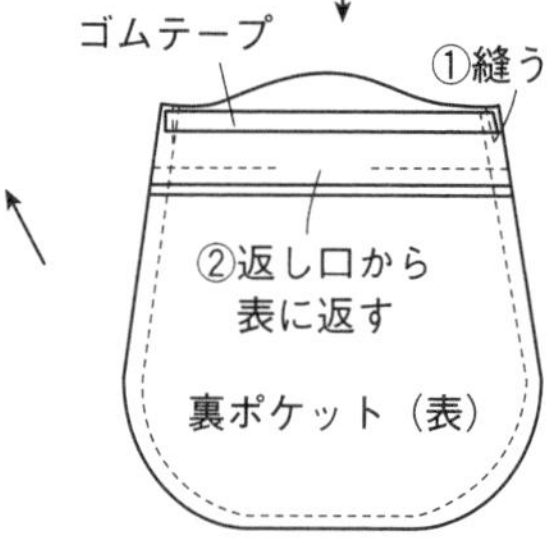
ゴムテープ
①縫う
②返し口から
表に返す
裏ポケット（表）

口にゴムテープを重ねて
両端を縫い、表に返す

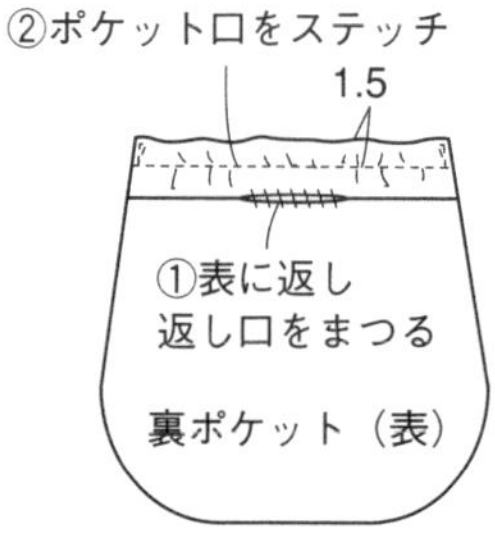
②ポケット口をステッチ
1.5
①表に返し
返し口をまつる
裏ポケット（表）

表に返して返し口をまつり
ゴムの下にステッチする

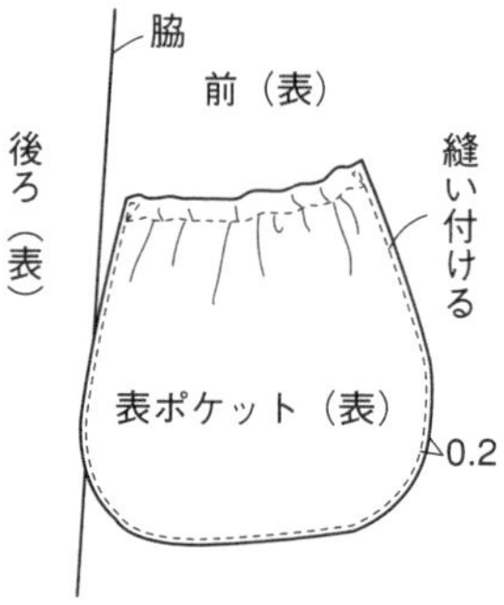
脇
前（表）
後ろ（表）
縫い付ける
表ポケット（表）
0.2

身頃のポケット付け位置にポケット口を
合わせてポケットを縫い付ける

**7.前身頃と前見返しを中表に
合わせて前端を縫う**

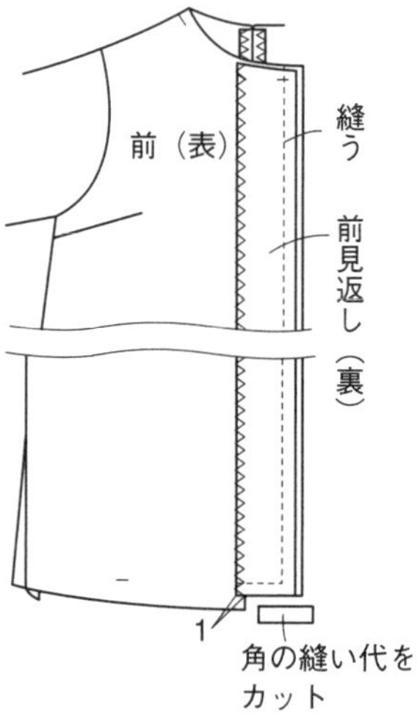
前（表）
縫う
前見返し（裏）
1
角の縫い代を
カット

前身頃と前見返しを中表に
合わせて縫う

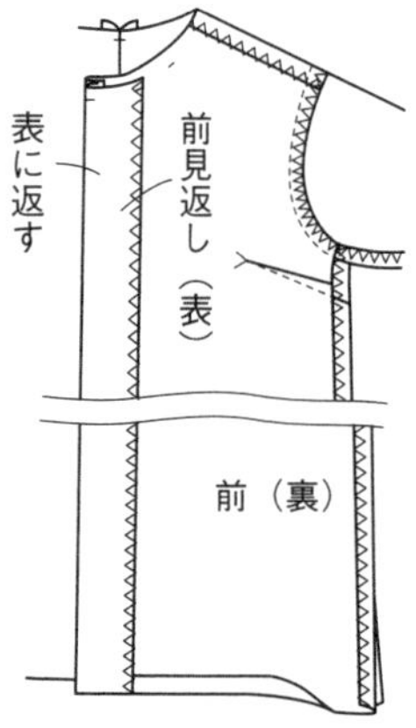
表に返す
前見返し（表）
前（裏）

前見返しを表に返す

8.スリットあき、裾を縫う

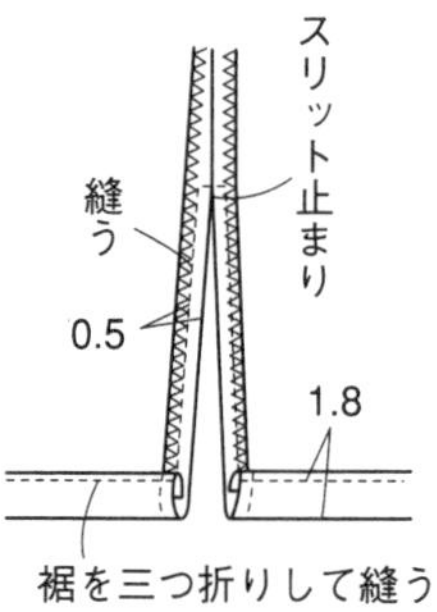
スリット止まり
縫う
0.5
1.8
裾を三つ折りして縫う

スリットあきをスリット止まりまで
縫い、裾を三つ折りして縫う

キャミソールワンピース

P.29

●着丈約95cm　身幅約52cm

※○の数字は縫い代。指定のないものはすべて1cm付ける

肩ひも通し2枚

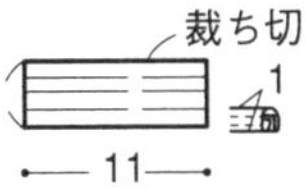

裁ち切り
4
1
11

前、前見返し各1枚、前脇2枚、ポケット4枚

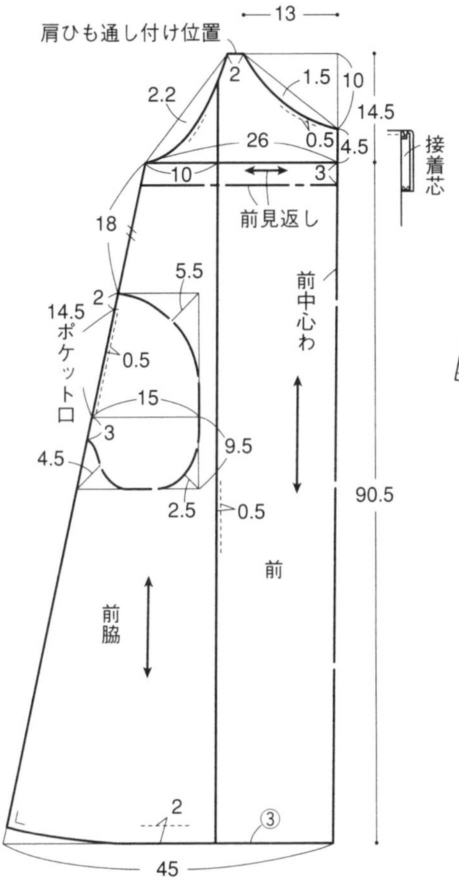

13
肩ひも通し付け位置
2
1.5
10
2.2
14.5
26
0.5
4.5
接着芯
10
3
18
前見返し
前中心わ
5.5
2
14.5
ポケット口
0.5
15
3
9.5
4.5
2.5
0.5
90.5
前
前脇
2
③
45

肩ひも4枚

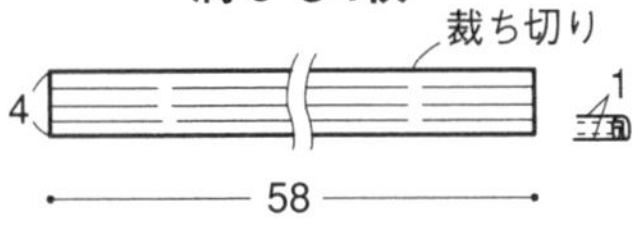

裁ち切り
4
1
58

後ろ、後ろ見返し各1枚
後ろ脇各2枚

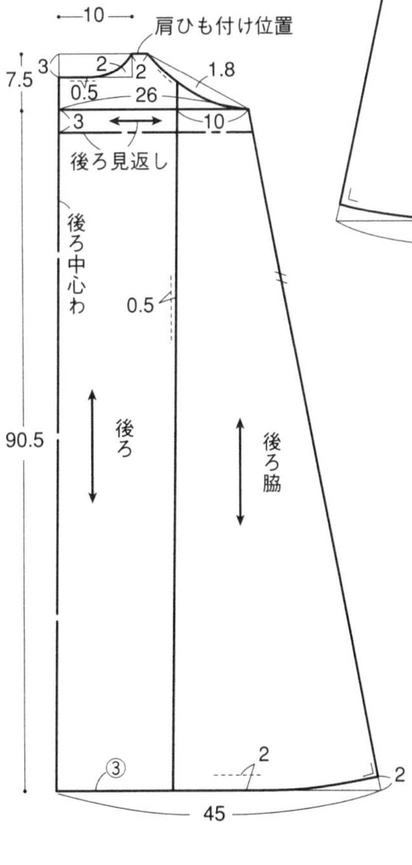

10
肩ひも付け位置
3
2
2
1.8
7.5
0.5
26
3
10
後ろ見返し
後ろ中心わ
0.5
90.5
後ろ
後ろ脇
③
2
2
45

作り方順序

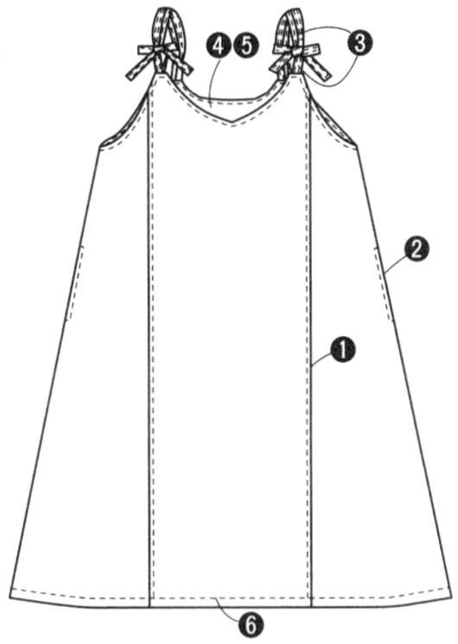

❹❺
❸
❷
❶
❻

材料

a 布36×720cm　b 布36×50cm　接着芯70×50cm

作り方のポイント

・脇、前見返し、後ろ見返しの布端にロックミシンまたはジグザグミシンをかける。

・前見返し、後ろ見返し、前身頃のポケット口に接着芯をはる。

・ポケットの作り方は54～57ページも参照。先にポケットを袋に縫っておく作り方。

作り方

①前（後ろ）と前脇（後ろ脇）を縫う。
②脇を縫い、ポケットを作る。
③肩ひも、肩ひも通しを作る。
④見返しの脇を縫う。
⑤身頃と見返しを中表に合わせて肩ひも、肩ひも通しをはさんで、襟ぐり、袖ぐりを縫う。
⑥裾を縫う。

作り方

1.前（後ろ）と前脇（後ろ脇）を縫う

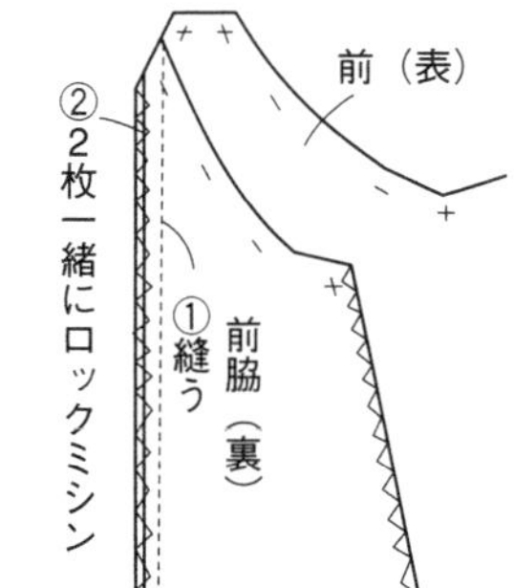
前（表）
②2枚一緒にロックミシン
①縫う
前脇（裏）

前（後ろ）と前脇（後ろ脇）を中表に合わせて縫う

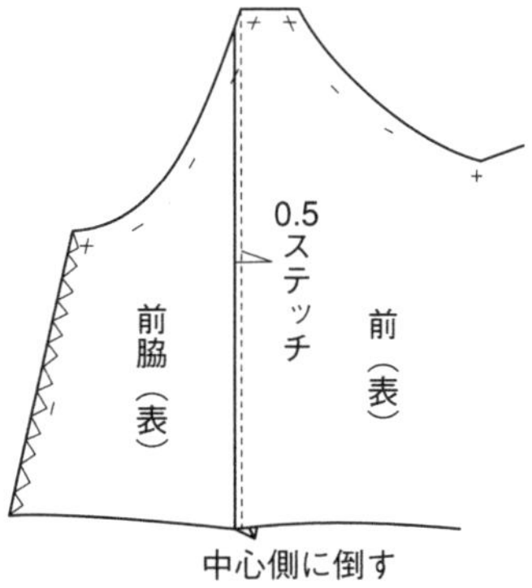
0.5
ステッチ
前脇（表）
前（表）
中心側に倒す

縫い代を中心側に倒し、ステッチする

2.脇を縫い、ポケットを作る

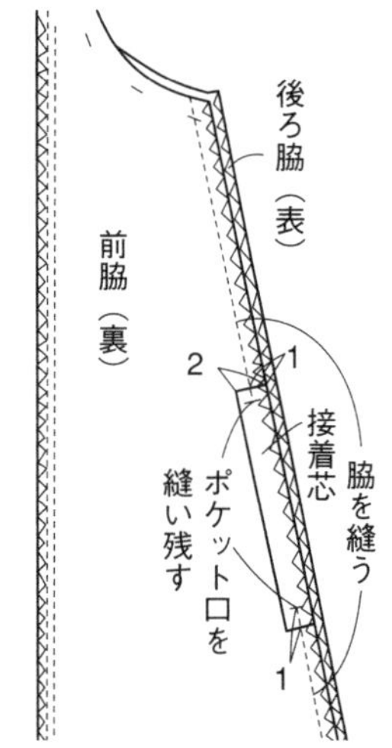
後ろ脇（表）
前脇（裏）
2
1
接着芯
脇を縫う
ポケット口を縫い残す
1

前と後ろを中表に合わせて
ポケット口を残して脇を縫う

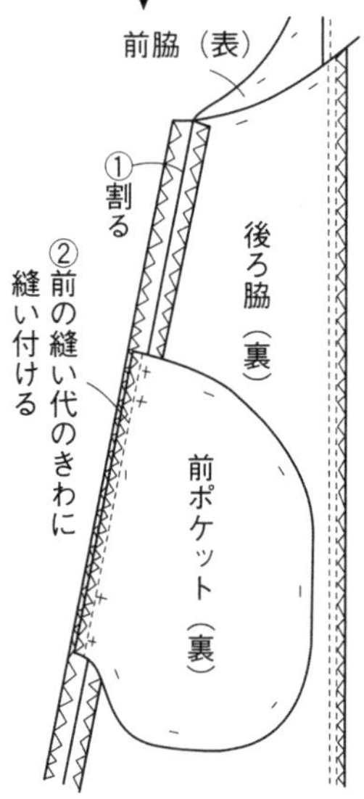
前脇（表）
①割る
②前の縫い代のきわに縫い付ける
後ろ脇（裏）
前ポケット（裏）

前ポケットを前の縫い代に
合わせて縫う

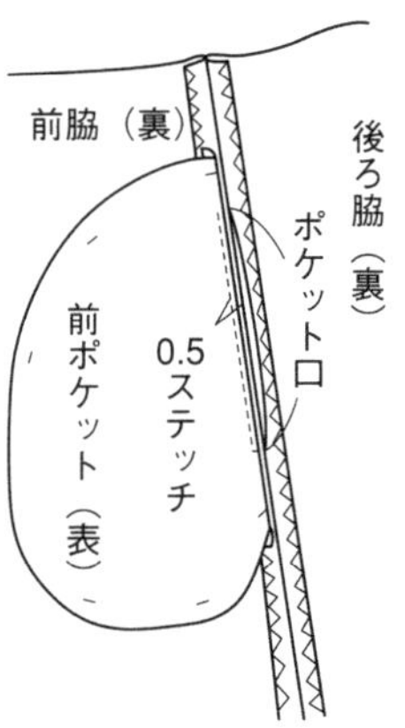
前脇（裏）
後ろ脇（裏）
ポケット口
前ポケット（表）
0.5
ステッチ

前ポケットを折り返して
ポケット口をステッチする

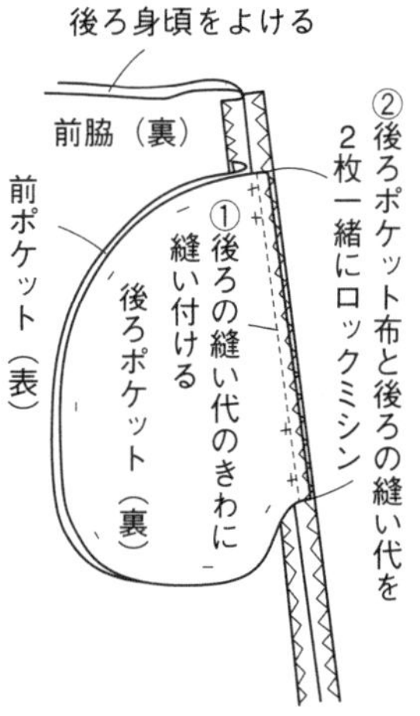
後ろ身頃をよける
前脇（裏）
前ポケット（表）
①後ろの縫い代のきわに縫い付ける
後ろポケット（裏）
②後ろポケット布と後ろの縫い代を2枚一緒にロックミシン

後ろポケットを後ろの縫い代に
合わせて縫う

←次のページへ

裁ち方

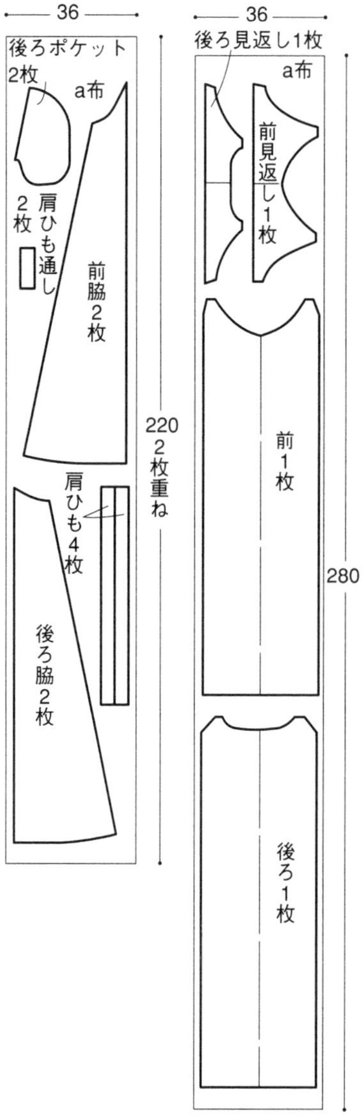
36
後ろポケット
2枚
a布
2枚
肩ひも通し
前脇2枚
肩ひも4枚
後ろ脇2枚
220
2枚重ね
36
後ろ見返し1枚
a布
前見返し1枚
前1枚
後ろ1枚
280

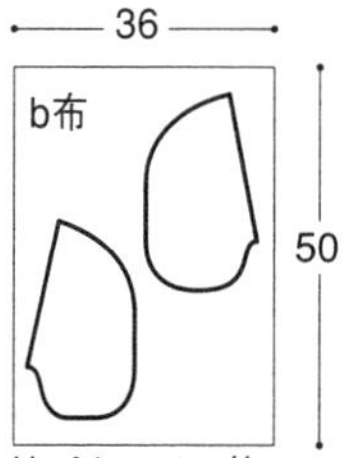
36
b布
50

前ポケット2枚

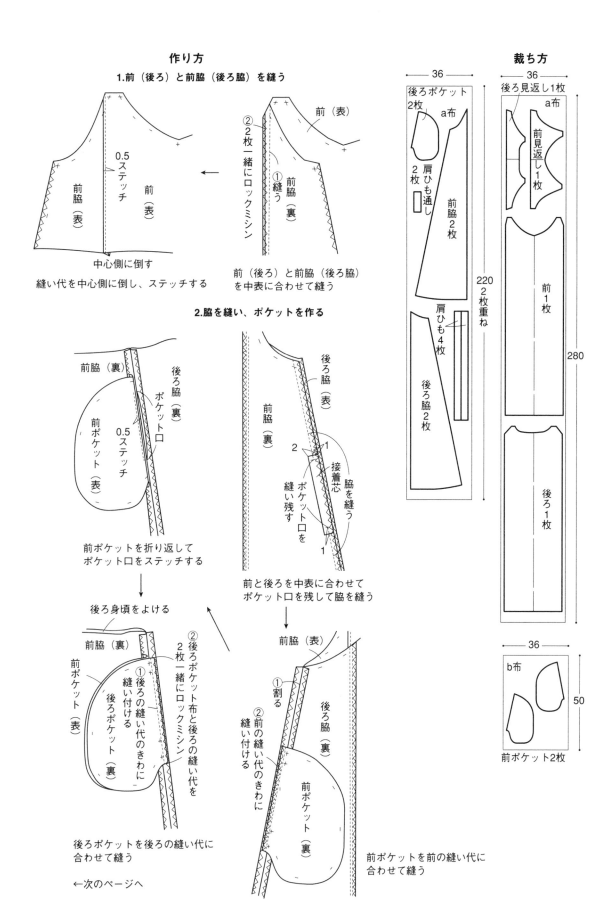

4.見返しの脇を縫う

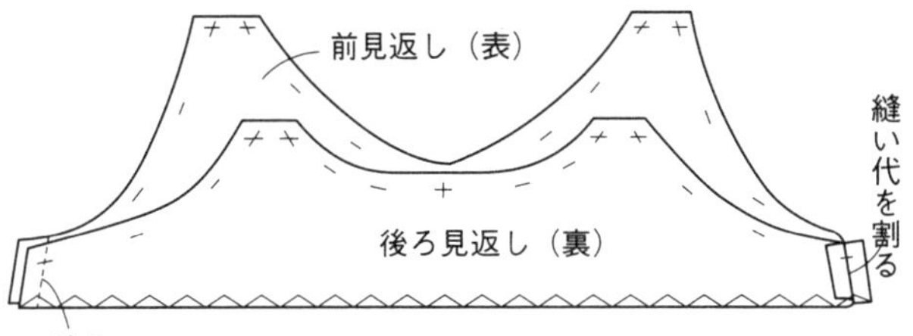

前見返し（表）
縫い代を割る
後ろ見返し（裏）
縫う

前見返しと後ろ見返しを中表に合わせて脇を縫う

5.身頃と見返しを中表に合わせて肩ひも、肩ひも通しをはさんで襟ぐり、袖ぐりを縫う

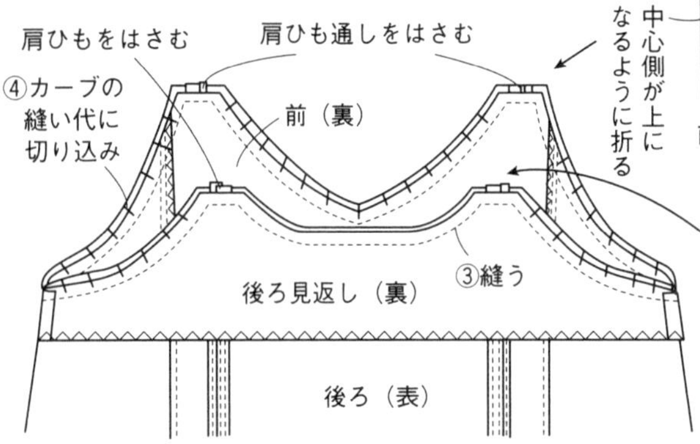

肩ひもをはさむ
肩ひも通しをはさむ
④カーブの縫い代に切り込み
前（裏）
③縫う
後ろ見返し（裏）
後ろ（表）

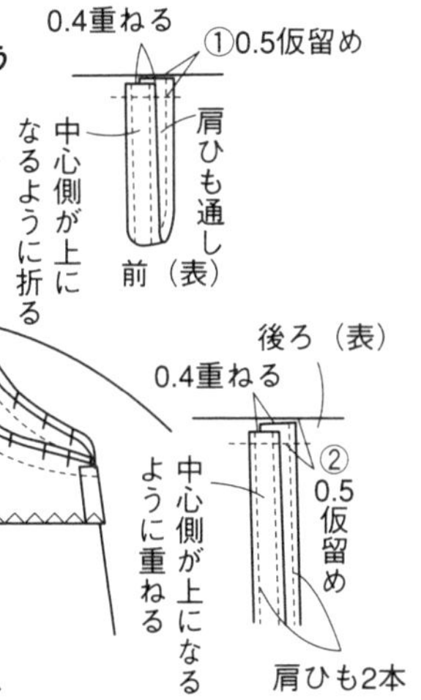

0.4重ねる
①0.5仮留め
中心側が上になるように折る
肩ひも通し
前（表）
後ろ（表）
0.4重ねる
②0.5仮留め
中心側が上になるように重ねる
肩ひも2本

身頃と見返しを中表に合わせて、肩ひも、肩ひも通しをそれぞれはさんで縫う

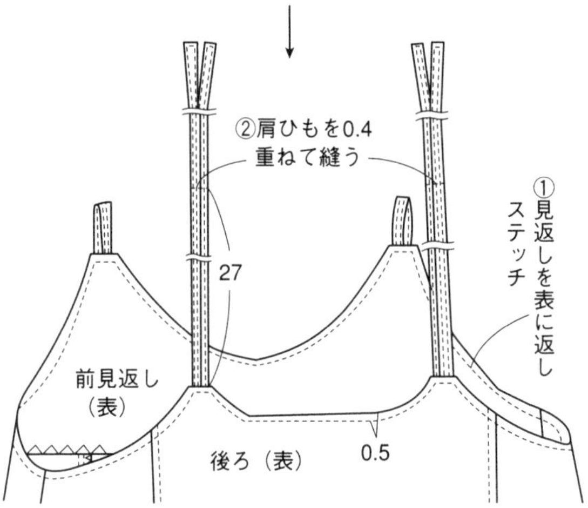

②肩ひもを0.4重ねて縫う
27
①見返しを表に返しステッチ
前見返し（表）
後ろ（表）
0.5

見返しを表に返してステッチする

6.裾を縫う

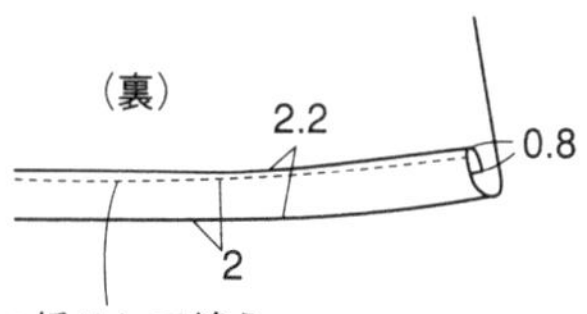

（裏）
2.2
0.8
2

裾を三つ折りして縫う

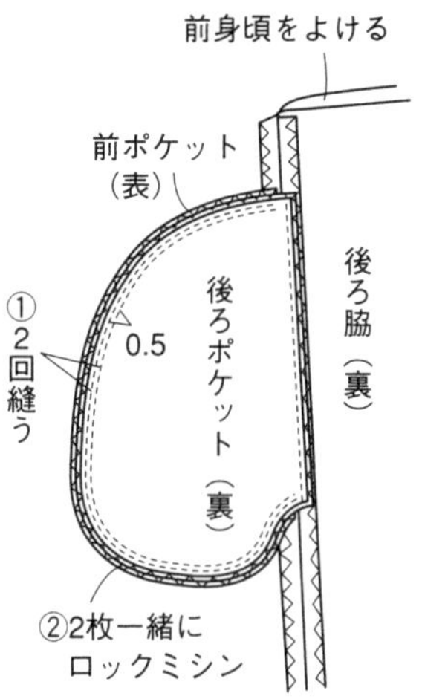

前身頃をよける
前ポケット（表）
後ろ脇（裏）
①2回縫う
0.5
後ろポケット（裏）
②2枚一緒にロックミシン

ポケット同士を合わせて縫う

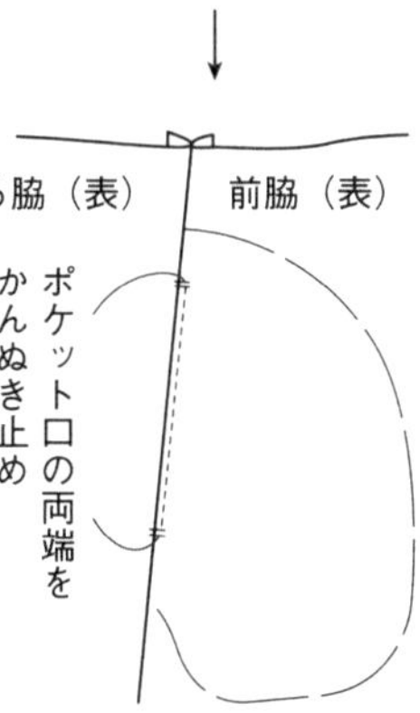

後ろ脇（表）
前脇（表）
ポケット口の両端をかんぬき止め

ポケット口の両端にかんぬき止めをする

3.肩ひも、肩ひも通しを作る

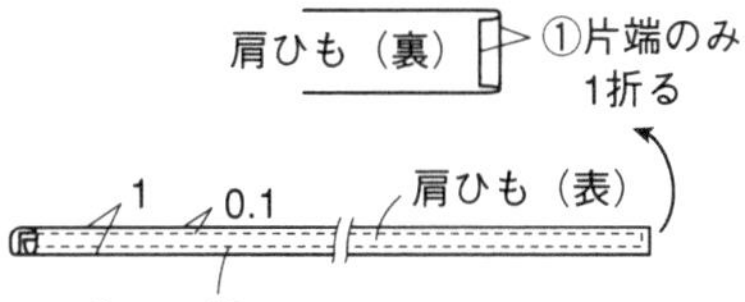

肩ひも（裏）
①片端のみ1折る
1
0.1
肩ひも（表）
②四つ折りにしてステッチ

肩ひもを四つ折りにしてステッする

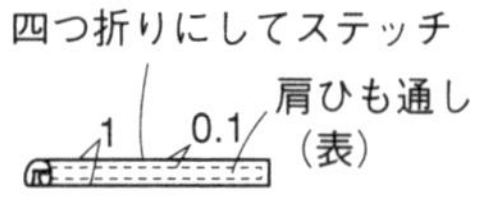

四つ折りにしてステッチ
1
0.1
肩ひも通し（表）

肩ひも通しを四つ折りにしてステッチする

夏のワンピース

●着丈約108cm　身幅約67cm

※○の数字は縫い代。指定のないものはすべて1cm付ける

後ろ2枚、後ろ見返し1枚

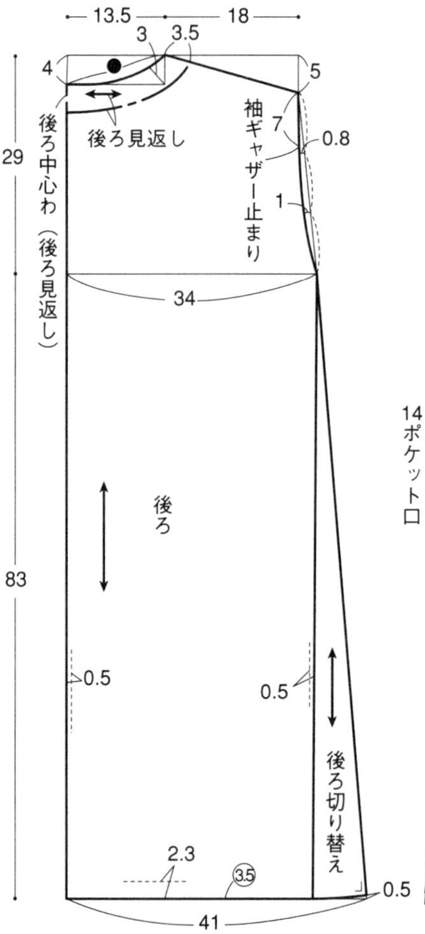
13.5
18
3
3.5
4
5
後ろ見返し
後ろ中心わ（後ろ見返し）
袖ギャザー止まり
7
0.8
1
29
34
83
後ろ
0.5
0.5
後ろ切り替え
2.3
3.5
0.5
41

前、前ポケット向こう布各2枚 ポケット4枚、前見返し1枚

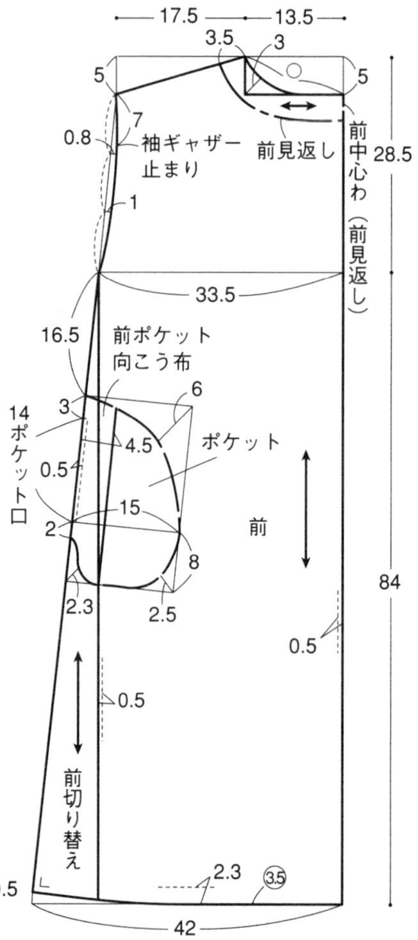
17.5
13.5
3.5
3
5
5
7
0.8
袖ギャザー止まり
前見返し
前中心わ（前見返し）
28.5
1
33.5
16.5
前ポケット向こう布
6
14 ポケット口
3
4.5
ポケット
0.5
15
2
8
2.3
2.5
前
84
0.5
0.5
前切り替え
2.3
3.5
42

袖2枚

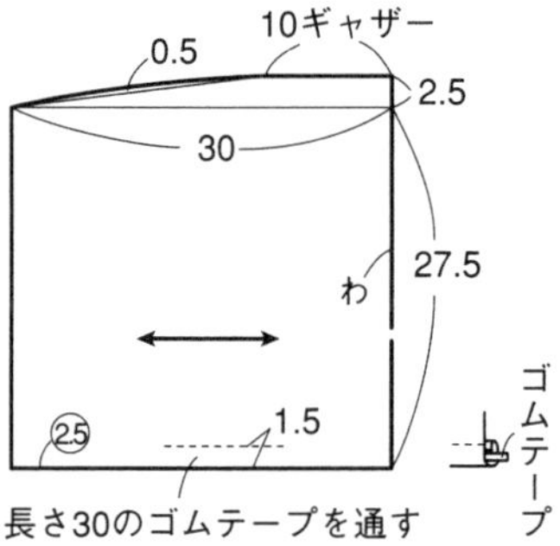
0.5
10ギャザー
2.5
30
わ
27.5
2.5
1.5
ゴムテープ

長さ30のゴムテープを通す

後ろ襟2枚

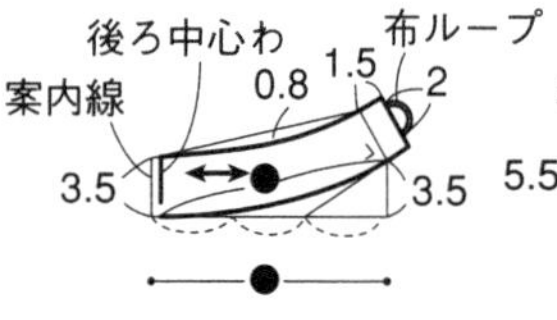
後ろ中心わ
布ループ
案内線
0.8
1.5
2
3.5
3.5

前襟2枚

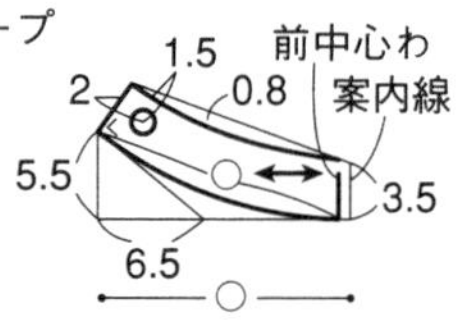
1.5
前中心わ
2
0.8
案内線
5.5
3.5
6.5

布ループ1枚

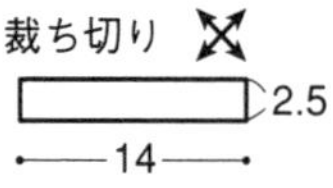
裁ち切り
2.5
14

布ループを作ってから2本にカットする

作り方順序

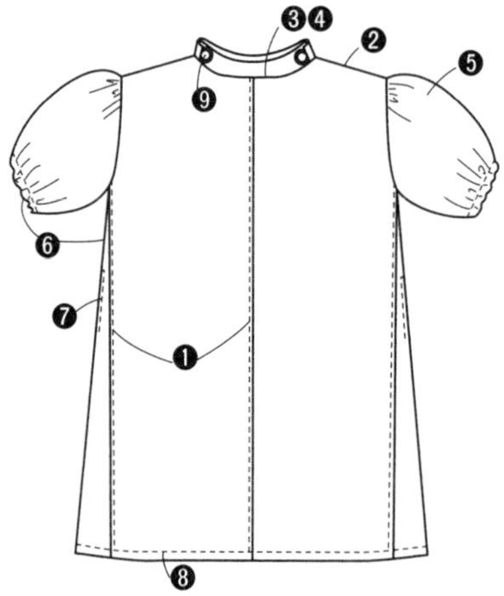

材料

a 布36×920cm　b 布36×20cm　接着芯50×40cm　直径1.7cmボタン2個　幅1cmゴムテープ70cm

作り方のポイント

・肩、脇、袖下の布端にロックミシンまたはジグザグミシンをかける。

・前見返し、後ろ見返し、裏前襟、裏後ろ襟、前身頃のポケット口に接着芯をはる。

・布ループの作り方は59ページ参照。

・ポケットの作り方は54～57ページも参照。先にポケットを袋に縫っておく作り方。

・襟はとじ込み付録Bに掲載の型紙を参考にするとよい。

作り方

①中心と切り替えを縫う。
②肩を縫う。
③前襟、後ろ襟を作る。
④身頃と見返しを中表に合わせて、前襟、後ろ襟をはさんで襟ぐりを縫う。
⑤袖を作り、付ける。
⑥袖下から脇を縫い、袖口を縫ってゴムテープを通す。
⑦ポケットを作る。
⑧裾を縫う。
⑨前襟にボタンを付ける。

作り方

1.中心と切り替えを縫う

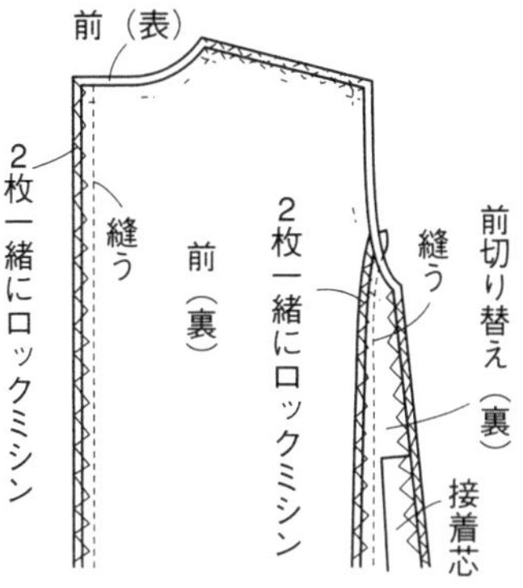
前（表）
2枚一緒にロックミシン
縫う
前（裏）
2枚一緒にロックミシン
縫う
前切り替え（裏）
接着芯

前と後ろをそれぞれ中表に
合わせて中心と切り替えを縫う

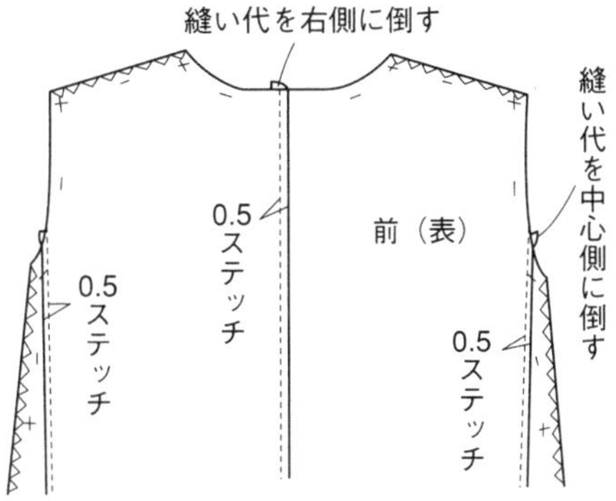
縫い代を右側に倒す
縫い代を中心側に倒す
0.5ステッチ
前（表）
0.5ステッチ
0.5ステッチ

縫い代を片側に倒してステッチする

2.肩を縫う

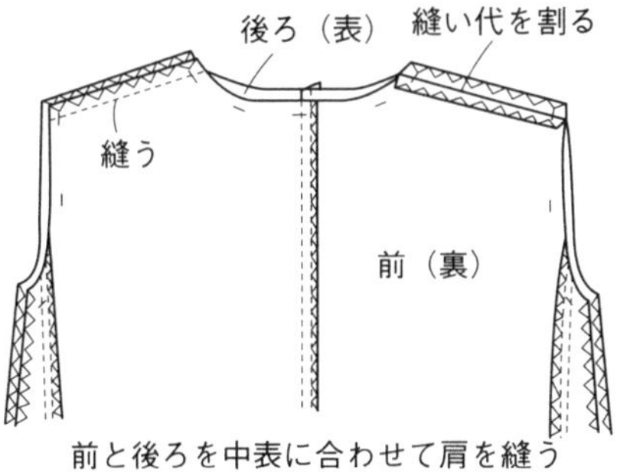
後ろ（表）
縫い代を割る
縫う
前（裏）

前と後ろを中表に合わせて肩を縫う

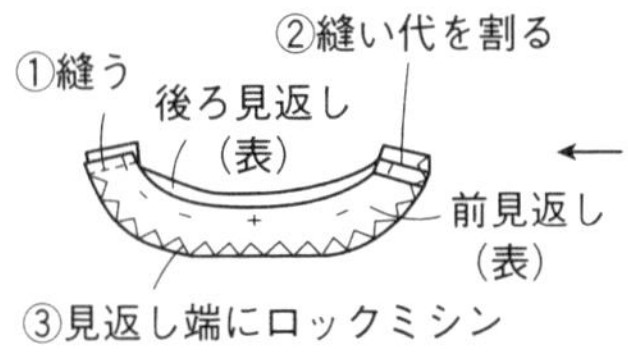
①縫う
②縫い代を割る
後ろ見返し（表）
前見返し（表）
③見返し端にロックミシン

前見返しと後ろ見返しを
中表に合わせて肩を縫う

3.前襟、後ろ襟を作る

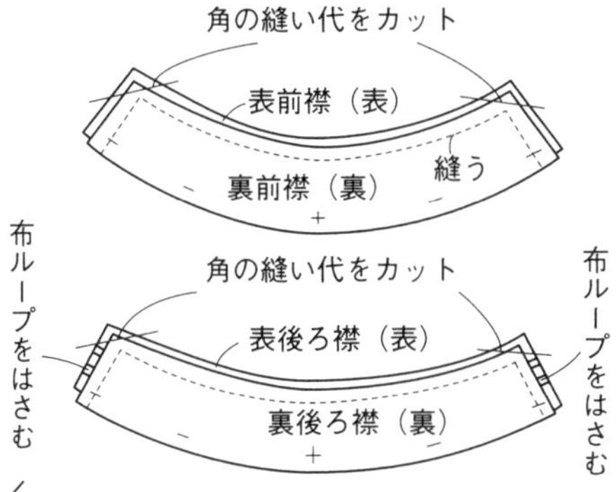
角の縫い代をカット
表前襟（表）
縫う
裏前襟（裏）
角の縫い代をカット
布ループをはさむ
表後ろ襟（表）
布ループをはさむ
裏後ろ襟（裏）

表と裏の前襟、後ろ襟をそれぞれ
中表に合わせて後ろ襟は布ループを
はさんで縫う

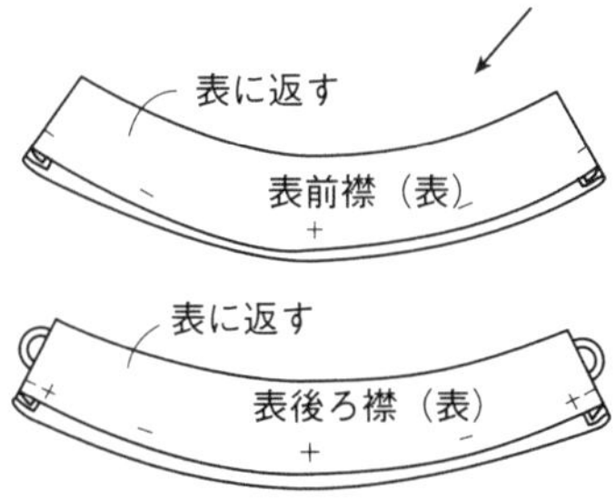
表に返す
表前襟（表）
表に返す
表後ろ襟（表）

表に返し、形を整える

裁ち方

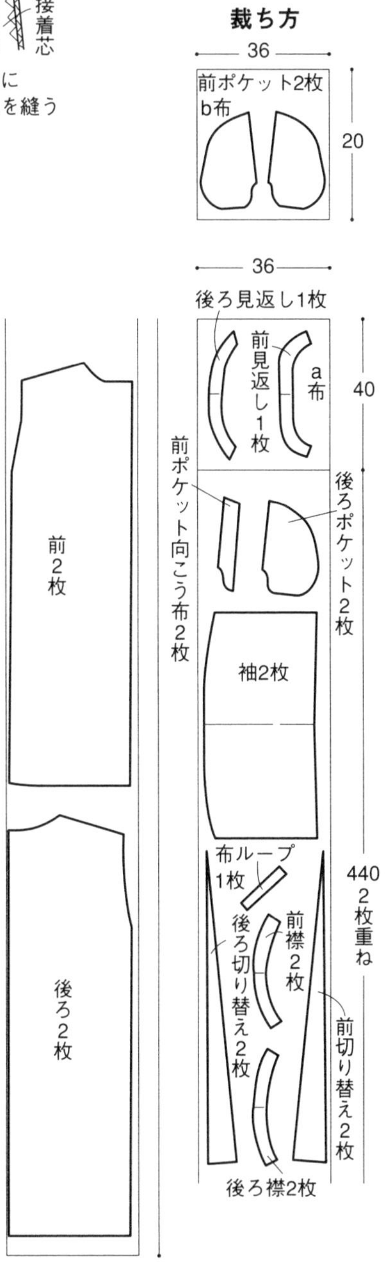
36
前ポケット2枚
b布
20
36
後ろ見返し1枚
前見返し1枚
a布
40
前ポケット向こう布2枚
後ろポケット2枚
袖2枚
前2枚
後ろ2枚
布ループ1枚
後ろ切り替え2枚
前襟2枚
440
2枚重ね
前切り替え2枚
後ろ襟2枚

4.身頃と見返しを中表に合わせて
前襟、後ろ襟をはさんで襟ぐりを縫う

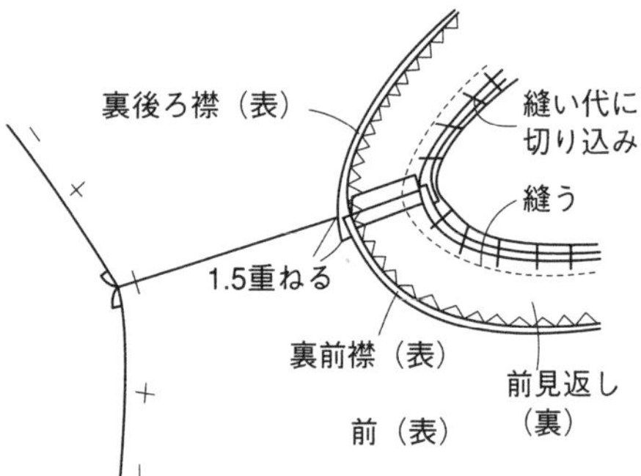
裏後ろ襟（表）
縫い代に
切り込み
縫う
1.5重ねる
裏前襟（表）
前見返し
（裏）
前（表）

身頃に見返しを中表に合わせて
襟をはさんで襟ぐりを縫う

↓

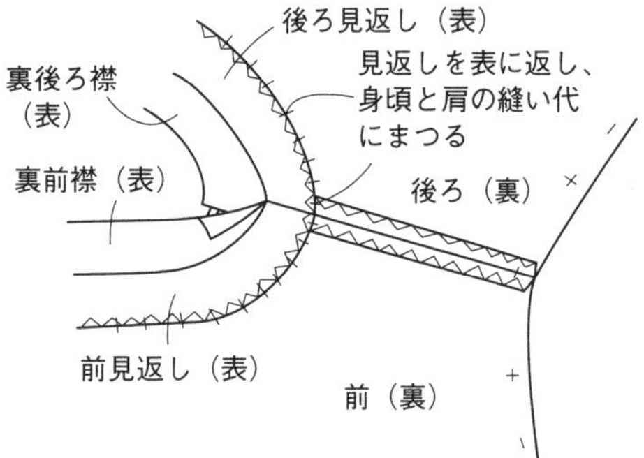
後ろ見返し（表）
裏後ろ襟
（表）
見返しを表に返し、
身頃と肩の縫い代
にまつる
裏前襟（表）
後ろ（裏）
前見返し（表）
前（裏）

見返しを表に返して身頃にまつる

5.袖を作り、付ける

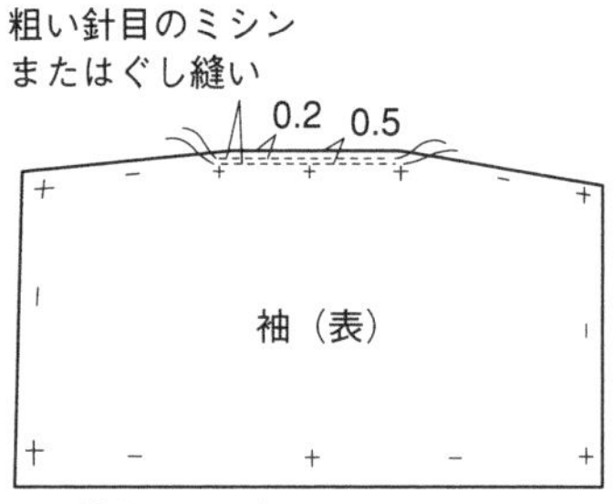
粗い針目のミシン
またはぐし縫い
0.2
0.5
袖（表）

袖山に粗い針目のミシンかける

↓

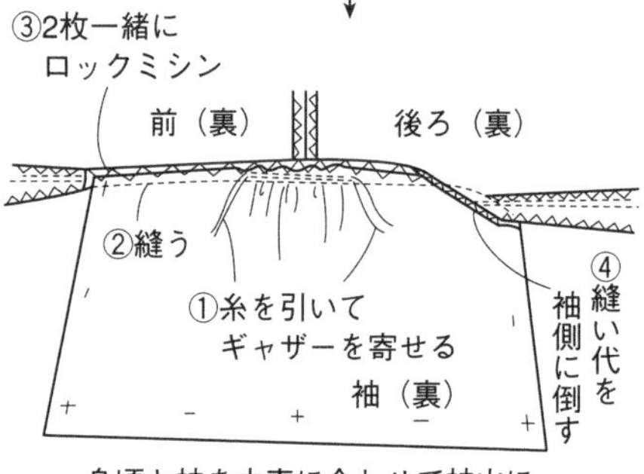
③2枚一緒に
ロックミシン
前（裏）
後ろ（裏）
②縫う
①糸を引いて
ギャザーを寄せる
袖（裏）
④縫い代を袖側に倒す

身頃と袖を中表に合わせて袖山に
ギャザーを寄せ、袖ぐりを縫う

6.袖下から脇を縫い、袖口を縫ってゴムテープを通す

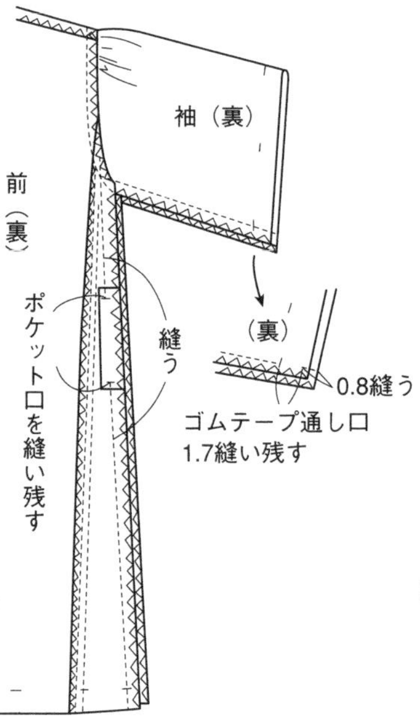
袖（裏）
前（裏）
ポケット口を縫い残す
縫う
（裏）
0.8縫う
ゴムテープ通し口
1.7縫い残す

袖と身頃をそれぞれ中表に
合わせて袖下から脇を縫う

↓

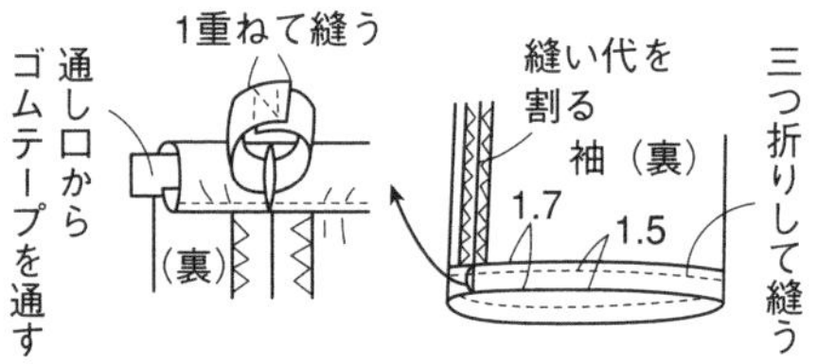
1重ねて縫う
通し口からゴムテープを通す
（裏）
縫い代を
割る
袖（裏）
1.7
1.5
三つ折りして縫う

袖口を三つ折りして縫い、
通し口からゴムテープを通す

7.ポケットを作る

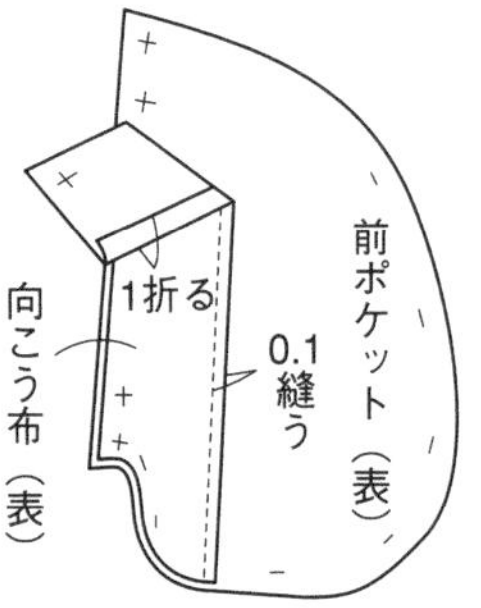
1折る
向こう布（表）
0.1縫う
前ポケット（表）

前ポケットの表面に
向こう布を重ねて縫う

※ポケットの作り方は
97、98ページ参照

8.裾を縫う

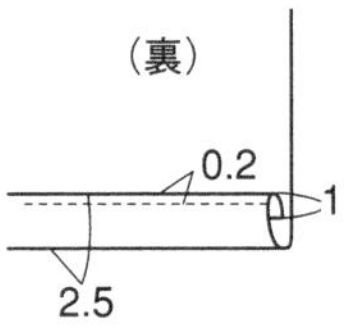
（裏）
0.2
1
2.5

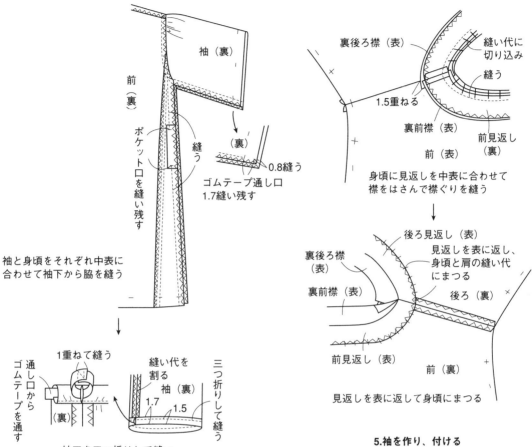

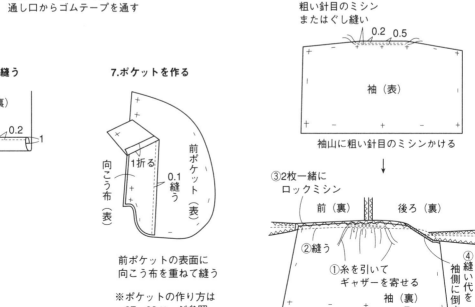

キルティングコート　P.33

●着丈約77cm　身幅約68cm

※指定のないものはすべて縫い代1cm付ける

表襟、裏襟各1枚

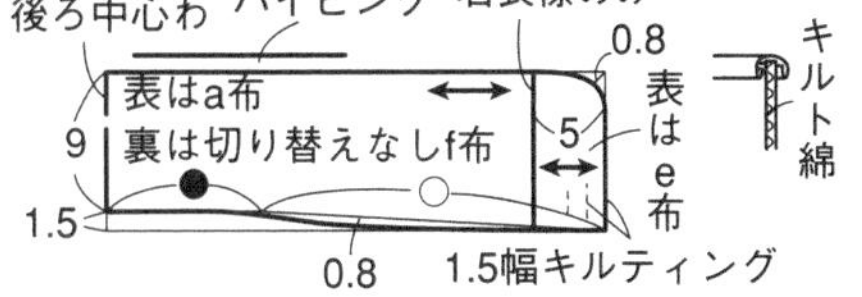
後ろ中心わ
パイピング
右表襟のみ
0.8
表はa布
裏は切り替えなし f布
9
1.5
5
表はe布
キルト綿
0.8
1.5幅キルティング

前、裏前、ポケット、裏ポケット各2枚

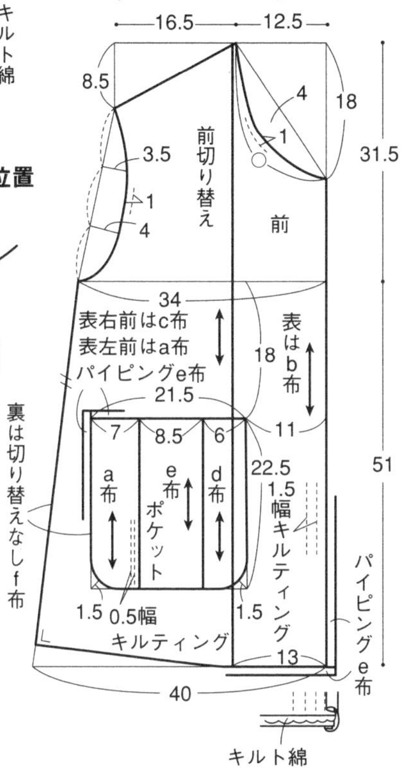
16.5
12.5
8.5
4
18
1
3.5
前切り替え
前
31.5
1
4
34
表右前はc布
表左前はa布
パイピングe布
表はb布
18
21.5
11
裏は切り替えなし f布
7
8.5
6
a布
e布
ポケット
d布
22.5
1.5幅キルティング
51
1.5
0.5幅キルティング
1.5
パイピングe布
13
40
キルト綿

布ループ・ボタン付け位置

14間隔に4個付ける

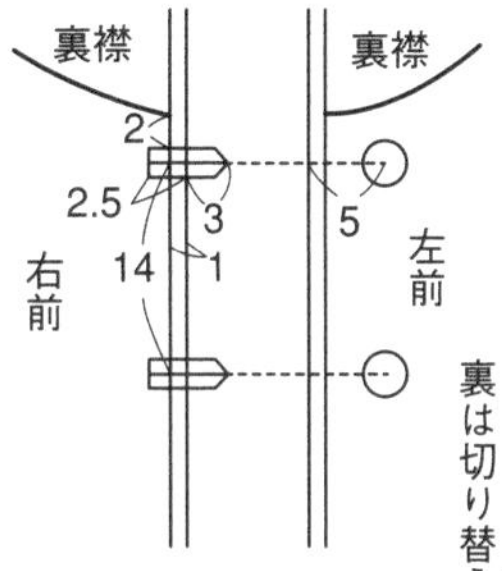
裏襟
裏襟
2
2.5
3
5
14
1
右前
左前

布ループ4枚

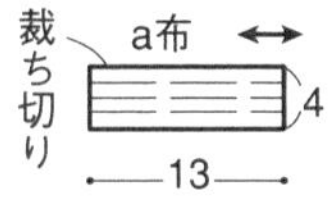
裁ち切り
a布
4
13

前袖、後ろ袖、裏袖各2枚

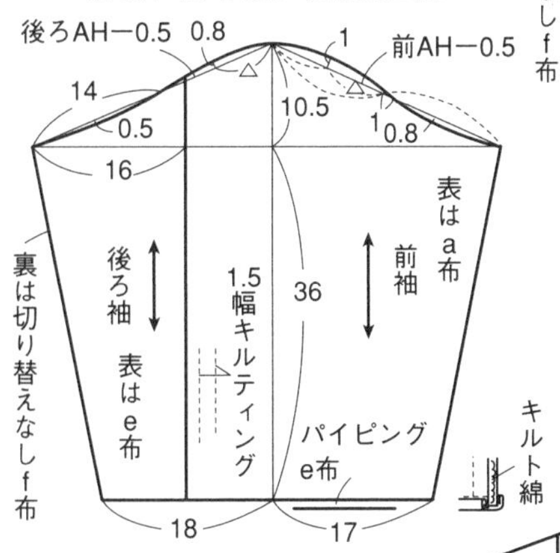
後ろAH－0.5
0.8
1
前AH－0.5
14
0.5
10.5
1
0.8
16
裏は切り替えなし f布
後ろ袖
表はe布
1.5幅キルティング
36
前袖
表はa布
パイピングe布
キルト綿
18
17

後ろ、裏後ろ各1枚

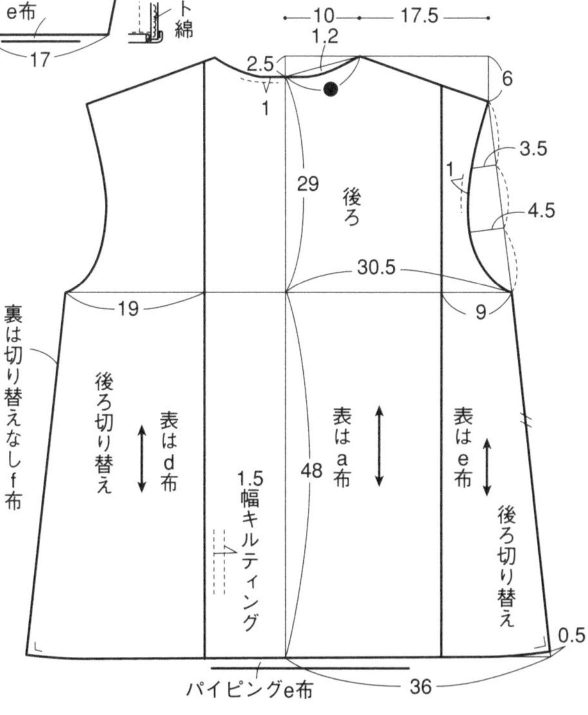
10
17.5
1.2
2.5
1
6
3.5
29
後ろ
1
4.5
30.5
19
9
裏は切り替えなし f布
後ろ切り替え
表はd布
1.5幅キルティング
48
表はa布
表はe布
後ろ切り替え
0.5
パイピングe布
36

作り方順序

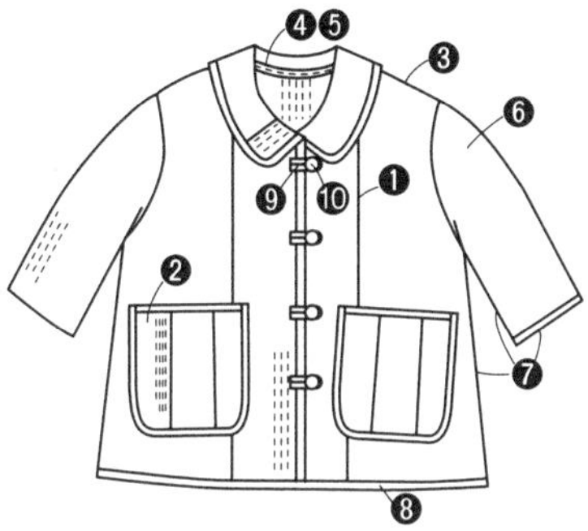
④⑤
③
⑥
①
⑨
⑩
②
⑦
⑧

材料

a布36×340cm　b布36×90cm　c布36×90cm　d布36×90cm　e布36×310cm　f布80×380cm　キルト綿100×300cm　直径3cmくるみボタン4個　直径0.7cm力ボタン4個

作り方のポイント

・襟はとじこみ付録Bに掲載の型紙を参考にするとよい。

作り方

①表前と表後ろの切り替えを縫い、表前と裏前、表後ろと裏後ろを外表に合わせて、キルト綿をはさんでキルティングする。

②ポケットを作り、付ける。

③肩を縫う。

④襟を作る。

⑤表身頃と襟ぐり布を中表に合わせて、襟をはさんで襟ぐりを縫い、前端と襟にパイピングする。

⑥袖を作り、付ける。

⑦袖下から脇を縫い、袖口をパイピングする。

⑧裾をパイピングする。

⑨布ループを作り、付ける。

⑩くるみボタンと力ボタンを付ける。

裁ち方

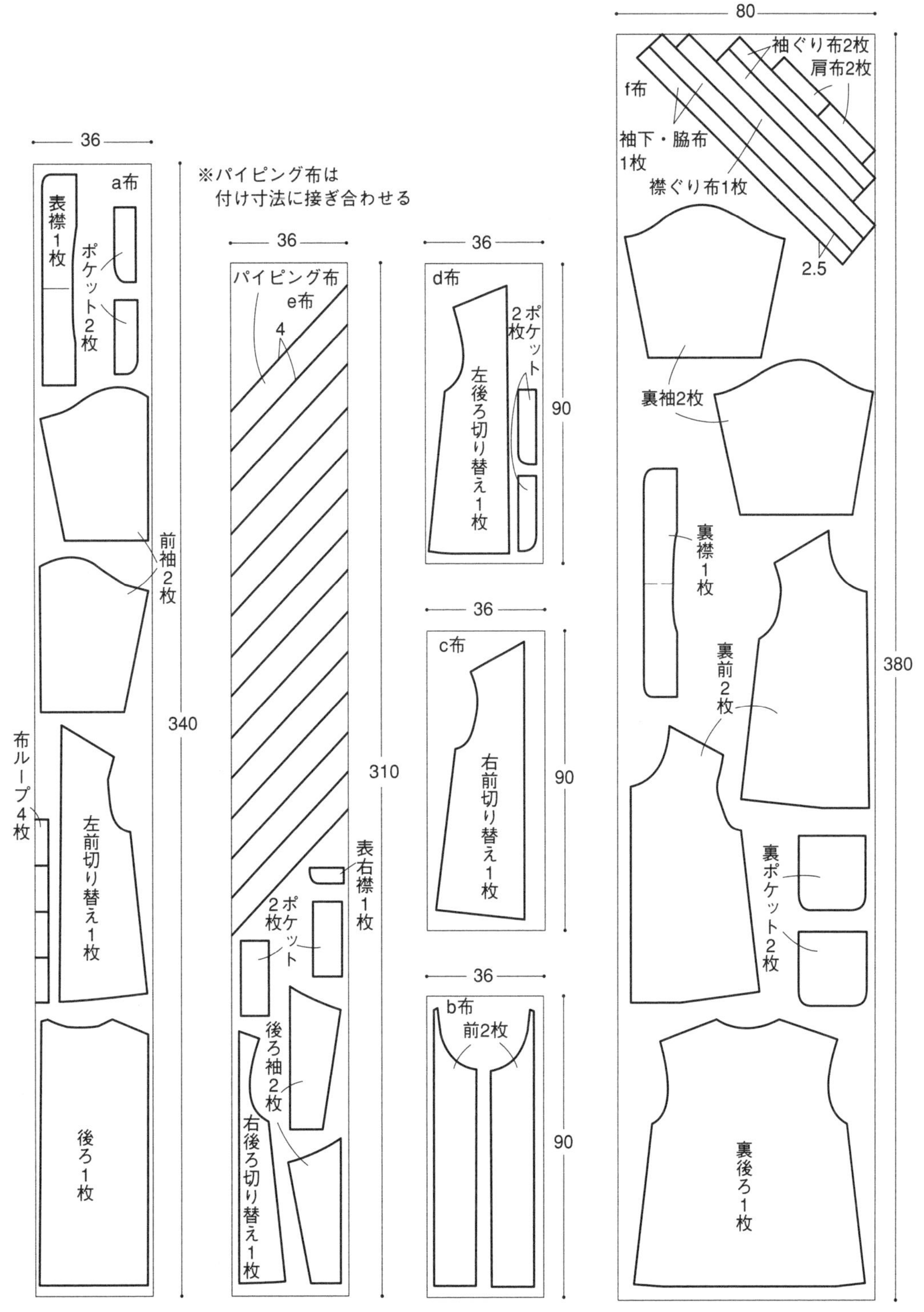
36
a布
表襟1枚
ポケット2枚
前袖2枚
布ループ4枚
左前切り替え1枚
後ろ1枚
340
※パイピング布は
付け寸法に接ぎ合わせる
36
パイピング布
e布
4
表右襟1枚
ポケット2枚
後ろ袖2枚
右後ろ切り替え1枚
310
36
d布
ポケット2枚
左後ろ切り替え1枚
90
36
c布
右前切り替え1枚
90
36
b布
前2枚
90
80
袖ぐり布2枚
肩布2枚
f布
袖下・脇布1枚
襟ぐり布1枚
2.5
裏袖2枚
裏襟1枚
裏前2枚
裏ポケット2枚
裏後ろ1枚
380

すき間でくるみボタンをとる

作り方

1.表前と表後ろ身頃の切り替えを縫い、表前と裏前、表後ろと裏後ろを外表に合わせてキルト綿をはさんでキルティングする

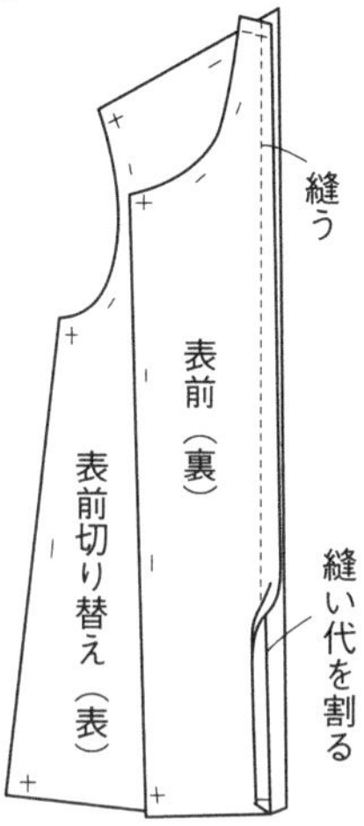

表前と表後ろをそれぞれ中表に合わせて切り替えを縫う

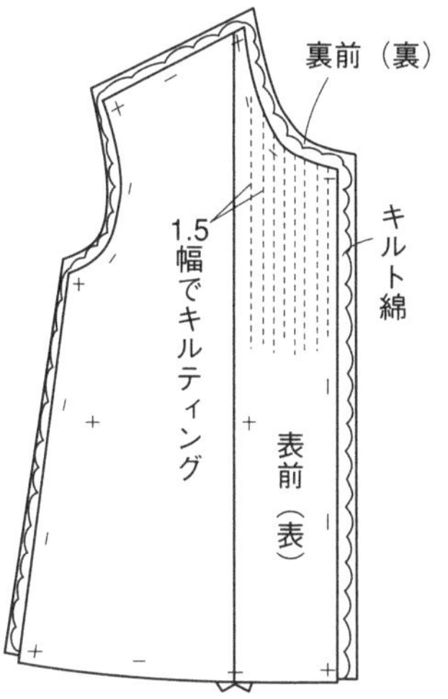

表前（表後ろ）と裏前（裏後ろ）を外表に合わせて間にキルト綿をはさんでキルティングする

2.ポケットを作り、付ける

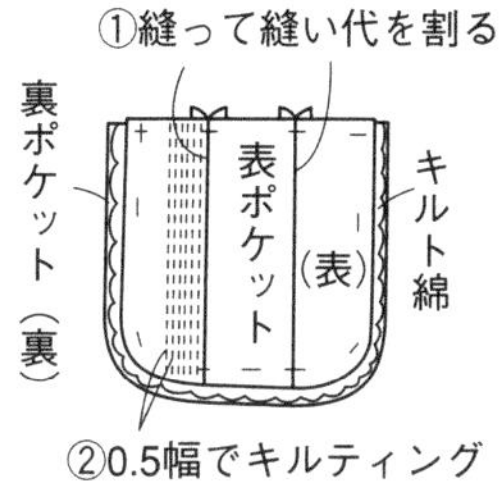

表ポケットの切り替えを縫い裏ポケットと外表に合わせて間にキルト綿をはさんでキルティングする

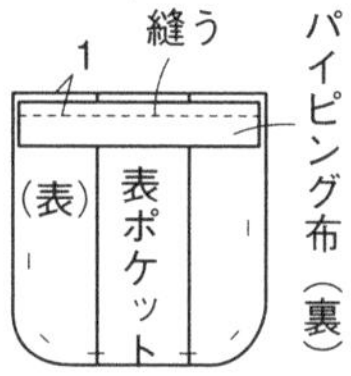

表ポケットとパイピング布を中表に合わせてポケット口を縫う

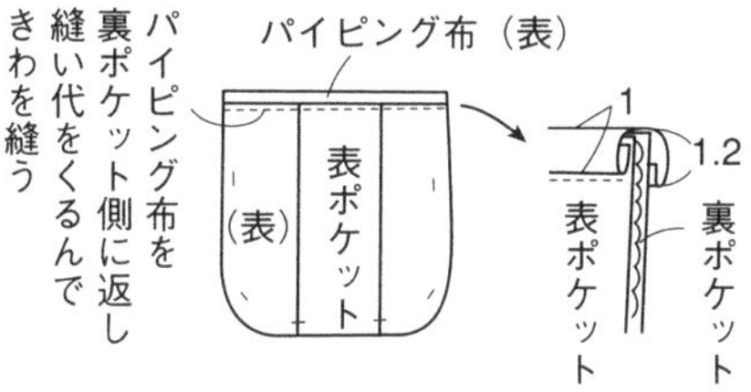

パイピング布を裏ポケット側に返し、縫い代をくるんで縫う

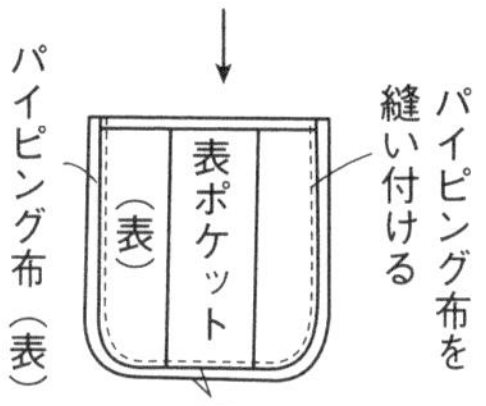

ポケットの周囲にパイピング布を縫い付ける

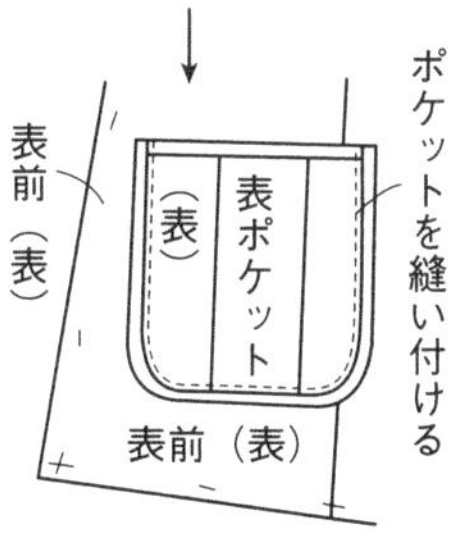

ポケットを前に縫い付ける

3.肩を縫う

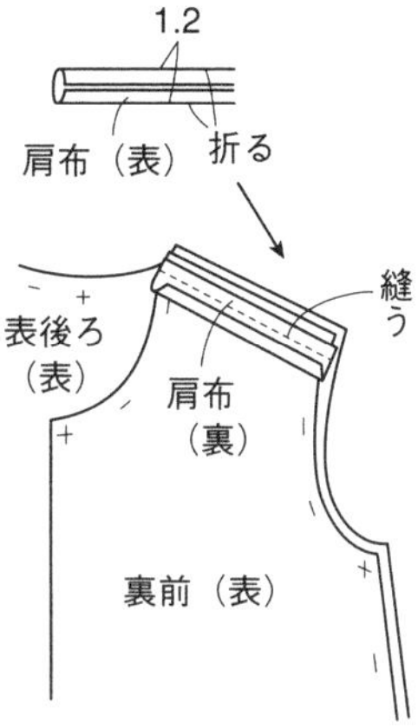

表前と表後ろを中表に合わせて裏前に肩布を重ねて肩を縫う

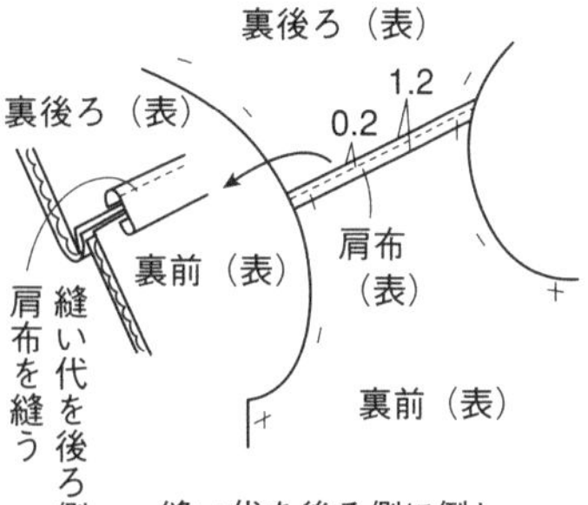

縫い代を後ろ側に倒し肩布を表に返して縫う

4.襟を作る

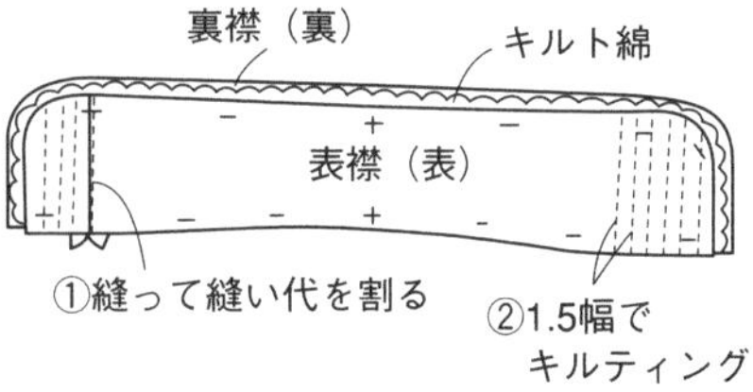

表襟の切り替えを縫い、裏襟と外表に合わせて、間にキルト綿をはさんでキルティングする

5.表身頃と襟ぐり布を中表に合わせて、襟をはさんで襟ぐりを縫い、前端と襟にパイピングする

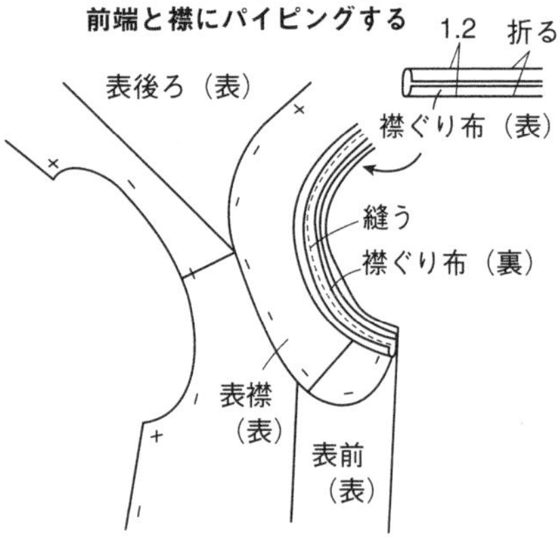
1.2
折る
表後ろ（表）
襟ぐり布（表）
縫う
襟ぐり布（裏）
表襟
（表）
表前
（表）

表身頃と襟ぐり布を中表に合わせて
襟をはさんで襟ぐりを縫う

↓

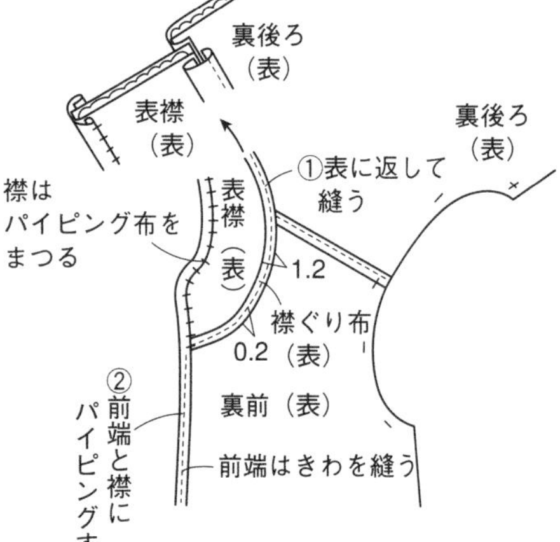
裏後ろ
（表）
表襟
（表）
裏後ろ
（表）
①表に返して
縫う
襟は
パイピング布を
まつる
表襟
（表）
1.2
襟ぐり布
0.2（表）
裏前（表）
②前端と襟に
パイピングする
前端はきわを縫う

襟ぐり布を表に返して縫う
前端と襟にパイピングする

6.袖を作り、付ける

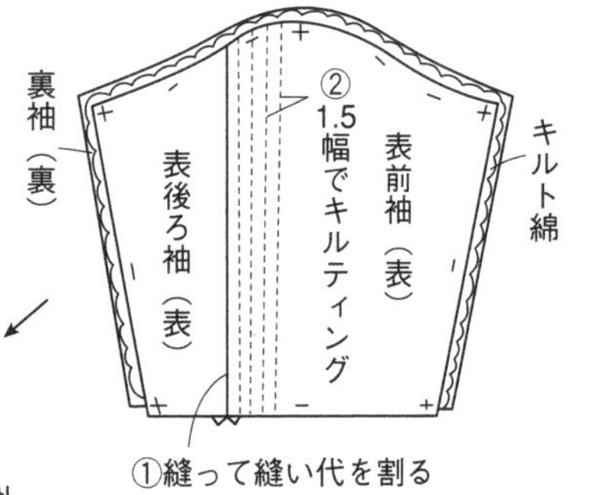
裏袖（裏）
②
1.5幅でキルティング
表前袖（表）
表後ろ袖（表）
キルト綿
①縫って縫い代を割る

表前と表後ろの袖を縫って縫い代を割る
表袖と裏袖を中表に合わせて間に
キルト綿をはさんでキルティングする

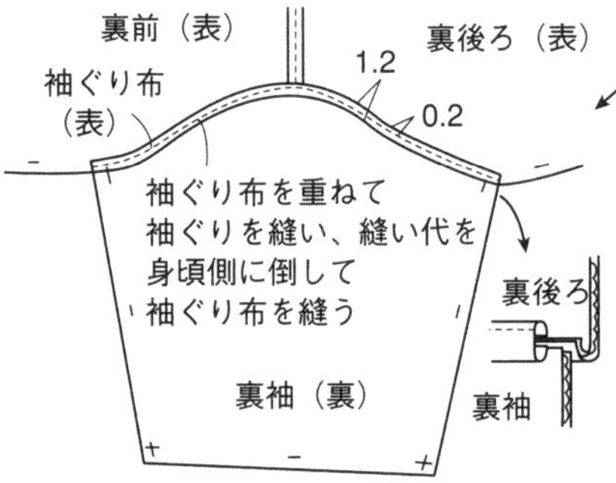
裏前（表）
裏後ろ（表）
1.2
袖ぐり布
（表）
0.2
袖ぐり布を重ねて
袖ぐりを縫い、縫い代を
身頃側に倒して
袖ぐり布を縫う
裏後ろ
裏袖
裏袖（裏）

身頃と袖を中表に合わせて
袖ぐり布を重ねて袖ぐりを縫う

7.袖下から脇を縫い、袖口をパイピングする

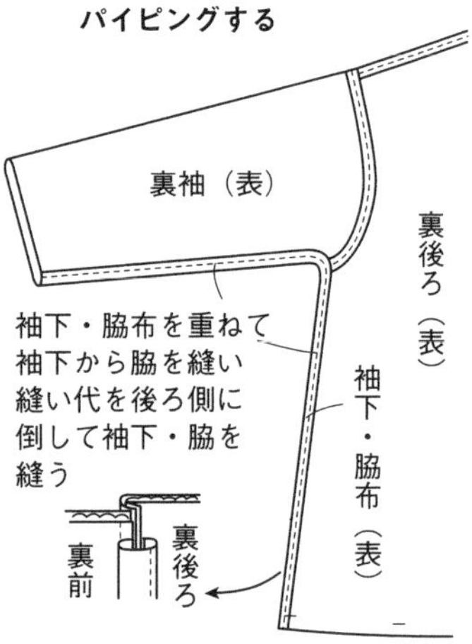
裏袖（表）
裏後ろ（表）
袖下・脇布を重ねて
袖下から脇を縫い
縫い代を後ろ側に
倒して袖下・脇を
縫う
袖下・脇布（表）
裏前
裏後ろ

袖と身頃をそれぞれ中表に
合わせて袖下・脇布を重ねて
袖下から脇を縫う

↓

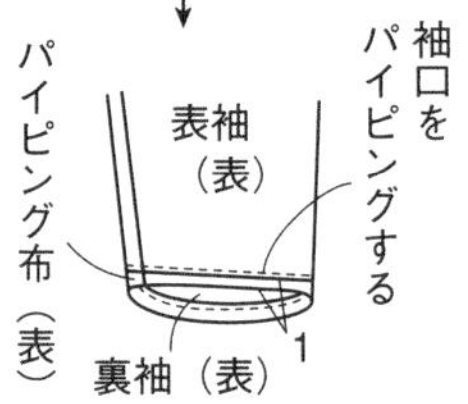
袖口を
パイピングする
パイピング布（表）
表袖
（表）
裏袖（表）
1

袖口をパイピングする

8.裾をパイピングする

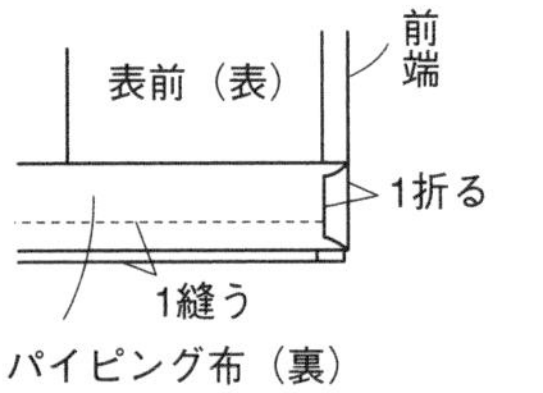
前端
表前（表）
1折る
1縫う
パイピング布（裏）

↓

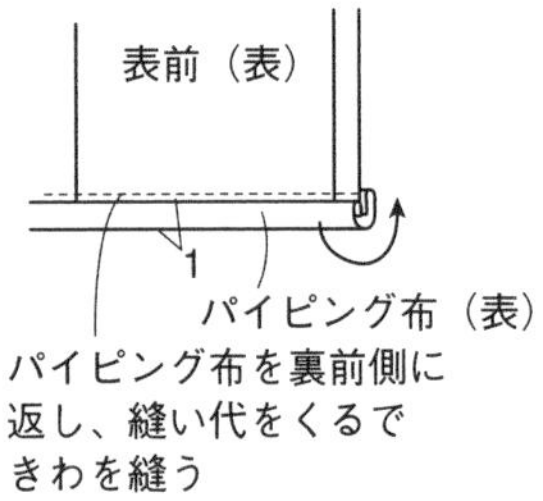
表前（表）
1
パイピング布（表）
パイピング布を裏前側に
返し、縫い代をくるで
きわを縫う

裾をパイピングする

9.布ループを作り、付ける

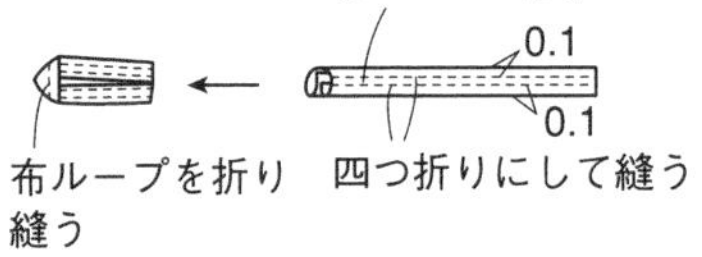
布ループ（表）
0.1
0.1
布ループを折り
縫う
四つ折りにして縫う

布ループを四つ折りにして縫う

↓

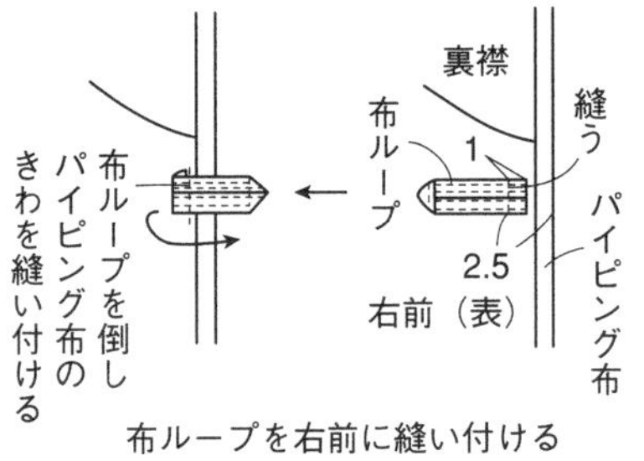
裏襟
縫う
布ループ
1
2.5
右前（表）
パイピング布
布ループを倒し
パイピング布の
きわを縫い付ける

布ループを右前に縫い付ける

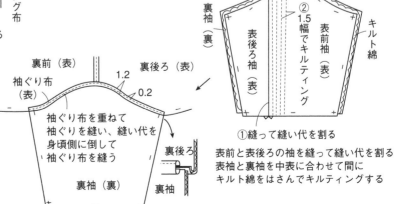

フード付きコート

P.34

●着丈約112cm　身幅約58cm

※○の数字は縫い代。指定のないものはすべて1cm付ける

後ろヨーク、後ろ各2枚

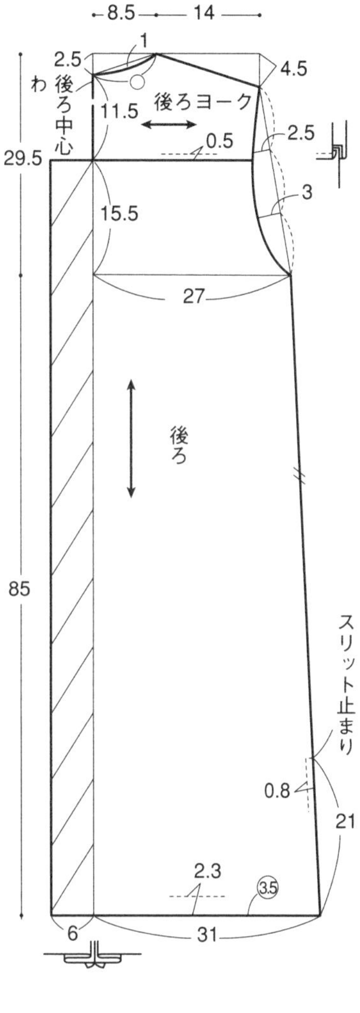

8.5
14
1
2.5
4.5
わ
後ろ中心
11.5
後ろヨーク
0.5
2.5
29.5
15.5
3
27
後ろ
85
スリット止まり
0.8
21
2.3
3.5
6
31

前、前見返し、ポケット、裏ポケット各2枚

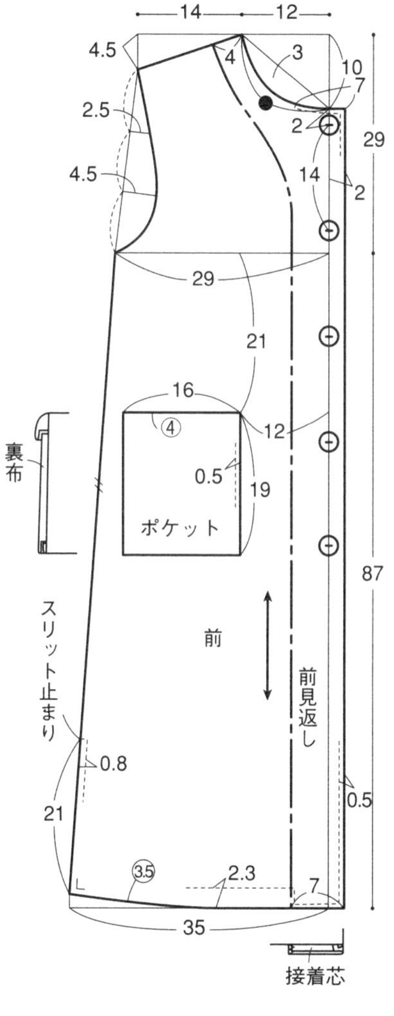

14
12
4.5
4
3
10
7
2.5
2
29
4.5
14
2
29
21
16
4
12
裏布
0.5
19
ポケット
87
スリット止まり
前
前見返し
0.8
0.5
21
3.5
2.3
7
35
接着芯

フード2枚

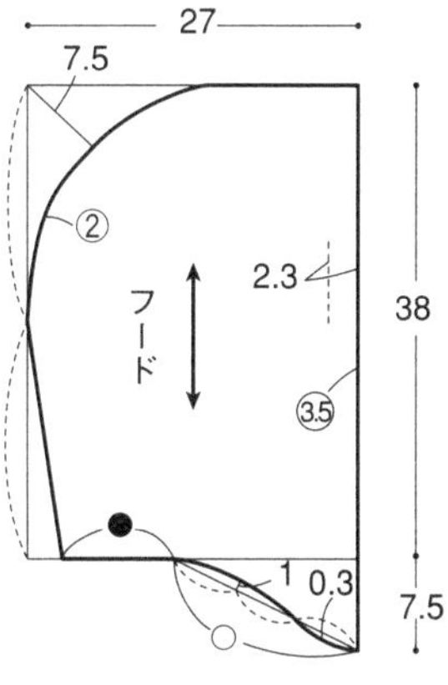

27
7.5
2
2.3
フード
38
3.5
1
0.3
7.5

前袖、後ろ袖各2枚

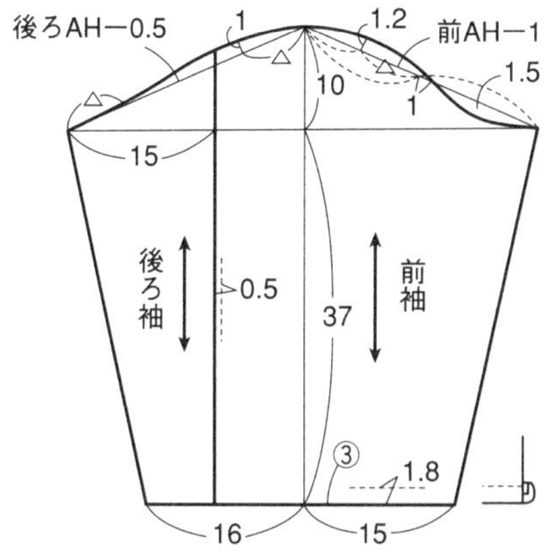

後ろAH－0.5
1
1.2
前AH－1
1.5
10
1
15
後ろ袖
0.5
前袖
37
3
1.8
16
15

作り方順序

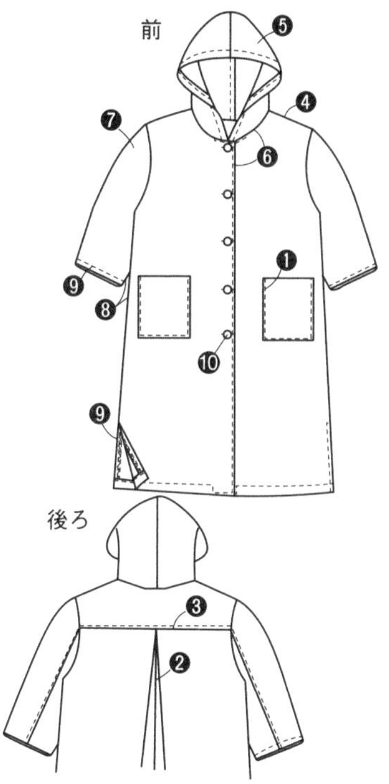

前
後ろ

材料

表布39×980cm　ポケット裏布40×30cm　接着芯50×120cm　直径2.5cmくるみボタン5個

作り方のポイント

・身頃の肩、後ろ中心、脇、袖下、前見返しの布端にロックミシンまたはジグザグミシンをかける。

・前見返しに接着芯をはる。

・くるみボタンの作り方は60ページ参照。ポケットの作り方は62ページも参照。

・フードはとじこみ付録Bに掲載の型紙を参考にするとよい。

作り方

①ポケットを作り、付ける。

②後ろ中心を縫い、タックをたたむ。

③後ろ身頃に表ヨークを付ける。

④肩を縫う。

⑤フードを作る。

⑥フードをはさんで、前端、襟ぐりを縫う。

⑦袖を作り、付ける。

⑧袖下から脇を縫う。

⑨スリットあき、裾、袖口を縫う。

⑩ボタンホールを作り、くるみボタンを付ける。

裁ち方

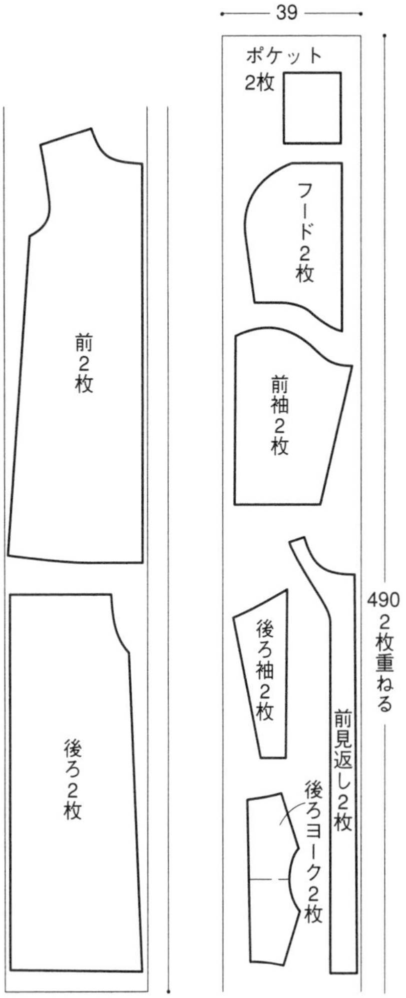
39
ポケット2枚
フード2枚
前2枚
前袖2枚
後ろ2枚
後ろ袖2枚
前見返し2枚
後ろヨーク2枚
490
2枚重ねる

すき間でくるみボタンをとる

※ほかに裏ポケットをとる

作り方

1.ポケットを作り、付ける

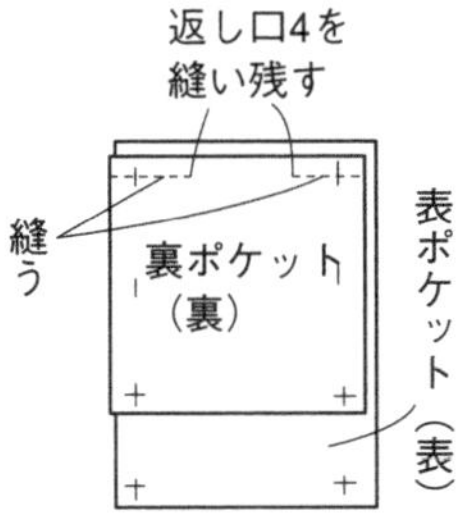
返し口4を縫い残す
縫う
裏ポケット（裏）
表ポケット（表）

表と裏のポケットを中表に合わせて縫う

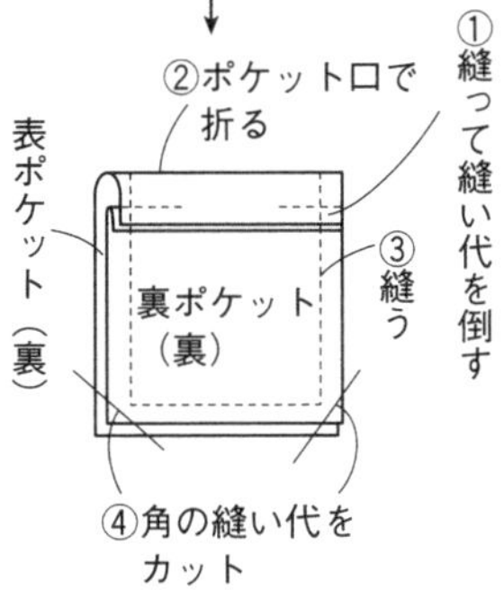
①縫って縫い代を倒す
②ポケット口で折る
表ポケット（裏）
裏ポケット（裏）
③縫う
④角の縫い代をカット

ポケット口で折り、周囲を縫う

表に返し、返し口をまつる

裏ポケット（表）

表に返して返し口をまつる

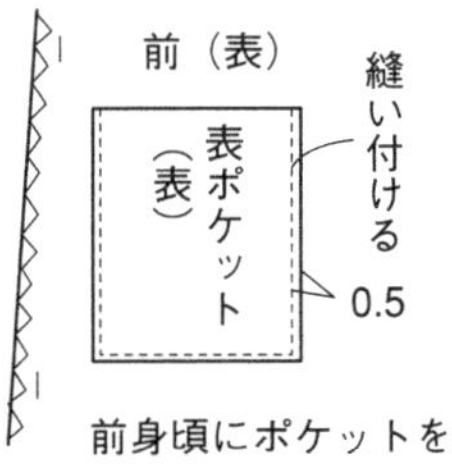
前（表）
表ポケット（表）
縫い付ける
0.5

前身頃にポケットを縫い付ける

2.後ろ中心を縫い、タックをたたむ

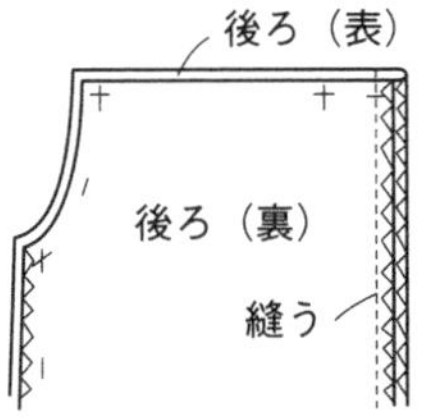
後ろ（表）
後ろ（裏）
縫う

後ろを中表に合わせて後ろ中心を縫う

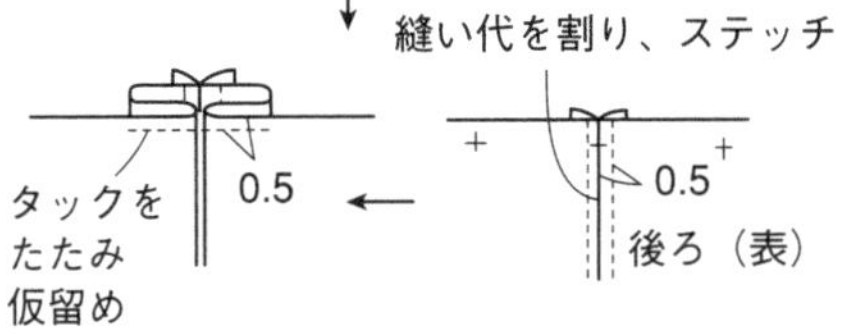
縫い代を割り、ステッチ
タックをたたみ仮留め
0.5
0.5
後ろ（表）

後ろ中心の縫い代を割り、タックをたたむ

3.後ろ身頃に表ヨークを付ける

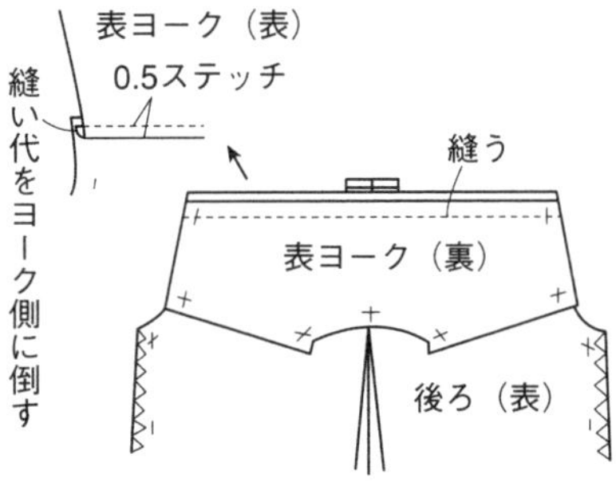
表ヨーク（表）
0.5ステッチ
縫い代をヨーク側に倒す
縫う
表ヨーク（裏）
後ろ（表）

後ろと表ヨークを中表に合わせて縫う

4.肩を縫う

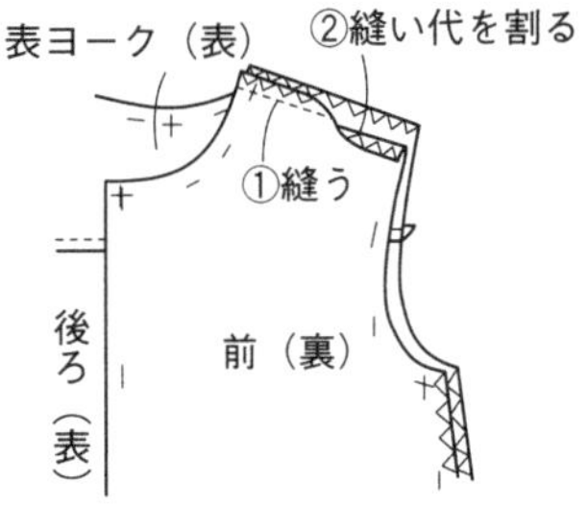
表ヨーク（表）
②縫い代を割る
①縫う
後ろ（表）
前（裏）

前と表ヨークを中表に合わせて肩を縫う

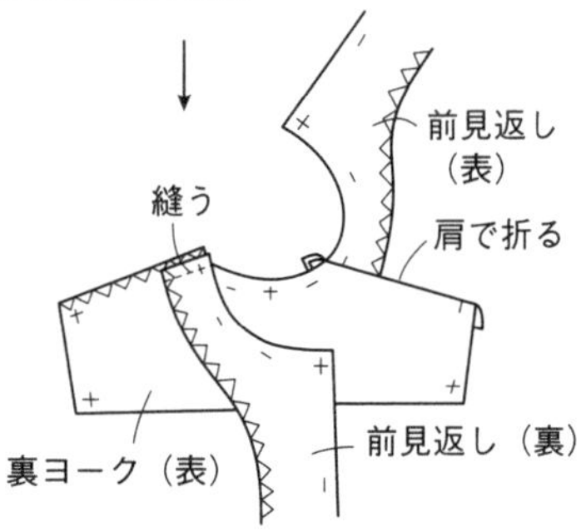
前見返し（表）
縫う
肩で折る
裏ヨーク（表）
前見返し（裏）

裏ヨークと前見返しを中表に合わせて肩を縫う

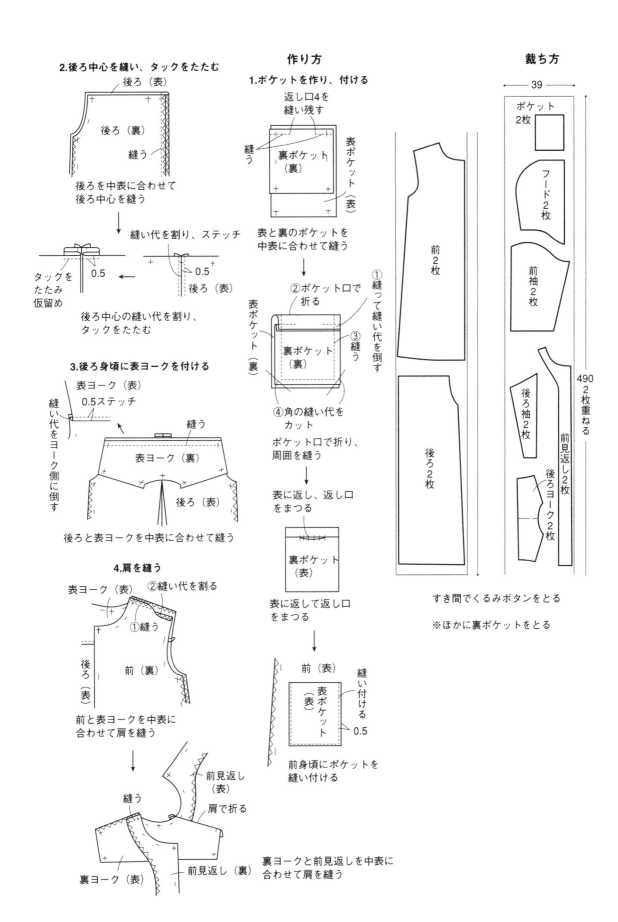

5.フードを作る

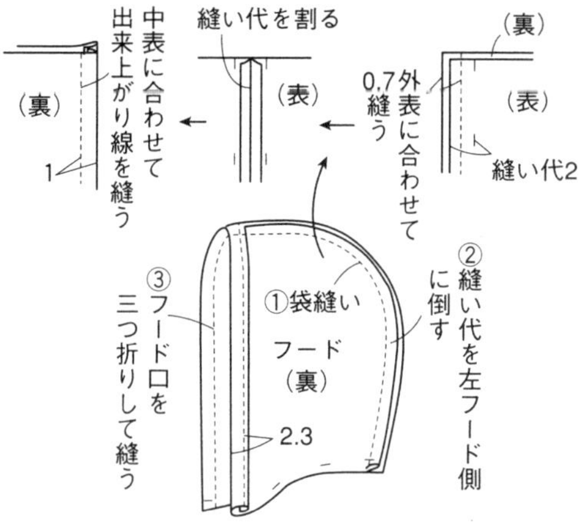
中表に合わせて
出来上がり線を縫う
（裏）
1
縫い代を割る
（表）
（裏）
（表）
0.7
外表に合わせて
縫う
縫い代2
①袋縫い
フード
（裏）
②縫い代を左フード側に倒す
③フード口を三つ折りして縫う
2.3

6.フードをはさんで、前端、襟ぐりを縫う

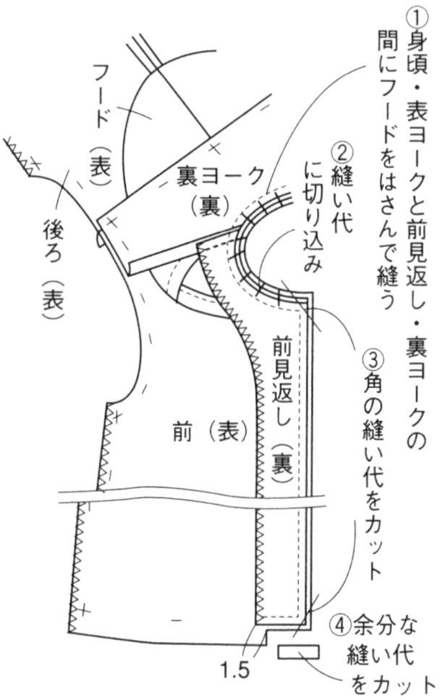
①身頃・表ヨークと前見返し・裏ヨークの間にフードをはさんで縫う
フード（表）
後ろ（表）
裏ヨーク
（裏）
②縫い代に切り込み
前見返し（裏）
③角の縫い代をカット
前（表）
④余分な縫い代をカット
1.5

身頃・表ヨークと前見返し・裏ヨークを
中表に合わせてフードをはさんで
前端、襟ぐりを縫う

↓

後ろ（裏）
裏ヨーク
（表）
フード（裏）
表ヨーク（裏）
①表に返す
②裏ヨークの縫い代を折り、まつる
前（裏）

表に返し、裏ヨークを
折ってまつる

7.袖を作り、付ける

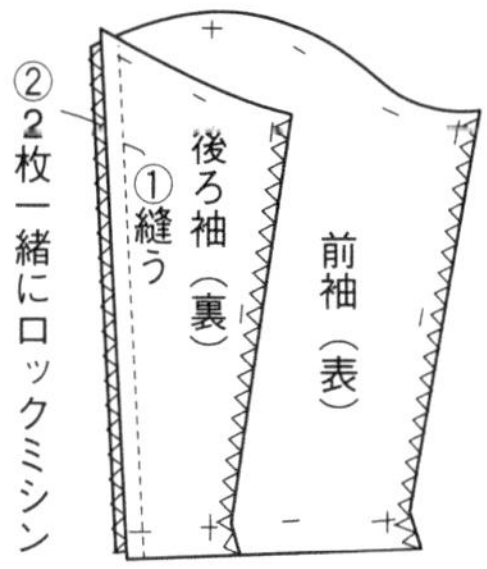
②2枚一緒にロックミシン
①縫う
後ろ袖（裏）
前袖（表）

前と後ろの袖を
中表に合わせて縫う

↓

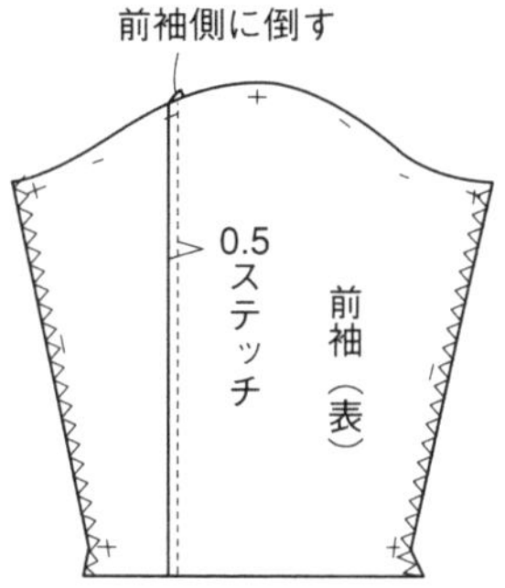
前袖側に倒す
0.5
ステッチ
前袖（表）

縫い代を前袖側に
倒し、ステッチをする

↓

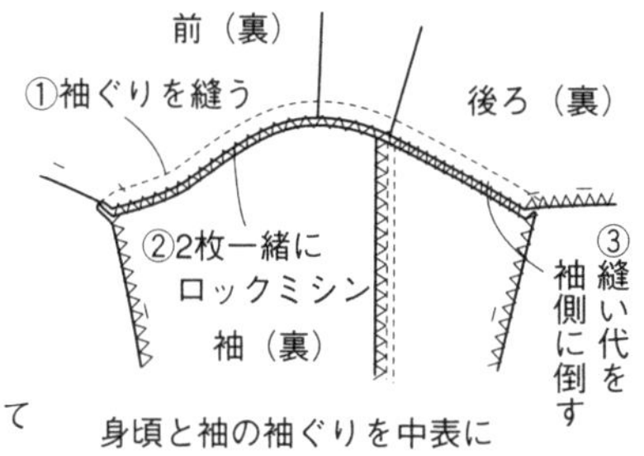
前（裏）
①袖ぐりを縫う
後ろ（裏）
②2枚一緒に
ロックミシン
袖（裏）
③縫い代を袖側に倒す

身頃と袖の袖ぐりを中表に
合わせて縫い、ロックミシンを
かけて縫い代を倒す

8.袖下から脇を縫う

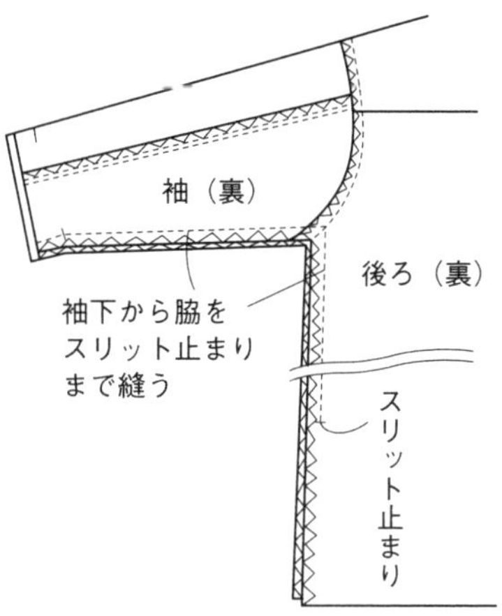
袖（裏）
後ろ（裏）
袖下から脇を
スリット止まり
まで縫う
スリット止まり

9.スリットあき、裾、袖口を縫う

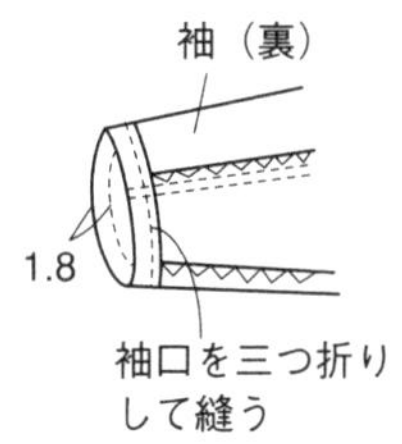
袖（裏）
1.8
袖口を三つ折り
して縫う

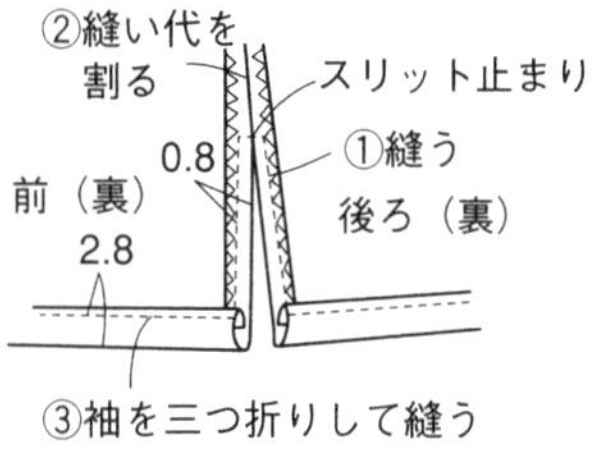
②縫い代を
割る
スリット止まり
0.8
①縫う
前（裏）
後ろ（裏）
2.8
③袖を三つ折りして縫う

スリットあきをスリット止まり
まで縫う
裾と袖口の縫い代を三つ折りして
縫い、裾から続けて前端に
ステッチをする

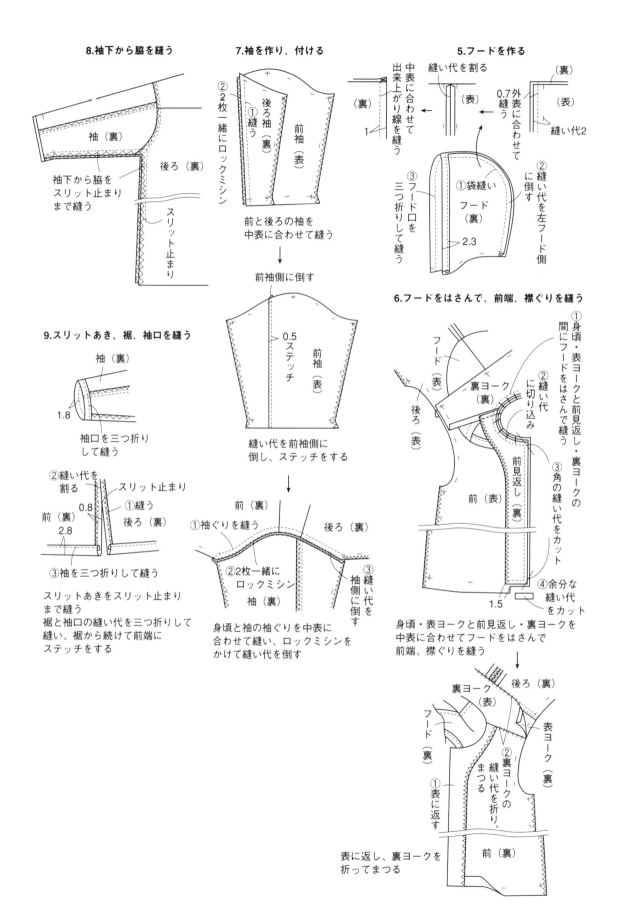

ノーカラーの薄手コート

P.35

●着丈約111cm　身幅約50cm

※○の数字は縫い代。指定のないものはすべて1cm付ける

後ろ、ヨーク各2枚

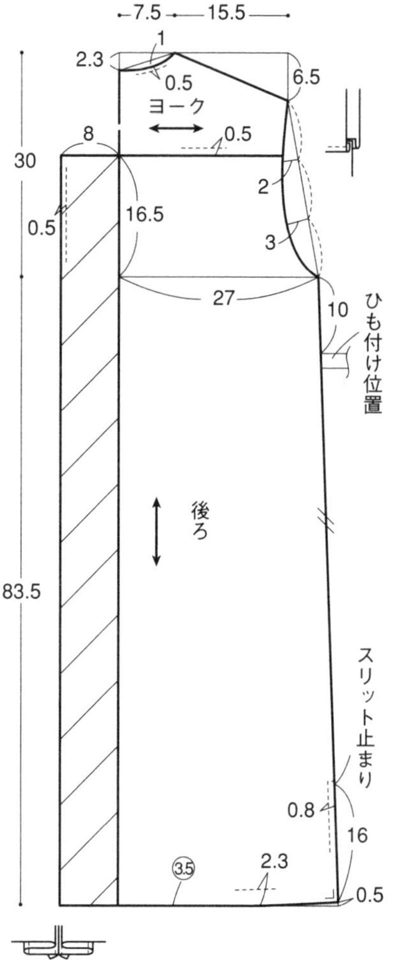

7.5
15.5
1
2.3
0.5
6.5
ヨーク
8
0.5
30
2
16.5
0.5
3
27
10
ひも付け位置
後ろ
83.5
スリット止まり
0.8
16
3.5
2.3
0.5

前、前見返し各2枚
ポケット4枚

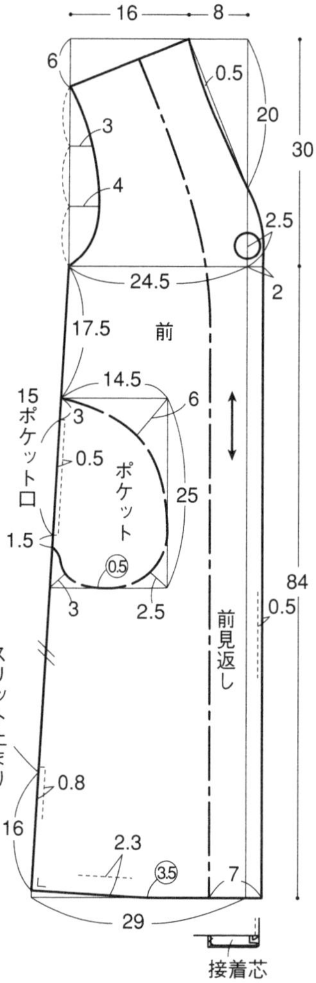

16
8
6
0.5
3
20
4
30
2.5
24.5
2
17.5
前
14.5
15
ポケット口
6
3
0.5
ポケット
25
1.5
0.5
3
2.5
84
0.5
前見返し
スリット止まり
0.8
16
2.3
3.5
7
29
接着芯

ひも2枚

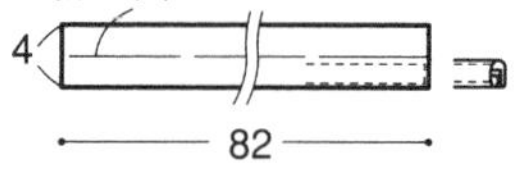

折り山
4
82

袖2枚

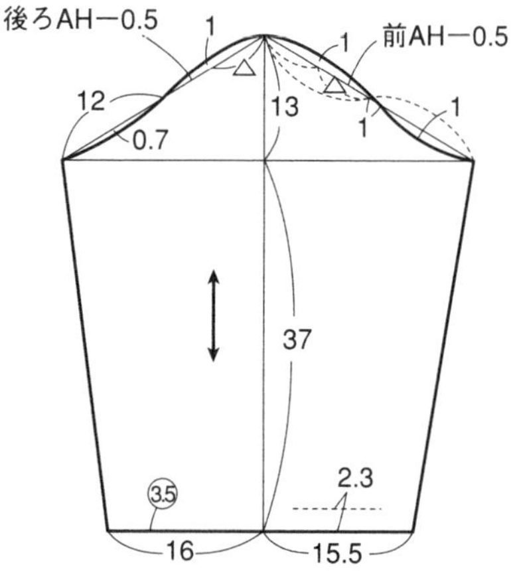

後ろAH−0.5
1
1
前AH−0.5
12
13
1
0.7
1
37
3.5
2.3
16
15.5

作り方順序

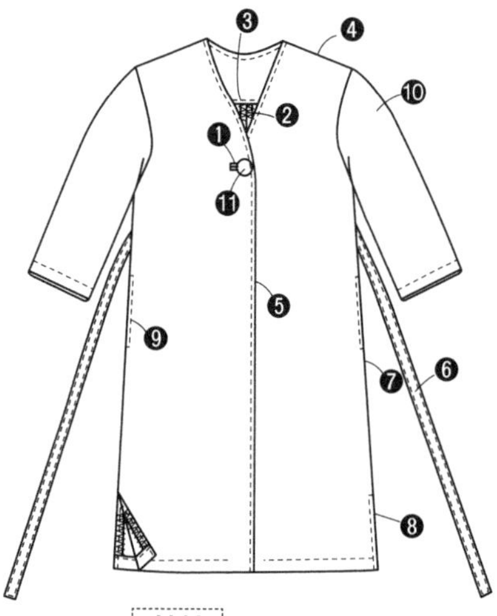

材料

表布45×740cm　接着芯50×120cm　直径3.7cmボタン1個　直径0.7cm力ボタン1個

作り方のポイント

・前身頃と表ヨークの肩、後ろ中心、脇、袖下、前見返しの布端にロックミシンまたはジグザグミシンをかける。

・前見返し、玉縁布に接着芯をはる。

・玉縁ボタンホールの作り方は64ページ参照。

・ポケットの作り方は54〜57ページも参照。

作り方

①玉縁ボタンホールを作る。
②後ろ中心を縫い、タックをたたむ。
③後ろ身頃に表ヨークを付ける。
④肩を縫う。
⑤前端、襟ぐりを縫う。
⑥ひもを作る。
⑦ひもをはさんで、脇を縫う
⑧スリットあき、裾を縫う
⑨ポケットを作る。
⑩袖を作り、付ける。
⑪ボタンと力ボタンを付ける。

裁ち方

すき間で玉縁布をとる

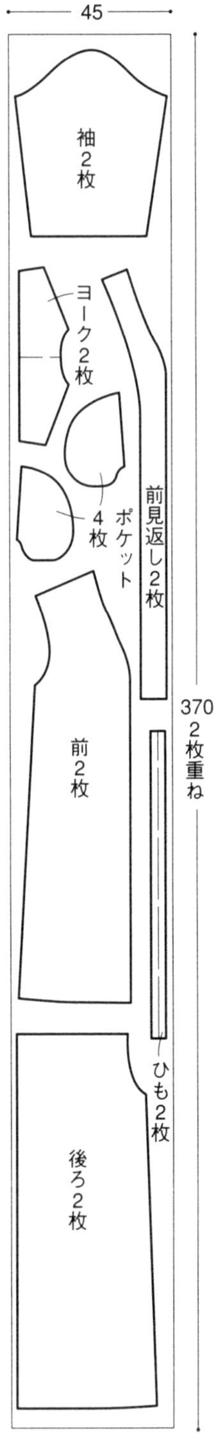

作り方

1.玉縁ボタンホールを作る
作り方は64ページ参照

2.後ろ中心を縫い、タックをたたむ

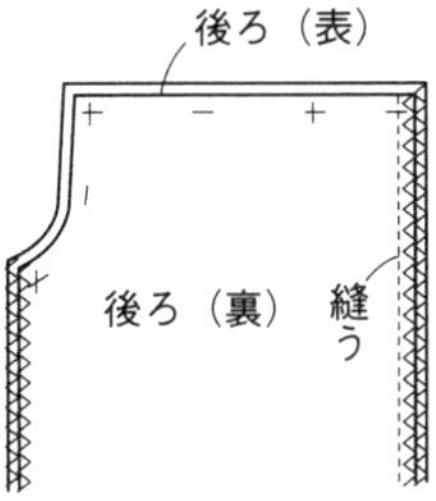

後ろを中表に合わせて
後ろ中心を縫う

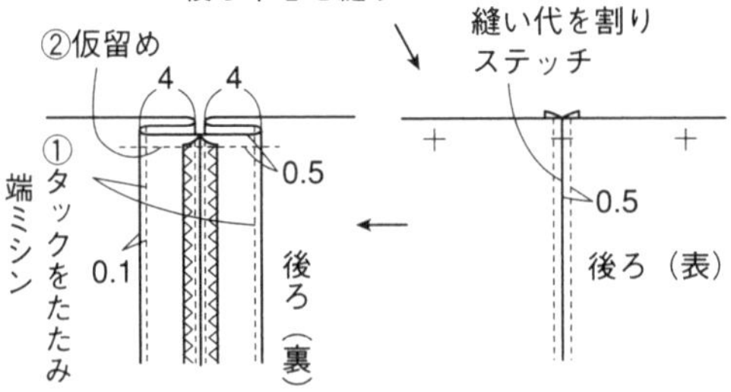

後ろ中心の縫い代を割り、タックをたたむ

3.後ろ身頃に表ヨークを付ける

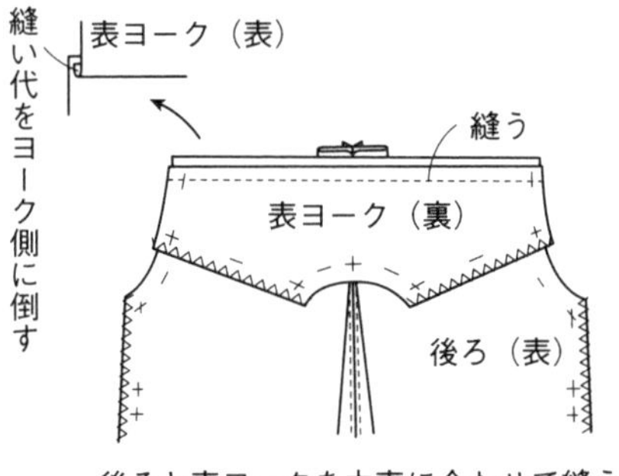

後ろと表ヨークを中表に合わせて縫う

4.肩を縫う

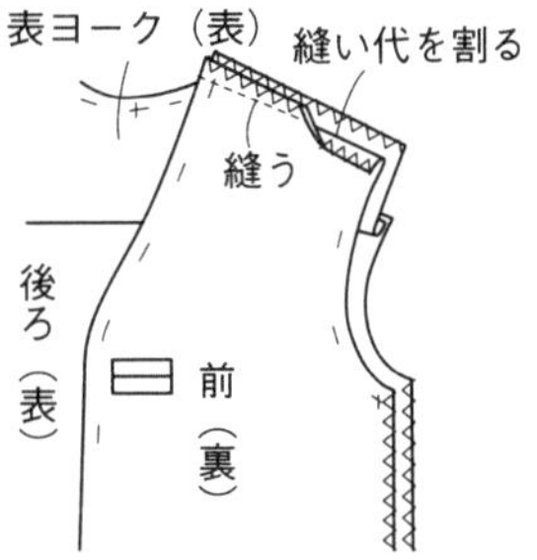

前と表ヨークを中表に
合わせて肩を縫う

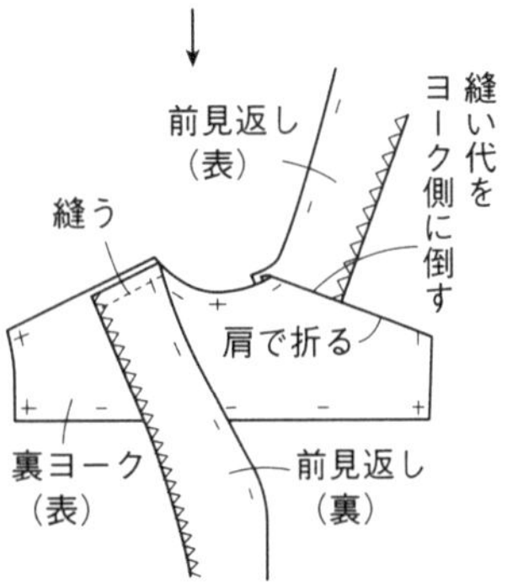

裏ヨークと前見返しを中表に
合わせて肩を縫う

5.前端、襟ぐりを縫う

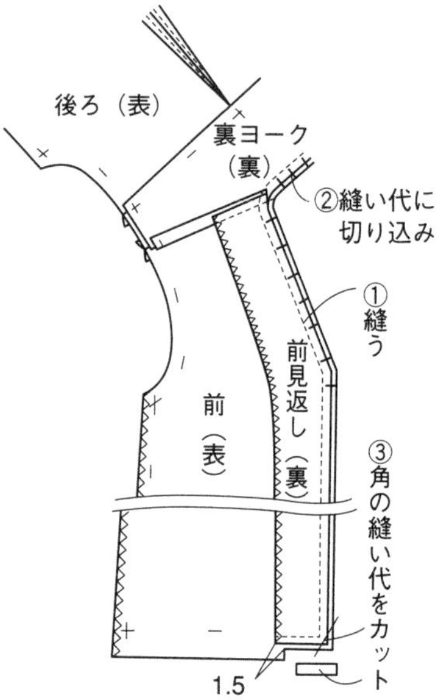
後ろ（表）
裏ヨーク（裏）
②縫い代に切り込み
①縫う
前見返し（裏）
前（表）
③角の縫い代をカット
1.5

身頃・表ヨークと前見返し・裏ヨークを中表に合わせて前端、襟ぐりを縫う

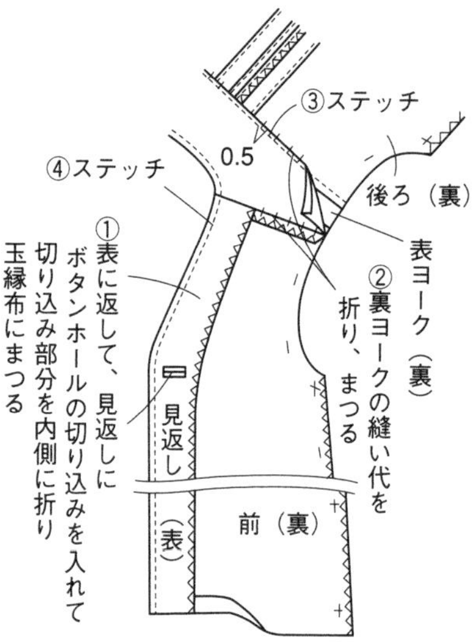
③ステッチ
0.5
④ステッチ
後ろ（裏）
表ヨーク（裏）
②裏ヨークの縫い代を折り、まつる
①表に返して、見返しにボタンホールの切り込みを入れて切り込み部分を内側に折り玉縁布にまつる
見返し（表）
前（裏）

表に返してボタンホールの始末をし、
裏ヨークを折ってまつり、
ヨーク、前端、襟ぐりにステッチする

6.ひもを作る

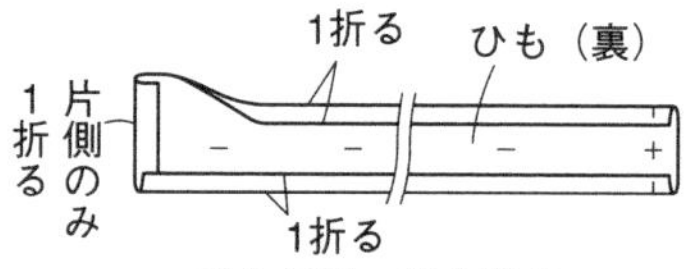
1折る
ひも（裏）
片側のみ1折る
1折る

ひもの縫い代を折る

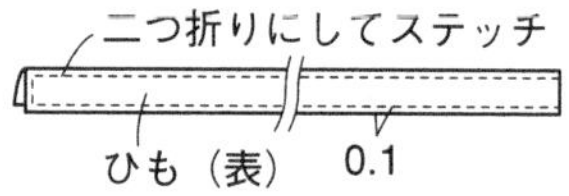
二つ折りにしてステッチ
ひも（表）
0.1

二つ折りにしてステッチする

7.ひもはさんで脇を縫う

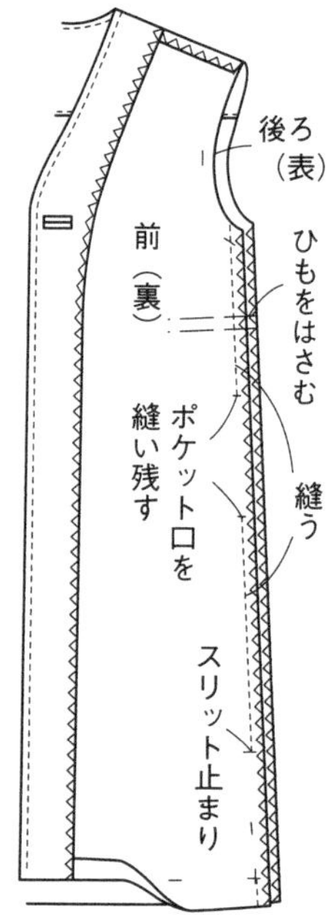
後ろ（表）
前（裏）
ひもをはさむ
ポケット口を縫い残す
縫う
スリット止まり

前と後ろを中表に合わせてひもを
はさんでポケット口を縫い残し
スリット止まりまで脇を縫う

8.スリットあき、裾を縫う

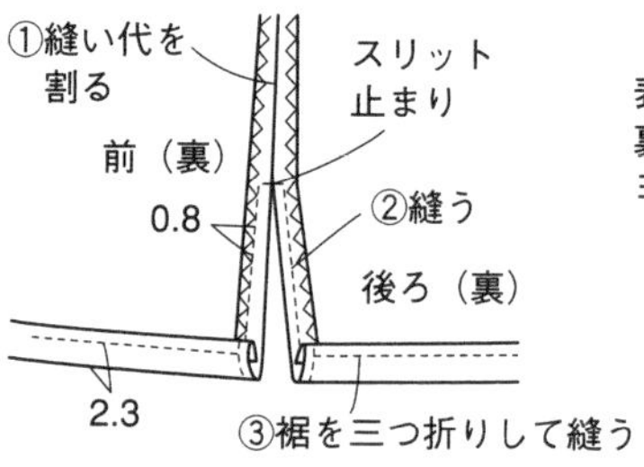
①縫い代を割る
スリット止まり
前（裏）
②縫う
0.8
後ろ（裏）
2.3
③裾を三つ折りして縫う

スリットあきをスリット止まりまで
縫い、裾を三つ折りして縫う

9.ポケットを作る

97、98ページ参照

10.袖を作り、付ける

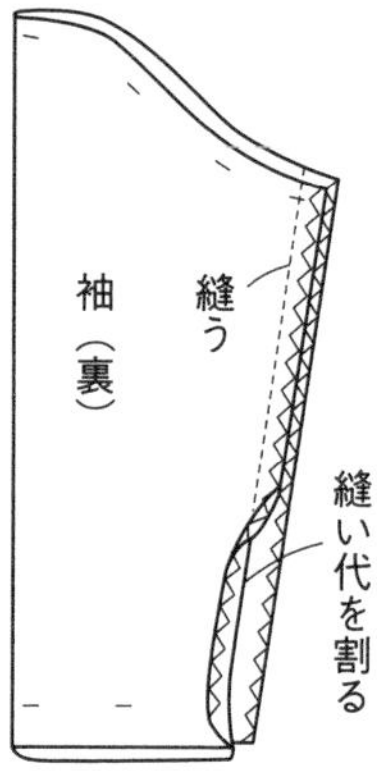
袖（裏）
縫う
縫い代を割る

袖を中表に合わせて
袖下を縫う

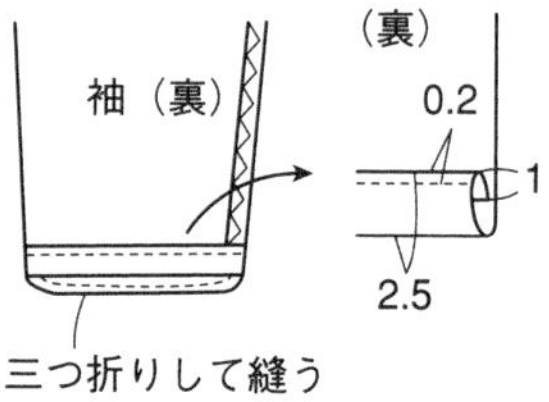
袖（裏）
（裏）
0.2
1
2.5
三つ折りして縫う

袖口を三つ折りして縫う

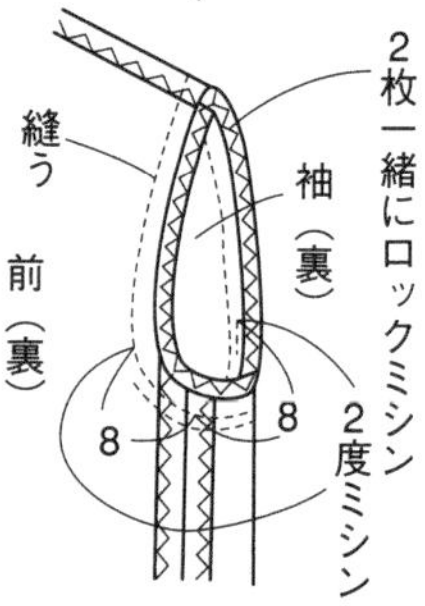
縫う
前（裏）
袖（裏）
2枚一緒にロックミシン
8
8
2度ミシン

身頃と袖の袖ぐりを
中表に合わせて縫う

スタンドカラーのAラインコート

P.36

●着丈約117cm　身幅約55cm

※○の数字は縫い代。指定のないものはすべて1cm付ける

後ろ2枚
裏後ろ、後ろ見返し各1枚

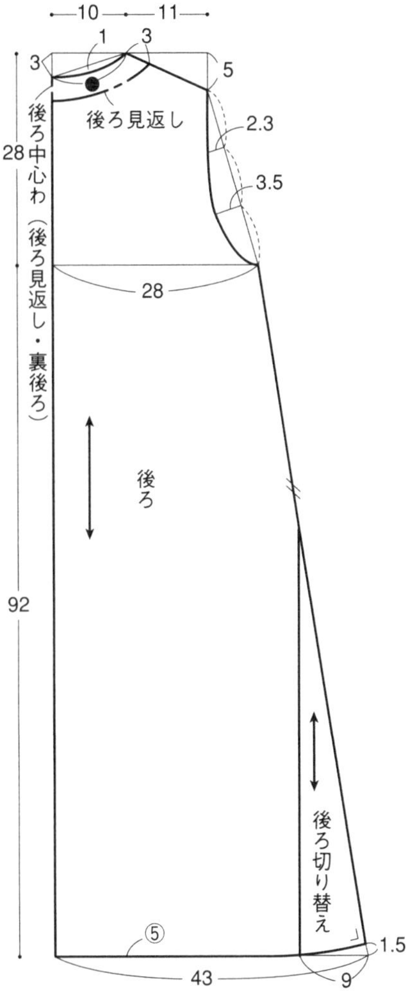

10
11
1
3
3
5
後ろ見返し
2.3
3.5
28
後ろ中心わ（後ろ見返し・裏後ろ）
28
後ろ
92
後ろ切り替え
⑤
43
9
1.5

前、裏前、前見返し各2枚
13間隔に4個ボタンを付ける

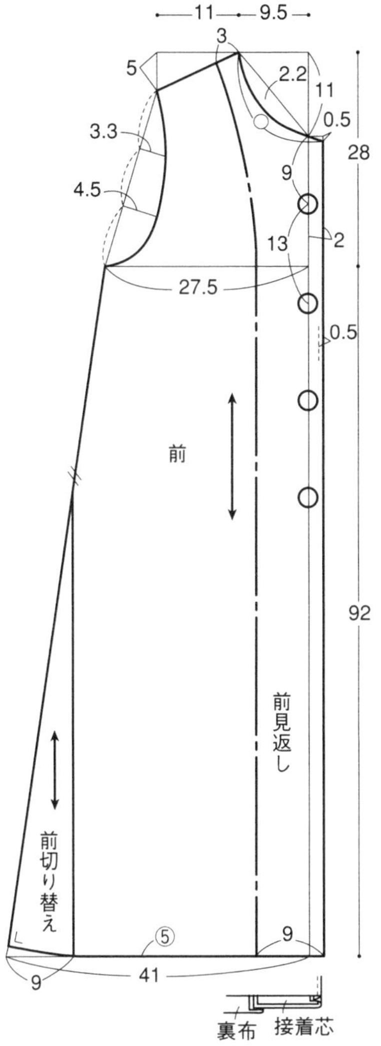

11
9.5
3
5
2.2
11
0.5
3.3
28
9
4.5
13
2
27.5
0.5
前
92
前見返し
前切り替え
⑤
9
41
9
裏布
接着芯

前袖、後ろ袖、裏袖各2枚

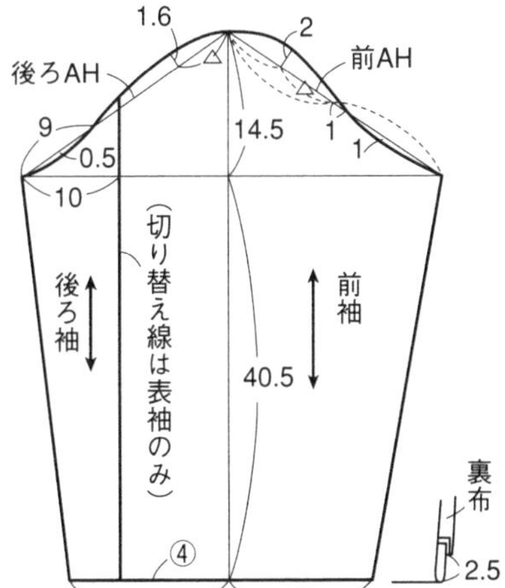

1.6
2
後ろAH
前AH
9
0.5
14.5
1
1
10
後ろ袖
（切り替え線は表袖のみ）
前袖
40.5
裏布
2.5
④
16.5
15

表襟、裏襟各1枚

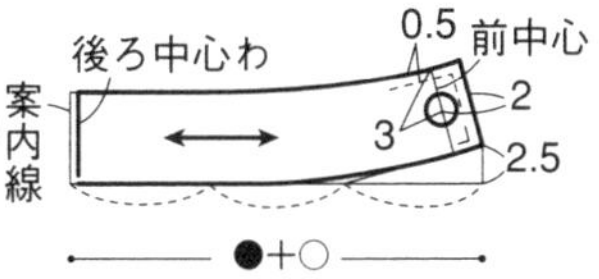

後ろ中心わ
0.5
前中心
案内線
6
2
3
2.5
●+○

作り方順序

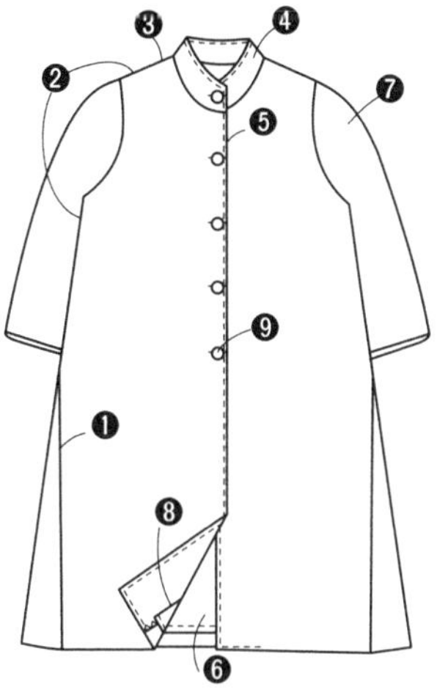

材料

表布36×1080cm　裏布110×310cm　接着芯50×130cm　直径2.5cmボタン5個　直径0.7cm力ボタン5個

作り方のポイント

・身頃の肩、後ろ中心、切り替え、袖切り替え、袖下、前見返しの布端にロックミシンまたはジグザグミシンをかける。
・前見返し、後ろ見返し、裏襟に接着芯をはる。
・襟はとじこみ付録Bに掲載の型紙を参考にするとよい。

作り方

①表身頃の切り替え、後ろ中心を縫う。
②表身頃の肩、脇を縫う。
③見返しの肩を縫う。
④襟を作る。
⑤襟をはさんで、前端、襟ぐりを縫う。
⑥裏身頃を作る。
⑦表袖、裏袖を作り、付ける。
⑧見返しに裏身頃を付けて、脇、袖下、袖山を中とじし、袖口を縫う。
⑨ボタンホールを作り、ボタンを付ける。

作り方

1.表身頃の切り替え、後ろ中心を縫う

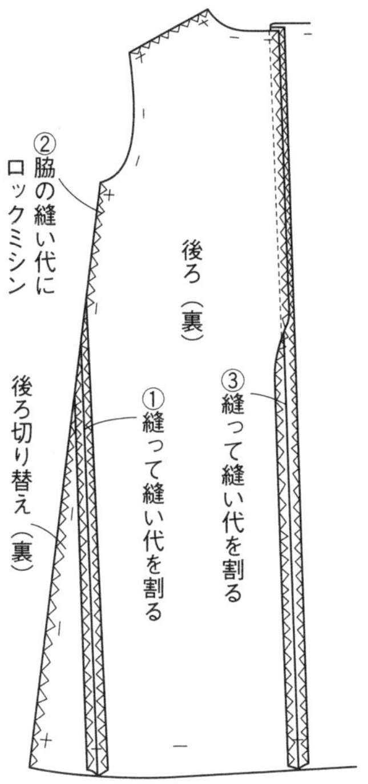
②脇の縫い代にロックミシン
後ろ（裏）
後ろ切り替え（裏）
①縫って縫い代を割る
③縫って縫い代を割る

後ろ（前）と後ろ（前）切り替えを
中表に合わせて縫い、後ろは
中心を縫う

2.表身頃の肩、脇を縫う

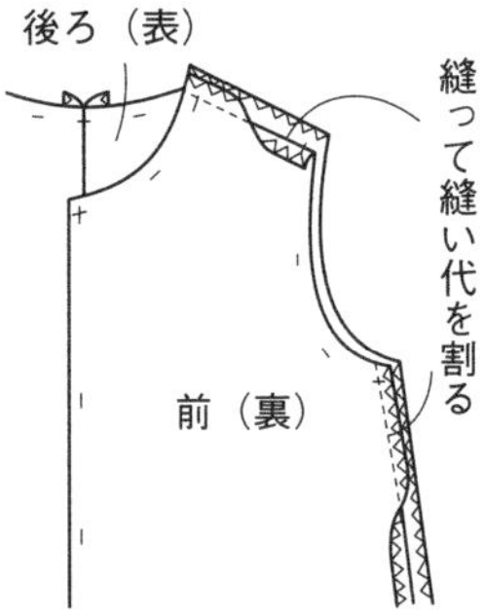
後ろ（表）
縫って縫い代を割る
前（裏）

前と後ろを中表に合わせて
肩、脇を縫う

3.見返しの肩を縫う

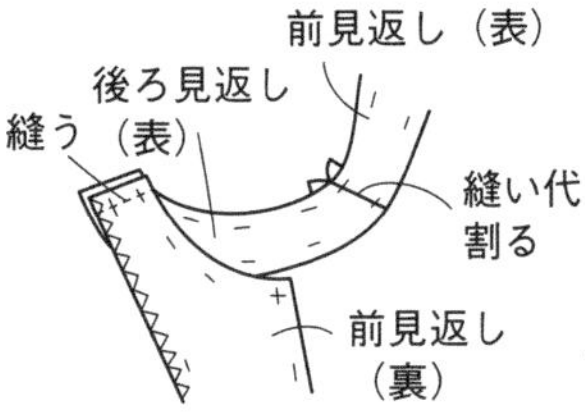
前見返し（表）
後ろ見返し（表）
縫う
縫い代を割る
前見返し（裏）

前見返しと後ろ見返しを
中表に合わせて肩を縫う

4.襟を作る

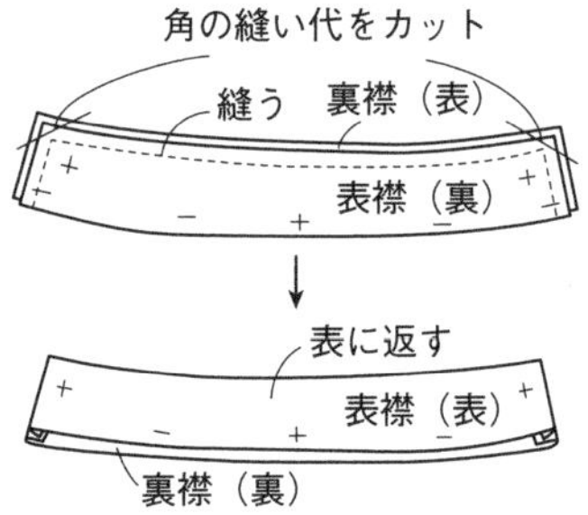
角の縫い代をカット
縫う
裏襟（表）
表襟（裏）
表に返す
表襟（表）
裏襟（裏）

表と裏の襟を中表に合わせて縫い、
表に返してステッチをする

5.襟をはさんで、前端、襟ぐりを縫う

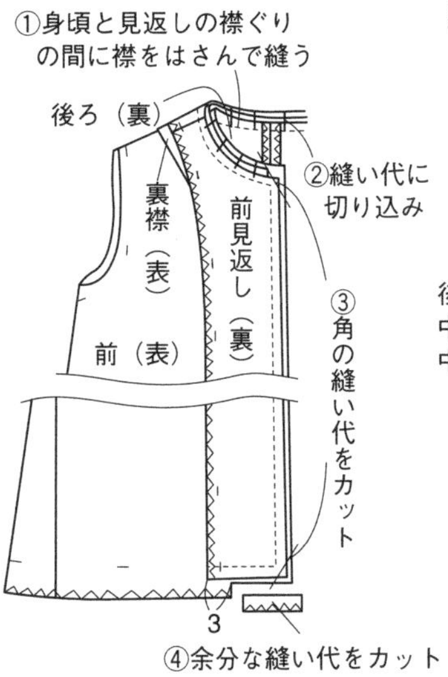
①身頃と見返しの襟ぐりの間に襟をはさんで縫う
後ろ（裏）
②縫い代に切り込み
裏襟（表）
前見返し（裏）
③角の縫い代をカット
前（表）
3
④余分な縫い代をカット

身頃と見返しを中表に合わせて
襟をはさんで前端、襟ぐりを縫う

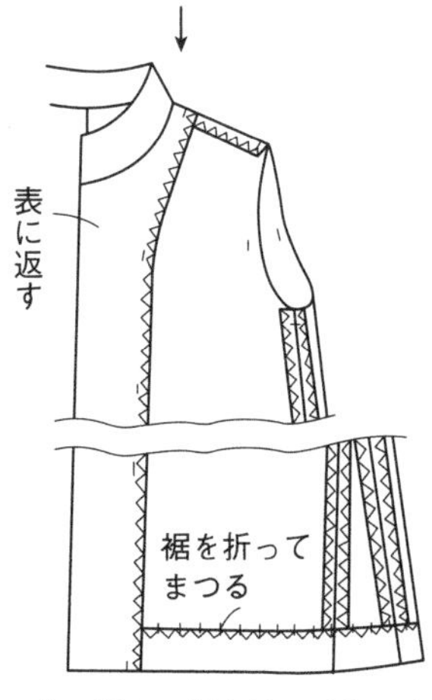
表に返す
裾を折ってまつる

表に返し、裾を折ってまつる

裁ち方

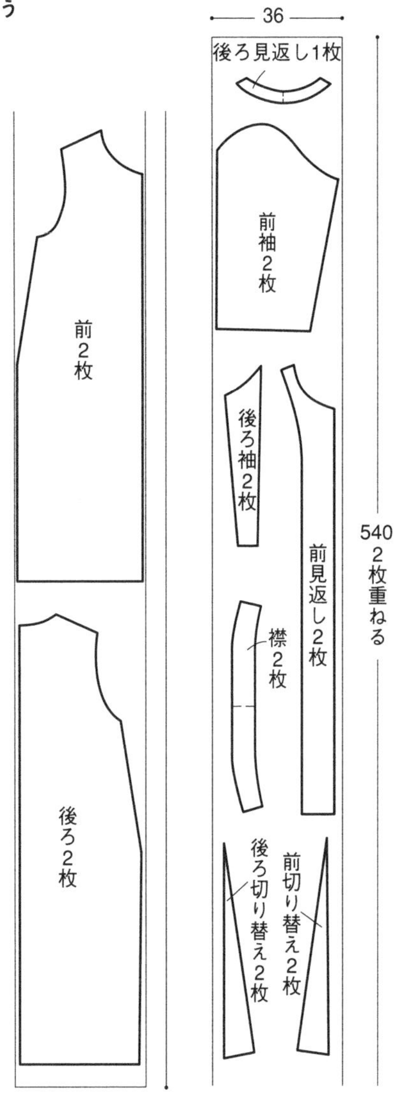
36
後ろ見返し1枚
前袖2枚
後ろ袖2枚
前見返し2枚
襟2枚
後ろ切り替え2枚
前切り替え2枚
前2枚
後ろ2枚
540
2枚重ねる

※ほかに見返し以外の
身頃と袖の裏布をとる

6.裏身頃を作る

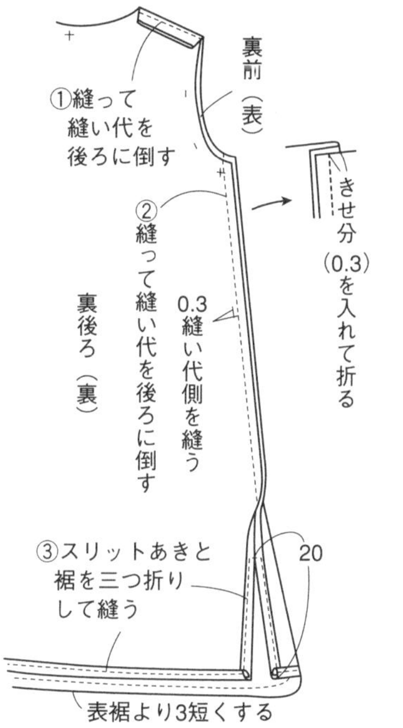
①縫って縫い代を後ろに倒す
裏前（表）
②縫って縫い代を後ろに倒す
0.3縫い代側を縫う
裏後ろ（裏）
きせ分（0.3）を入れて折る
③スリットあきと裾を三つ折りして縫う
20
表裾より3短くする

裏前と裏後ろを中表に合わせて肩、脇を縫い、スリットあきと裾を三つ折りして縫う

7.表袖、裏袖を作り、付ける

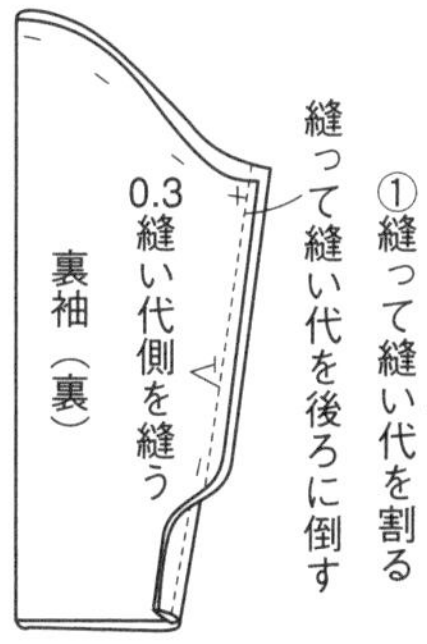
0.3縫い代側を縫う
縫って縫い代を後ろに倒す
裏袖（裏）

裏袖を中表に合わせて袖下を縫う

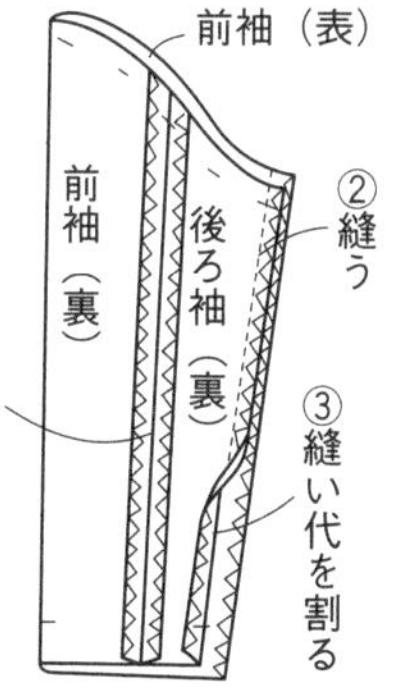
前袖（表）
前袖（裏）
①縫って縫い代を割る
後ろ袖（裏）
②縫う
③縫い代を割る

前と後ろの袖を中表に合わせて切り替えと袖下を縫う

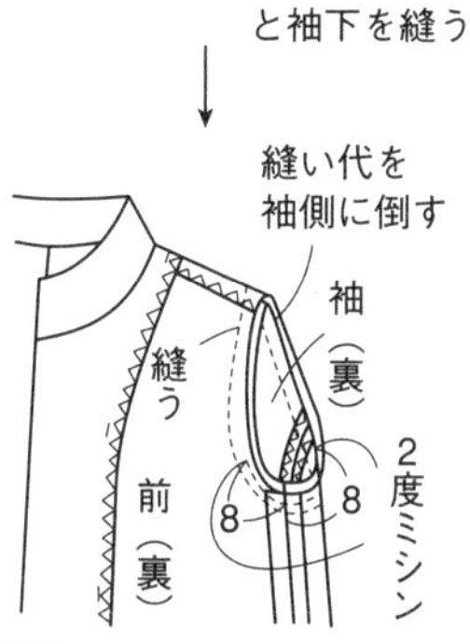
縫い代を袖側に倒す
袖（裏）
縫う
前（裏）
8
8
2度ミシン

身頃と袖の袖ぐりを中表に合わせて縫う
裏身頃と裏袖も同様に縫う

8.見返しに裏身頃を付けて、脇、袖下、袖山を中とじし、袖口を縫う

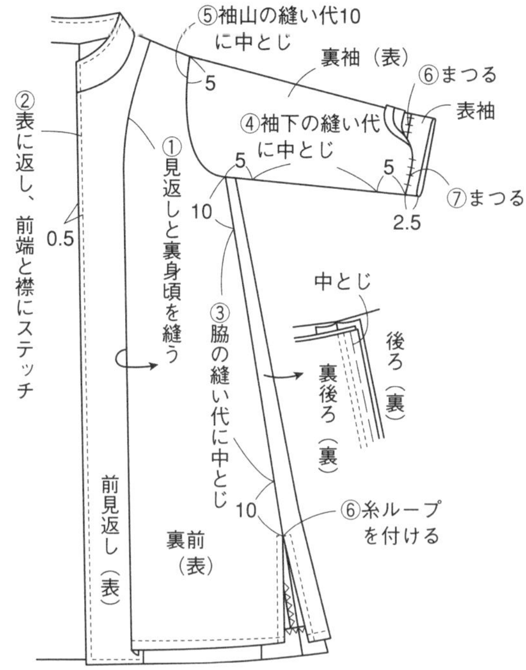
⑤袖山の縫い代10に中とじ
5
裏袖（表）
⑥まつる
表袖
④袖下の縫い代に中とじ
5
5
⑦まつる
2.5
②表に返し、前端と襟にステッチ
0.5
①見返しと裏身頃を縫う
10
③脇の縫い代に中とじ
中とじ
後ろ（裏）
裏後ろ（裏）
10
⑥糸ループを付ける
前見返し（表）
裏前（表）

表と裏の身頃を縫い合わせ、袖口を縫う

9.ボタンホールを作り、ボタンを付ける

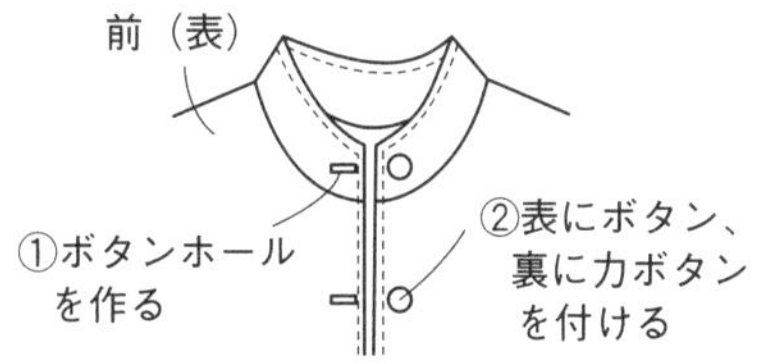
前（表）
①ボタンホールを作る
②表にボタン、裏に力ボタンを付ける

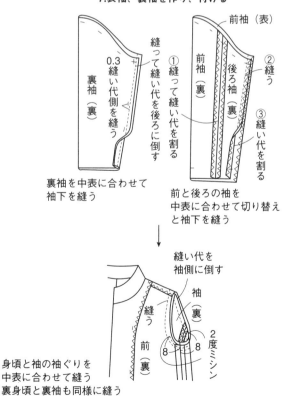

接ぎ合わせがかわいい子供服

P.42

●着丈約46cm　身幅約34cm

※○の数字は縫い代。指定のないものはすべて1cm付ける。

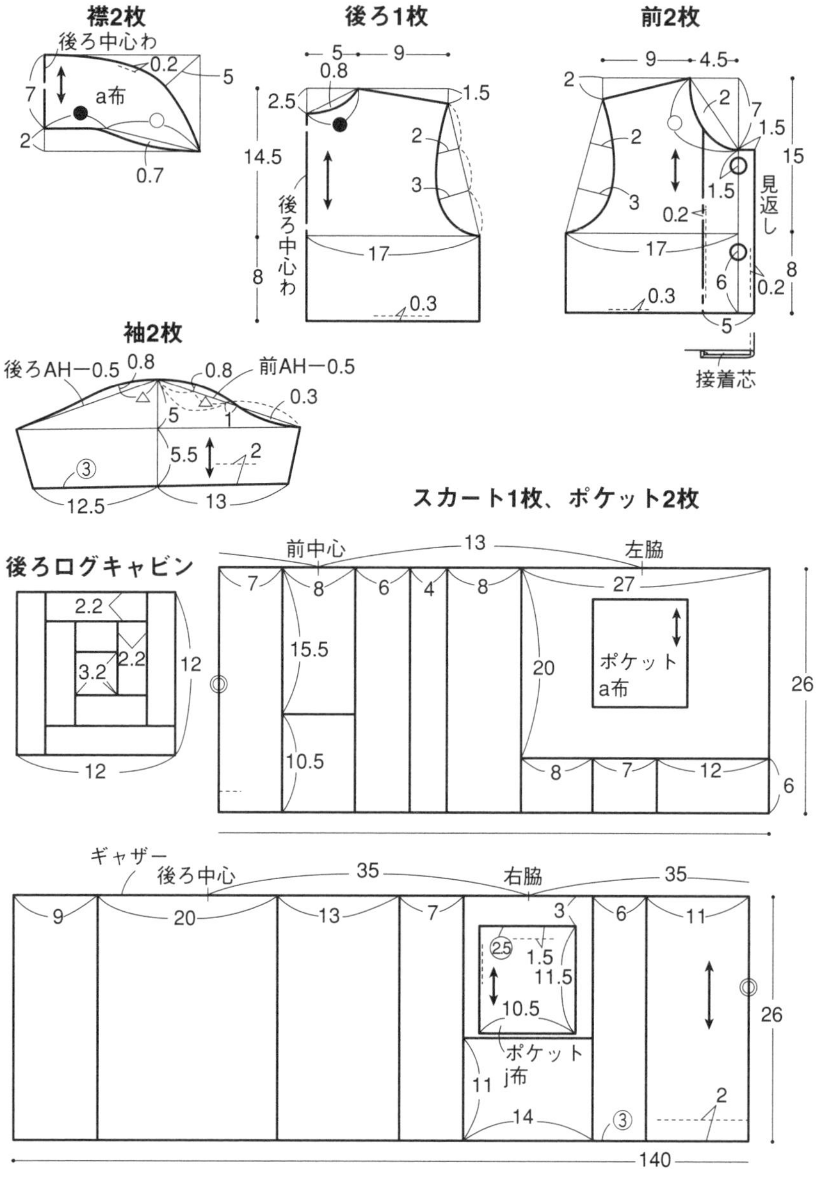
襟2枚
後ろ中心わ
0.2
5
7
a布
2
0.7
後ろ1枚
5
9
0.8
2.5
1.5
14.5
2
3
後ろ中心わ
17
8
0.3
前2枚
9
4.5
2
2
7
1.5
15
2
1.5
見返し
3
0.2
17
8
6
0.3
0.2
5
接着芯
袖2枚
後ろAH−0.5
0.8
0.8
前AH−0.5
0.3
5
1
5.5
2
③
12.5
13
スカート1枚、ポケット2枚
後ろログキャビン
2.2
2.2
3.2
12
12
前中心
13
左脇
7
8
6
4
8
27
15.5
20
ポケット
a布
26
10.5
8
7
12
6
ギャザー
後ろ中心
35
右脇
35
9
20
13
7
3
6
11
25
1.5
11.5
10.5
26
ポケット
j布
11
14
③
2
140

前、後ろ、袖の布の配置

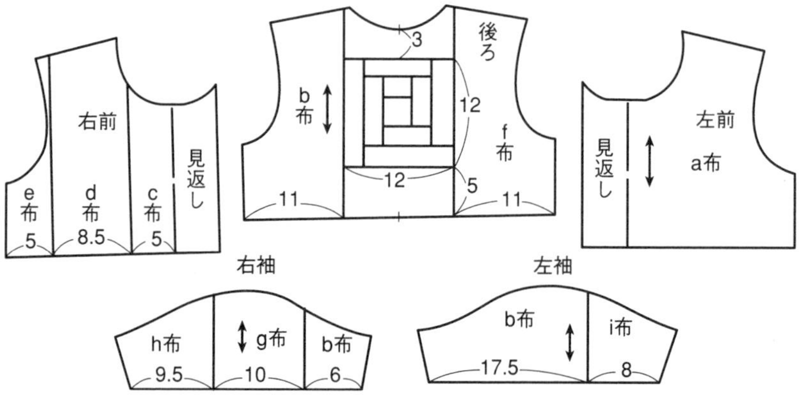
右前
見返し
e布
d布
c布
5
8.5
5
3
後ろ
b布
12
f布
12
5
11
11
左前
見返し
a布
右袖
h布
g布
b布
9.5
10
6
左袖
b布
i布
17.5
8

作り方順序

材料

パッチワーク用布各種　a布36×70cm　b布36×50cm　c・g・h・i・j布各36×20cm　d・e・f布各36×30cm　接着芯30×20cm　直径1.5cmボタン2個

作り方のポイント

・左前身頃の肩、脇、袖下、見返し、ポケットの布端にロックミシンまたはジグザグミシンをかける。
・見返し、裏襟に接着芯をはる。
・後ろ身頃は自由な模様で刺し子をする。
・ログキャビンのパッチワークの縫い方は61ページ参照。
・襟はとじこみ付録Bに掲載の型紙を参考にするとよい。

作り方

①切り替えを縫い、後ろはパッチワークをする。
②肩を縫う。
③襟を作る。
④前の見返しを中表に折り、襟をはさんで襟ぐりを縫う。
⑤袖を作り、付ける
⑥袖下から脇を縫い、袖口を縫う。
⑦スカートの切り替え、裾を縫う。
⑧ポケットを作り、付ける
⑨身頃にスカートを付ける。
⑩ボタンホールを作り、ボタンを付ける。

裁ち方

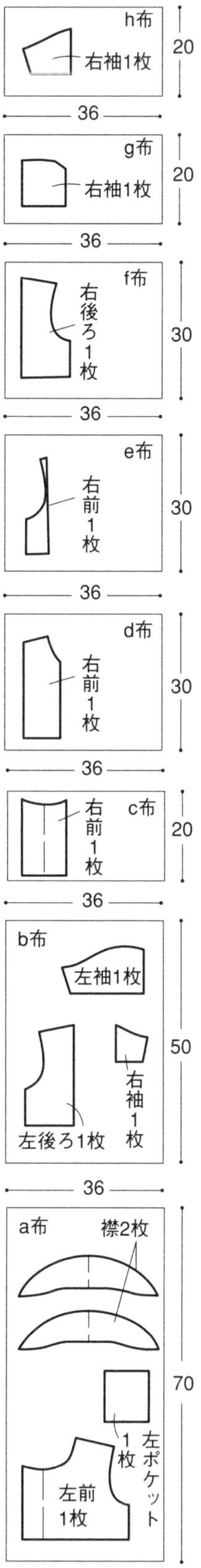
h布
右袖1枚
20
36
g布
右袖1枚
20
36
f布
右後ろ1枚
30
36
e布
右前1枚
30
36
d布
右前1枚
30
36
c布
右前1枚
20
36
b布
左袖1枚
左後ろ1枚
右袖1枚
50
36
a布
襟2枚
1枚
左ポケット
左前1枚
70

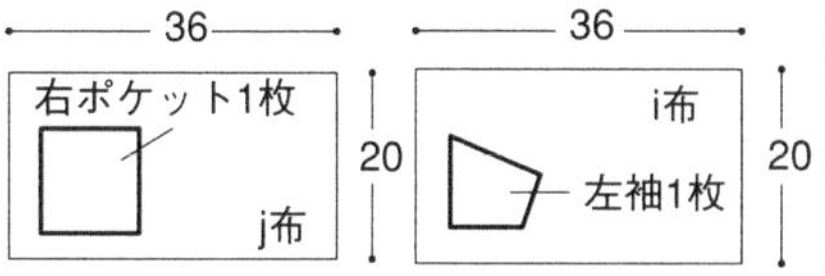
36
右ポケット1枚
j布
20
36
i布
左袖1枚
20

作り方

1.切り替えを縫い、後ろはパッチワークをする

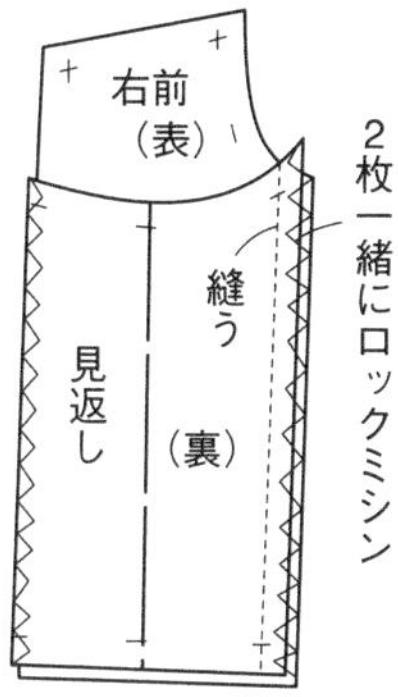
右前（表）
2枚一緒にロックミシン
縫う
見返し
（裏）

中表に合わせて切り替えを縫い、後ろはパッチワークをする

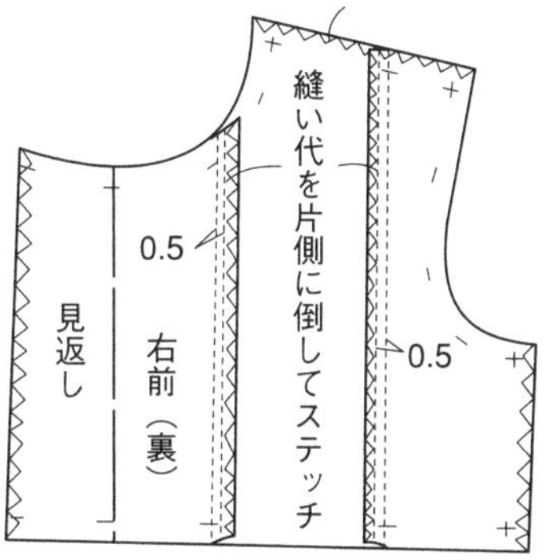
肩の縫い代にロックミシン
縫い代を片側に倒してステッチ
0.5
0.5
見返し
右前（裏）

縫い代を片側に倒してステッチする

2.肩を縫う

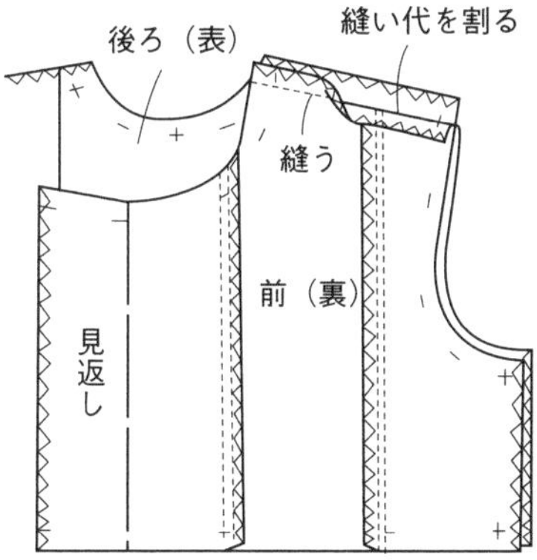
後ろ（表）
縫い代を割る
縫う
前（裏）
見返し

3.襟を作る

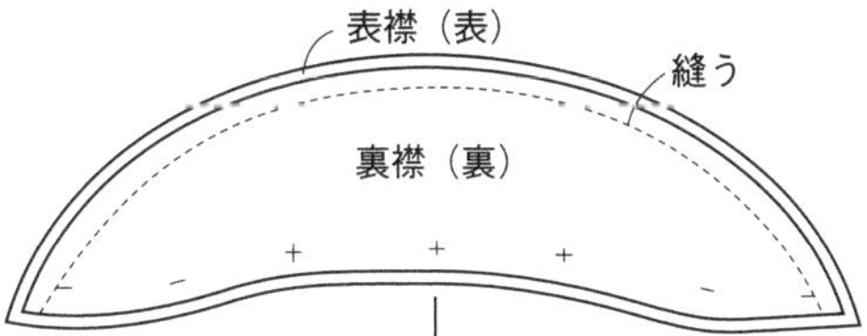
表襟（表）
縫う
裏襟（裏）

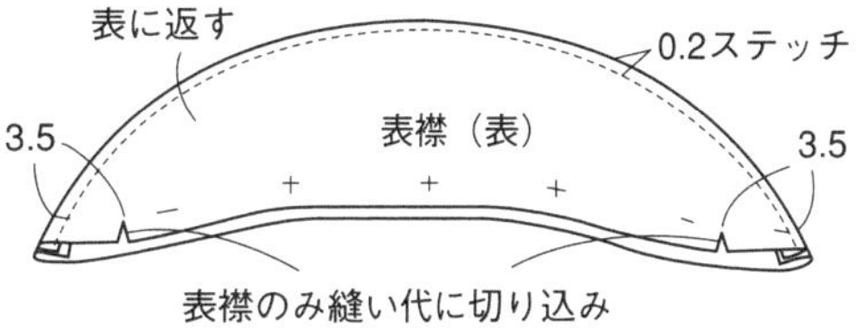
表に返す
0.2ステッチ
表襟（表）
3.5
3.5
表襟のみ縫い代に切り込み

表と裏の襟を中表合わせて縫い、
表に返してステッチする

4.前の見返しを中表に折り、襟をはさんで襟ぐりを縫う

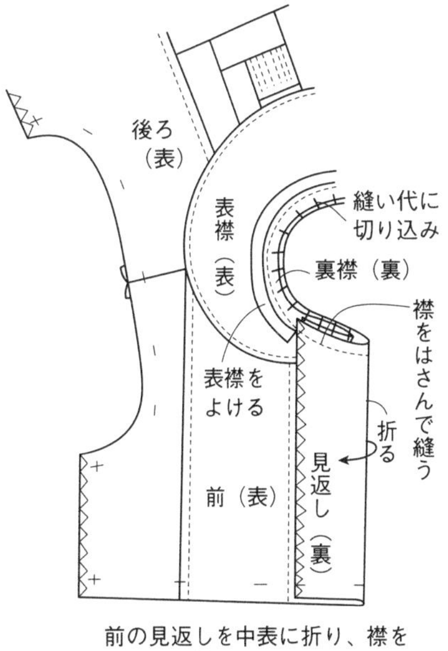
後ろ（表）
表襟（表）
縫い代に切り込み
裏襟（裏）
襟をはさんで縫う
表襟をよける
折る
見返し（裏）
前（表）

前の見返しを中表に折り、襟を
はさんで襟ぐりを縫う

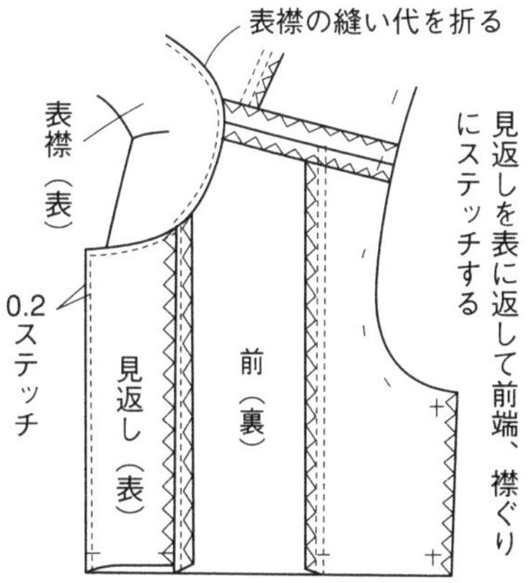
表襟の縫い代を折る
表襟（表）
0.2ステッチ
見返し（表）
前（裏）
見返しを表に返して前端、襟ぐりにステッチする

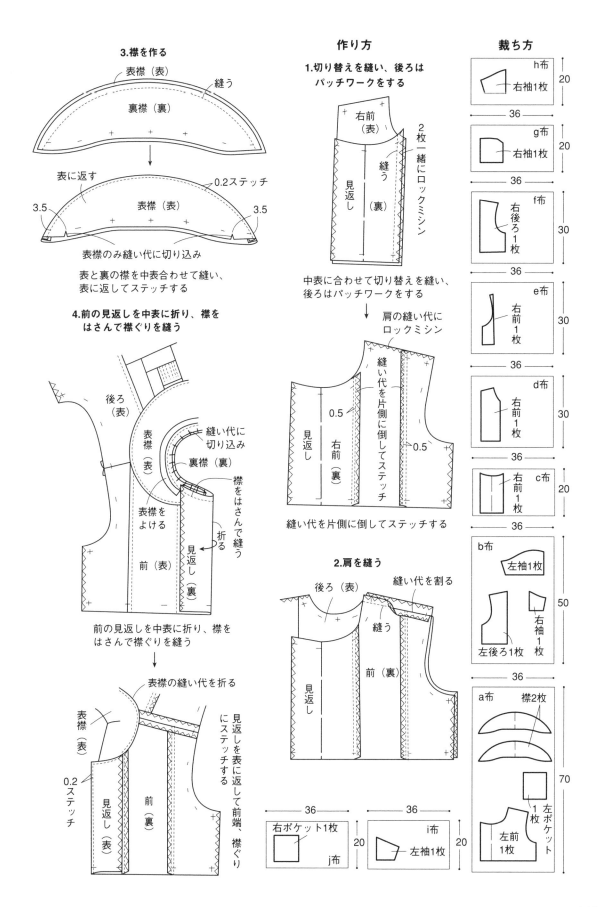

5.袖を作り、付ける

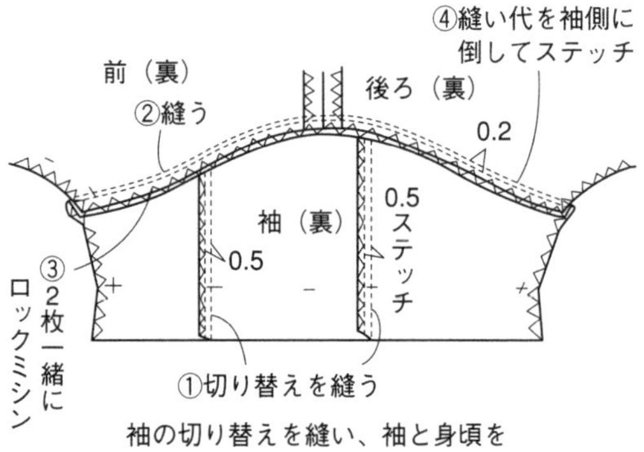
前（裏）
②縫う
後ろ（裏）
④縫い代を袖側に
倒してステッチ
0.2
袖（裏）
0.5
0.5
ステッチ
③2枚一緒にロックミシン
①切り替えを縫う

袖の切り替えを縫い、袖と身頃を
中表に合わせて袖ぐりを縫う

6.袖下から脇を縫い、袖口を縫う

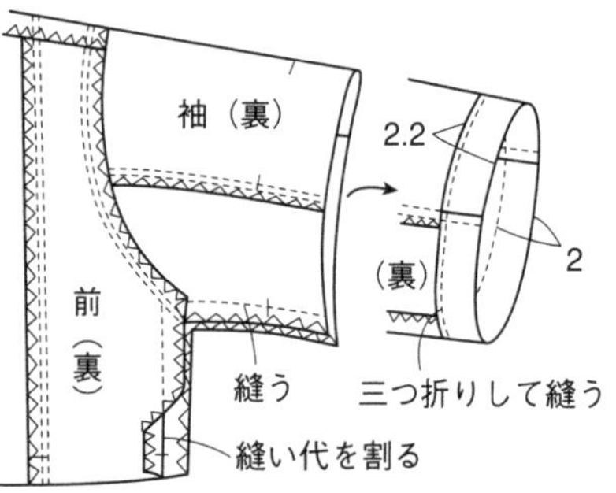
袖（裏）
2.2
2
（裏）
前（裏）
縫う
三つ折りして縫う
縫い代を割る

袖と身頃をそれぞれ中表に合わせて
袖下から脇を縫う
袖口を三つ折りして縫う

7.スカートの切り替え、裾を縫う

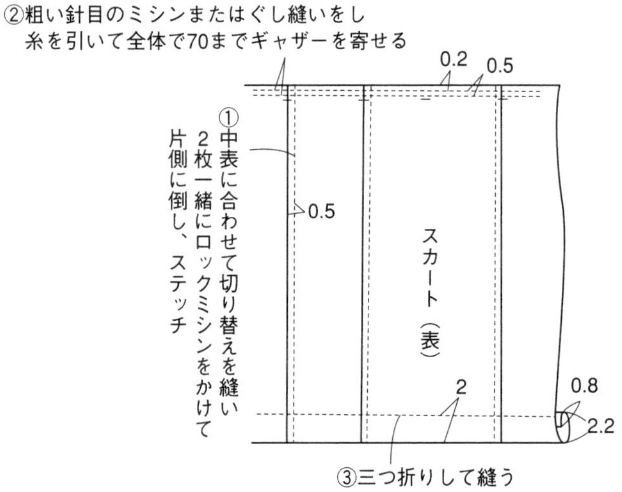
②粗い針目のミシンまたはぐし縫いをし
糸を引いて全体で70までギャザーを寄せる
0.2
0.5
①中表に合わせて切り替えを縫い
2枚一緒にロックミシンをかけて
片側に倒し、ステッチ
0.5
スカート（表）
2
0.8
2.2
③三つ折りして縫う

スカートを中表に合わせて切り替えを
縫い、ウエストにギャザーを寄せて
裾を三つ折りして縫う

8.ポケットを作り、付ける

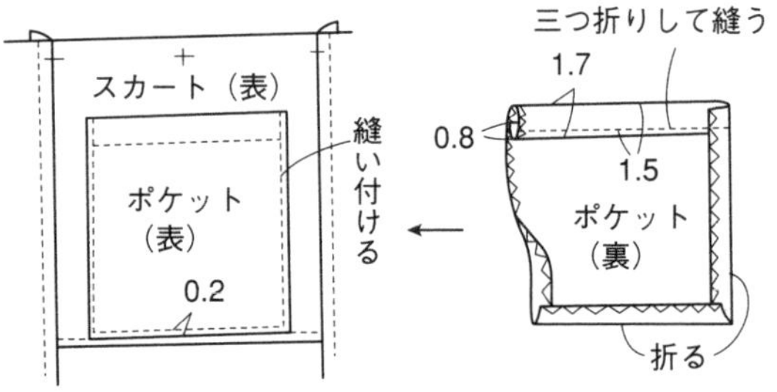
スカート（表）
ポケット
（表）
0.2
縫い付ける
三つ折りして縫う
1.7
0.8
1.5
ポケット
（裏）
折る

ポケットを作り、スカートに縫い付ける

9.身頃にスカートを付ける

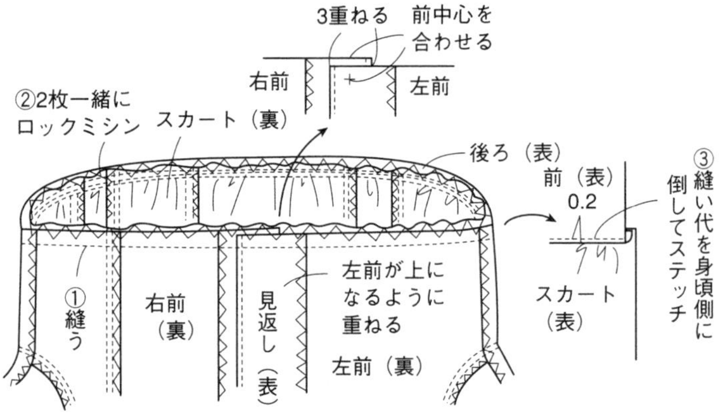
3重ねる
前中心を
合わせる
右前
左前
②2枚一緒に
ロックミシン
スカート（裏）
後ろ（表）
①縫う
右前
（裏）
見返し（表）
左前が上に
なるように
重ねる
左前（裏）
前（表）
0.2
スカート
（表）
③縫い代を身頃側に倒してステッチ

身頃とスカートを中表に合わせて
ウエストを縫う

ネコのお人形

P.40

●24×21cm

耳左右対称各2枚

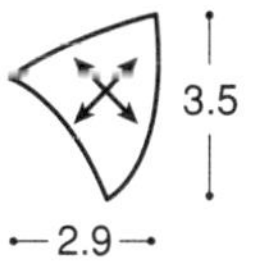
3.5
2.9

手4枚

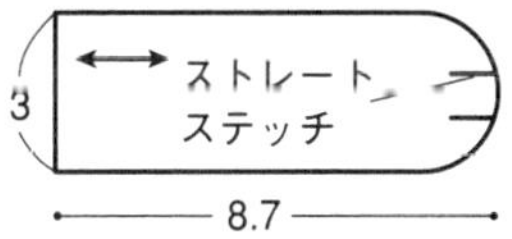
3
ストレートステッチ
8.7

鼻、厚紙各1枚

0.9
1.4

厚紙は裁ち切り

鼻の作り方

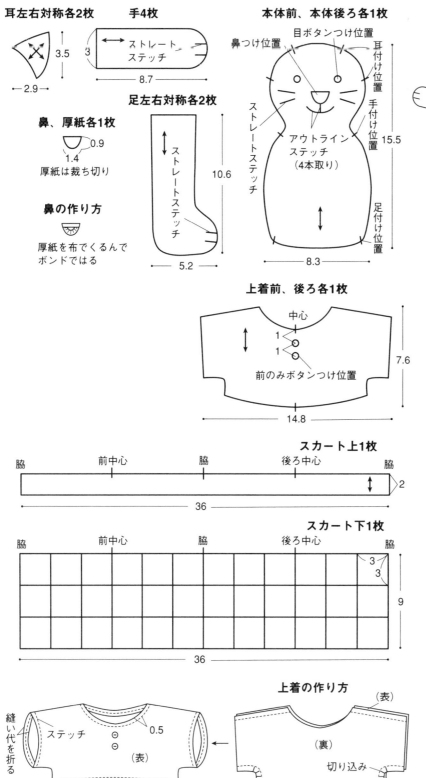

厚紙を布でくるんでボンドではる

足左右対称各2枚

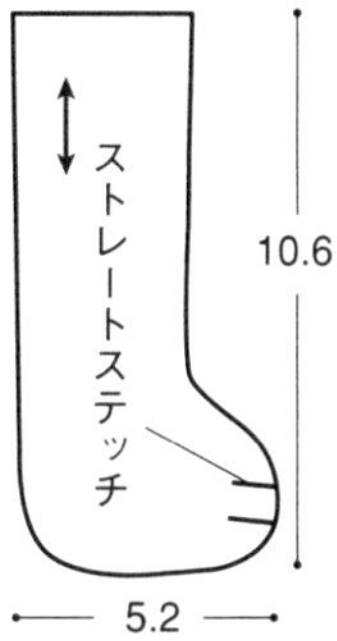
ストレートステッチ
10.6
5.2

本体前、本体後ろ各1枚

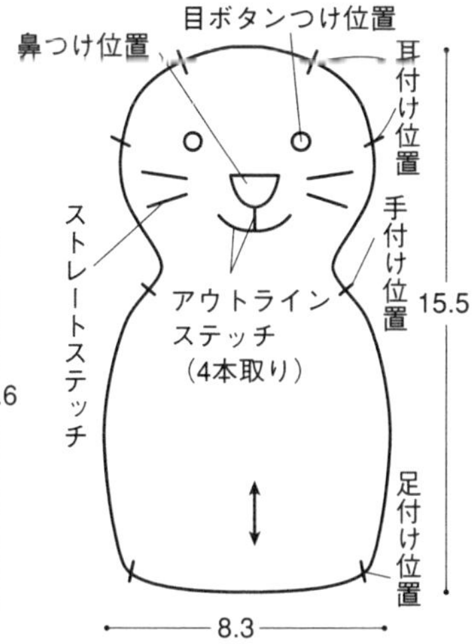
目ボタンつけ位置
鼻つけ位置
耳付け位置
ストレートステッチ
手付け位置
アウトラインステッチ
（4本取り）
15.5
足付け位置
8.3

上着前、後ろ各1枚

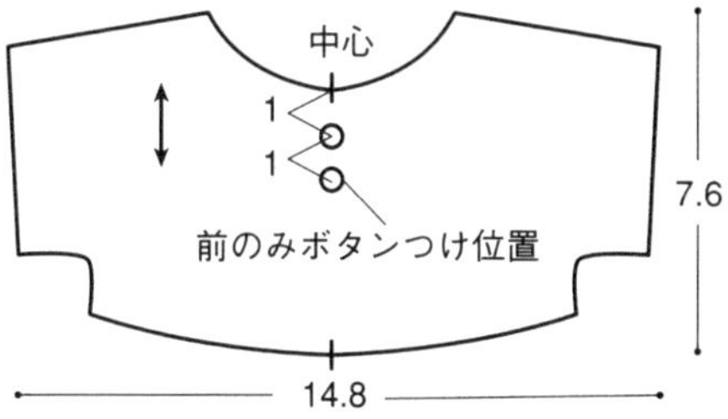
中心
1
1
前のみボタンつけ位置
7.6
14.8

スカート上1枚

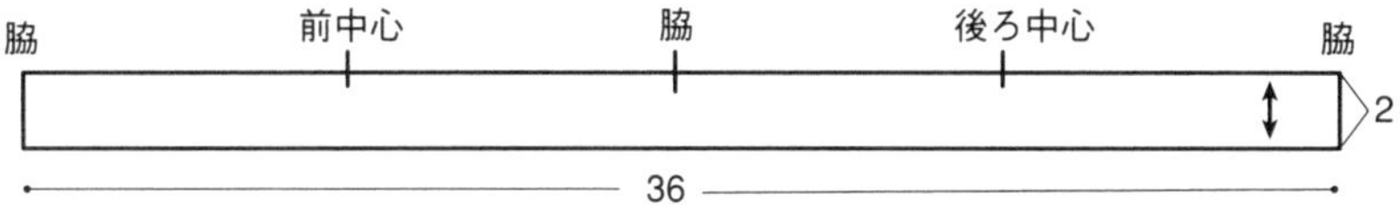
脇
前中心
脇
後ろ中心
脇
2
36

スカート下1枚

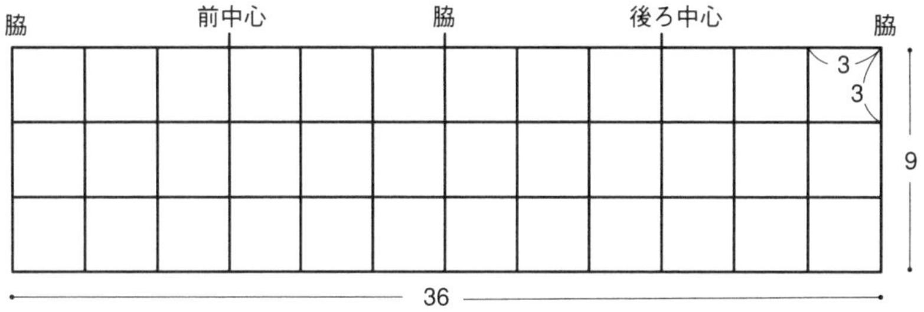
脇
前中心
脇
後ろ中心
脇
3
3
9
36

上着の作り方

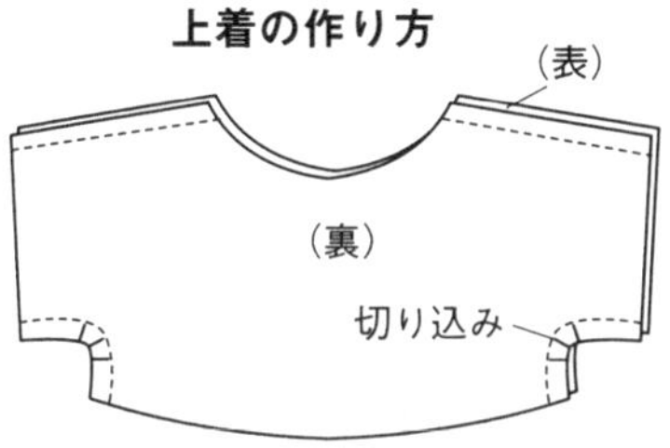
（表）
（裏）
切り込み

2枚を中表に合わせて肩と脇を縫う

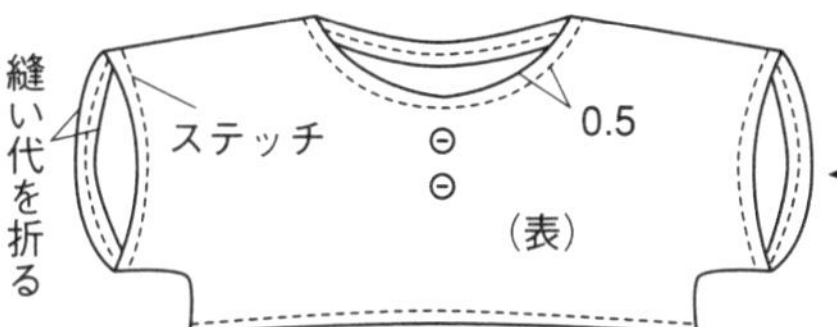
縫い代を折る
ステッチ
0.5
（表）

表に返して裾、襟ぐり、袖口の縫い代を折り、ステッチをかけて押さえる
ボタンを縫い付ける

材料

本体用布（耳、手、足分含む）50×30cm　鼻用布5×5cm　上着用布35×10cm　スカート上用布40×5cm　スカート下用はぎれ各種　直径0.6cmボタン2個　直径0.5cm足付きボタン2個　厚紙、25番刺繍糸、手芸綿各適宜

作り方のポイント

・本体、手、足、耳はミシンで縫う。手縫いの場合は返し縫いをする。

・好みでパンツをはかせたり洋服を変えるとよい。

作り方

①上着を作る。
②スカートを作る。
③耳、手、足を縫い、綿を詰める。
④本体を縫い、綿を詰めて返し口をとじる。
⑤鼻を作る。
⑥本体に耳、手、足をまつりつけて鼻をはり、刺繍をして目のボタンを縫い付ける。
⑦上着とスカートを着せる。

本体の作り方

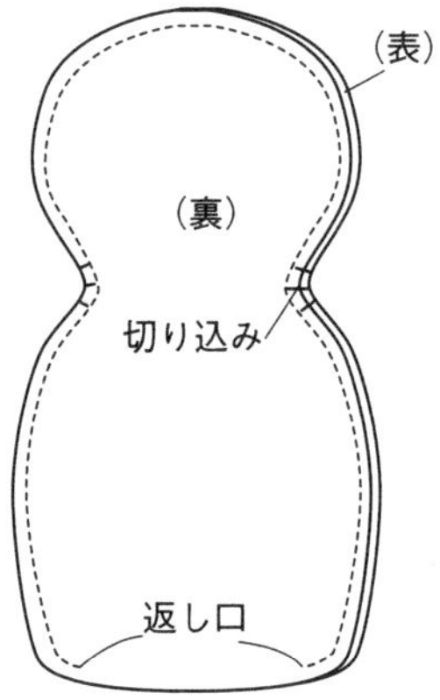

2枚を中表に合わせて縫う

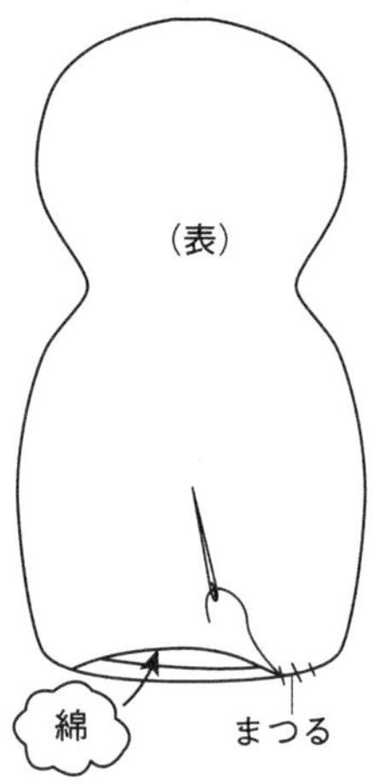

表に返して綿をしっかりと
詰め、返し口をまつってとじる

手、足、耳の作り方（共通）

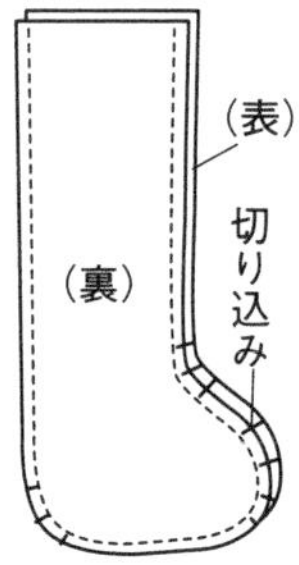

2枚を中表に合わせて縫う

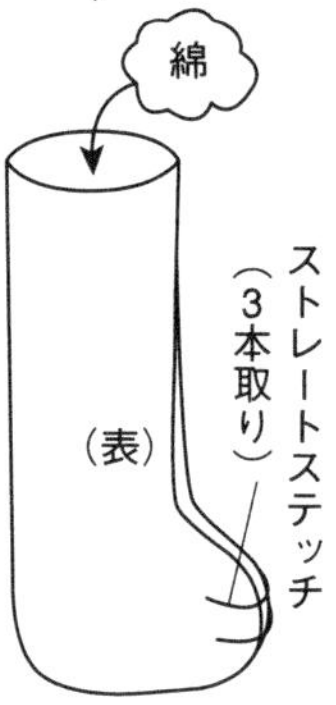

表に返して綿をしっかりと
詰め、ステッチをする

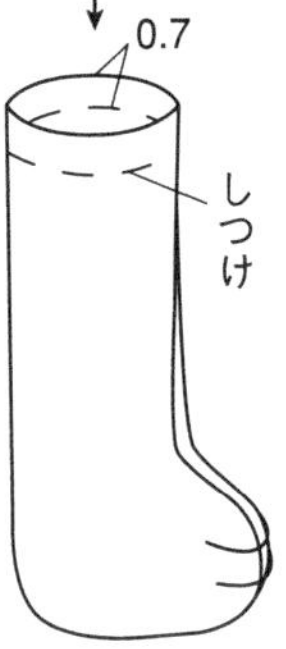

口の縫い代にしつけをする

スカートの作り方

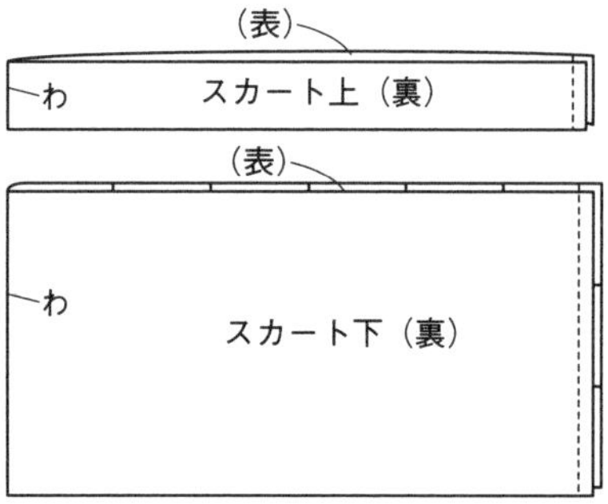

スカート上と下をそれぞれ中表に合わせて
わに縫う

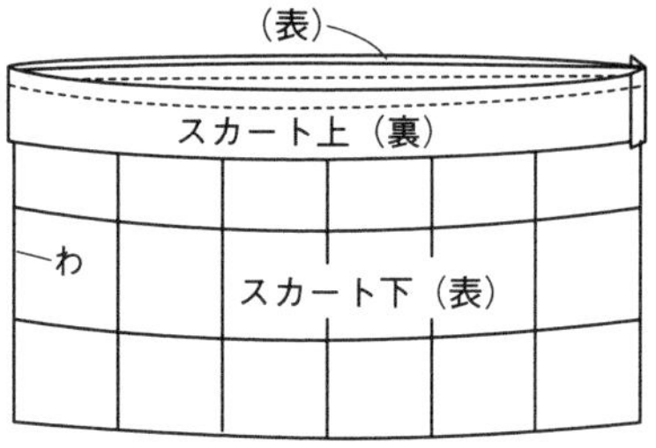

スカート上と下を中表に合わせて縫う

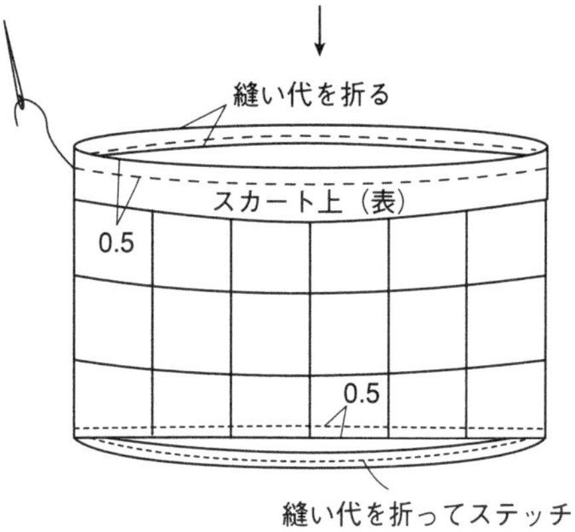

表に返して上下の縫い代を折り、下は
ステッチで押さえ、上はぐし縫いをして
置いておく

刺繍の刺し方

アウトラインステッチ

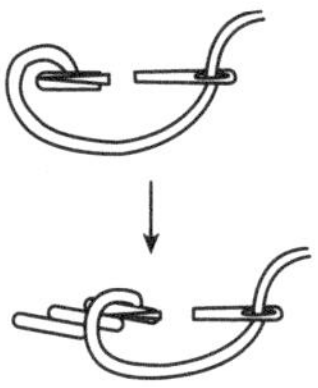

ストレートステッチ

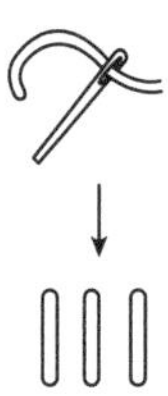

まとめ方

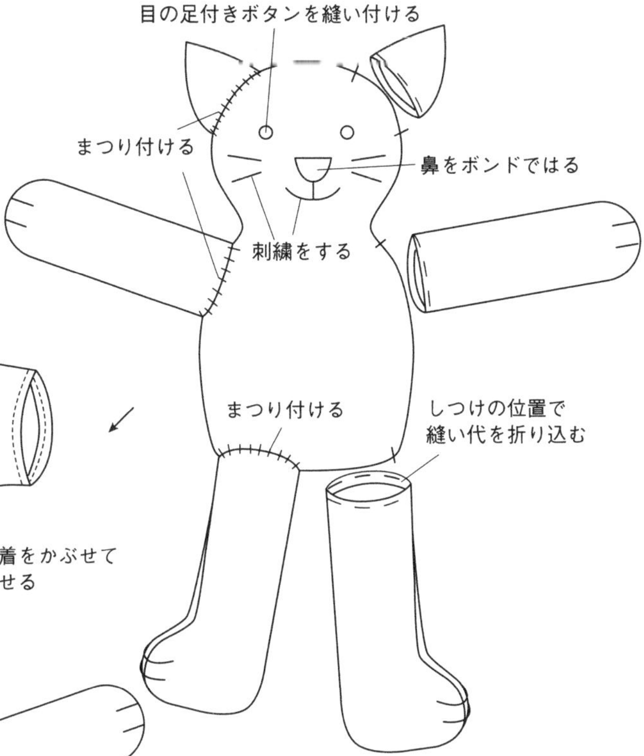
目の足付きボタンを縫い付ける
まつり付ける
鼻をボンドではる
刺繍をする
まつり付ける
しつけの位置で
縫い代を折り込む

本体に手、足、耳、目のボタンを縫い付け
鼻をボンドではり、ヒゲと口を刺繍する
足付きボタンは引き気味に付ける

上着を着せてスカートを縫い止める

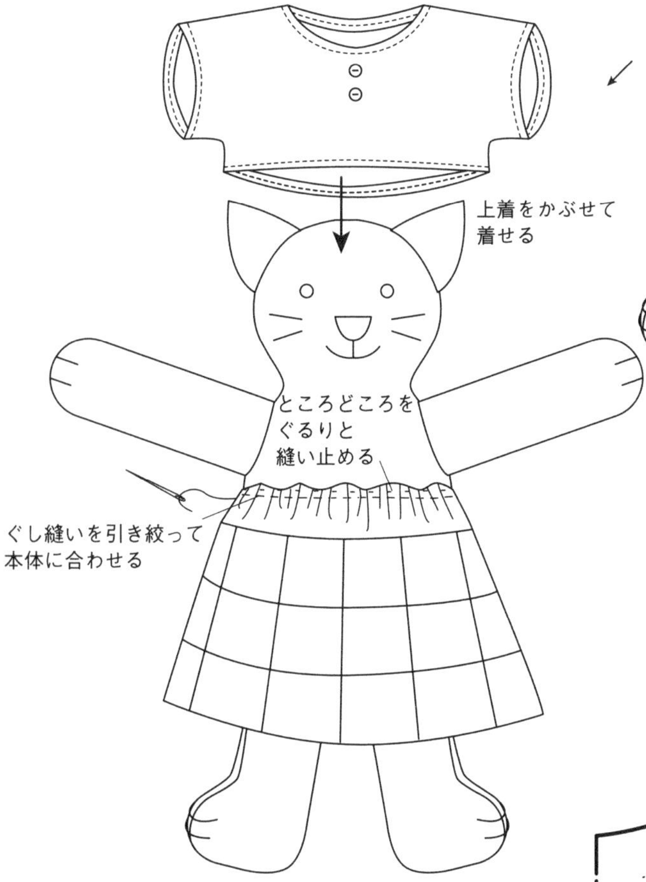
上着をかぶせて
着せる
ところどころを
ぐるりと
縫い止める
ぐし縫いを引き絞って
本体に合わせる

実物大型紙

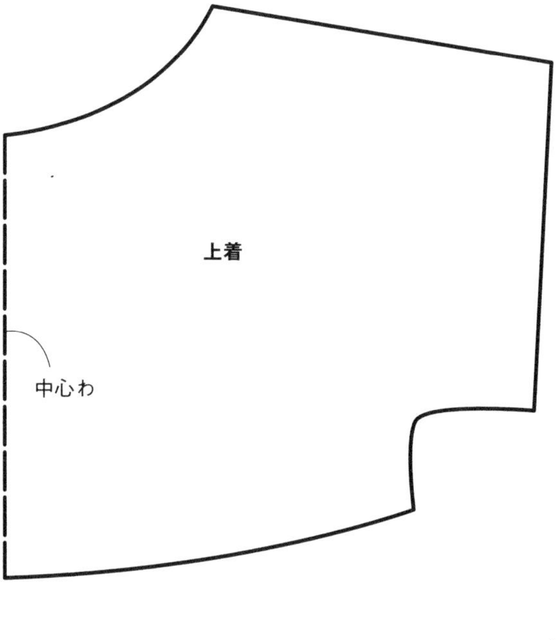
上着
中心わ

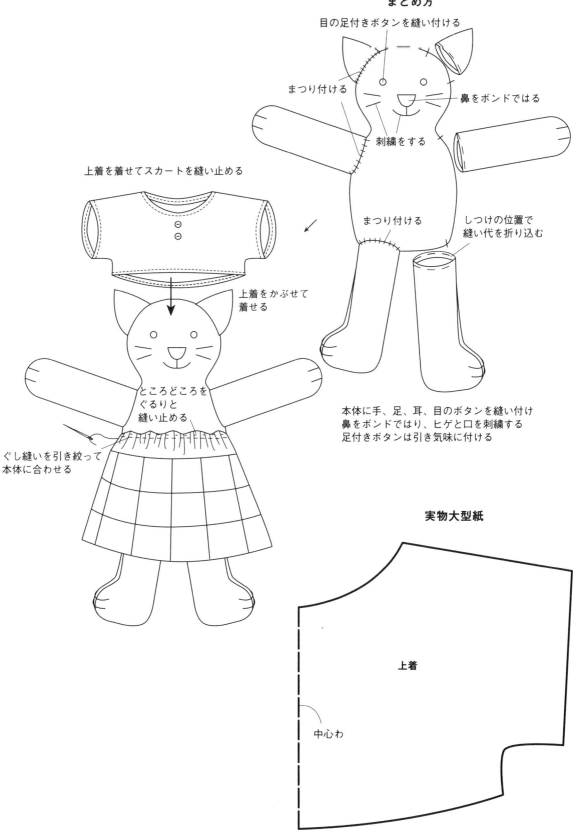

実物大型紙

藍のミニバッグ

P.43

●25×27×5cm

内ポケット1枚

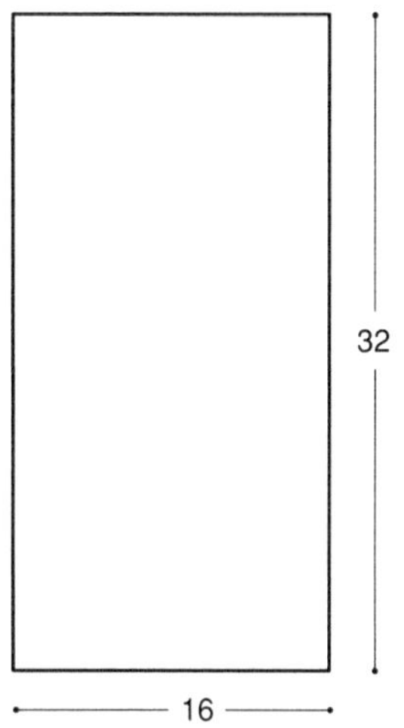
32
16

本体1枚

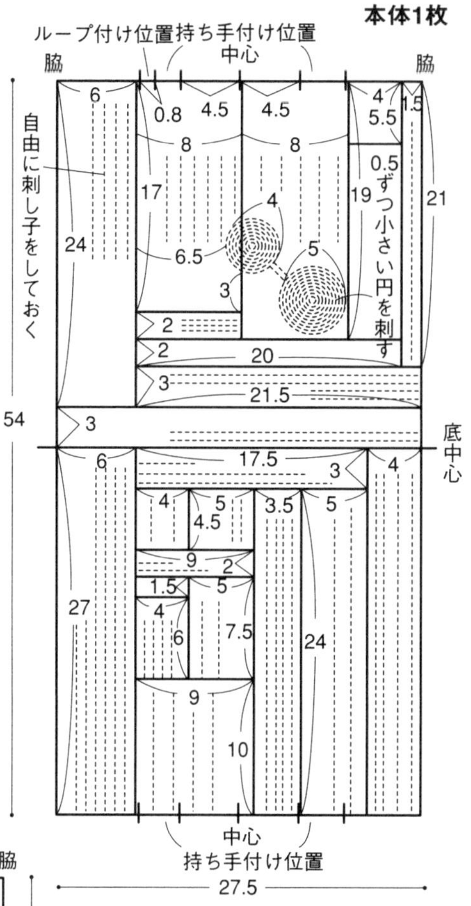
ループ付け位置
持ち手付け位置
中心
脇
脇
自由に刺し子をしておく
6
0.8
4.5
4.5
4
5.5
1.5
8
8
0.5ずつ小さい円を刺す
17
19
21
24
4
6.5
5
3
2
2
20
3
21.5
54
3
底中心
6
17.5
3
4
4
5
3.5
5
4.5
9
2
1.5
5
4
27
6
7.5
24
9
10
中心
持ち手付け位置
27.5

※裏に接着キルト綿をはる

中袋1枚

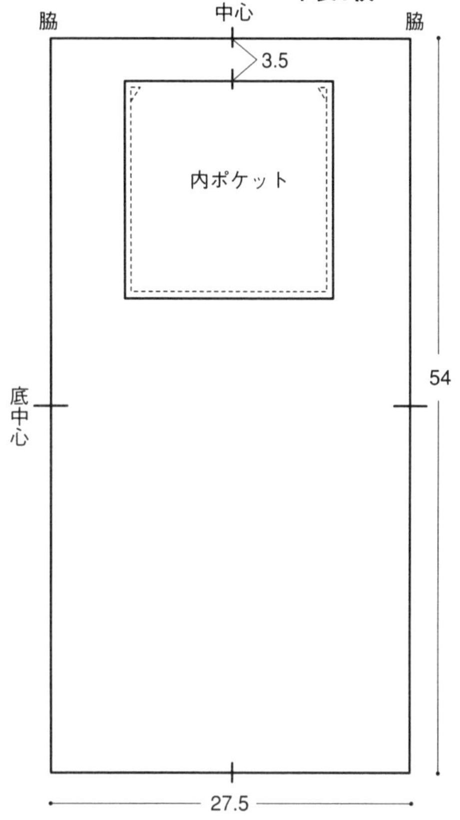
脇
中心
脇
3.5
内ポケット
底中心
54
27.5

内ポケットの作り方

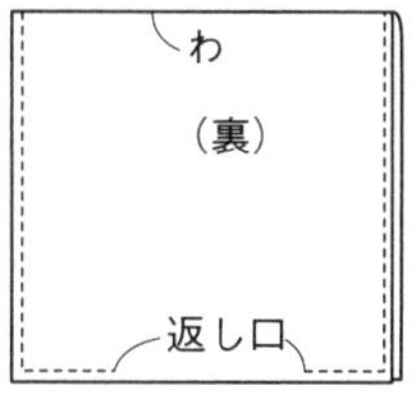
わ
（裏）
返し口

中表に二つ折りして
返し口を残して縫う

↓

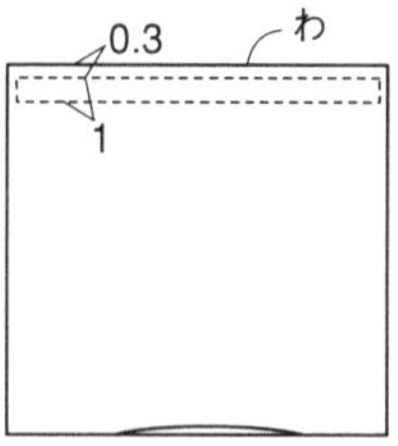
0.3
わ
1

表に返して返し口の
縫い代を整え
口側にステッチをする

材料

藍、縞などのはぎれ各種　持ち手表用布（ループ分含む）、持ち手裏用布各20×40cm　パイピング用幅4cmバイヤステープ65cm　中袋用布（内ポケット分含む）35×90cm　接着キルト綿45×60cm　直径1.2cm丸カン1個　刺し子糸適宜

作り方のポイント

- 内ポケットは袋に縫わずに、半分のサイズにして周囲の縫い代を折り込むだけでもよい。
- 本体と中袋の間に底板を入れてもよい。
- 本体ははぎれの段階でそれぞれに刺し子をしておく。
- 刺し子の円のラインはとじ込み付録Bに掲載の図案を参考にしてもよい。

作り方

①ピーシングをして本体のトップをまとめる。
②トップの裏に接着キルト綿をはり、丸の刺し子をする。
③内ポケットを作って中袋に縫い付ける。
④ループと持ち手を作る。
⑤本体を中表に合わせて脇を縫い、マチを縫う。
⑥中袋も本体同様に縫う。
⑦本体の口にループを重ね、口をパイピングで始末する。
⑧口に持ち手を縫い付ける。
⑨本体の中に中袋を入れ、口にまつり付ける。

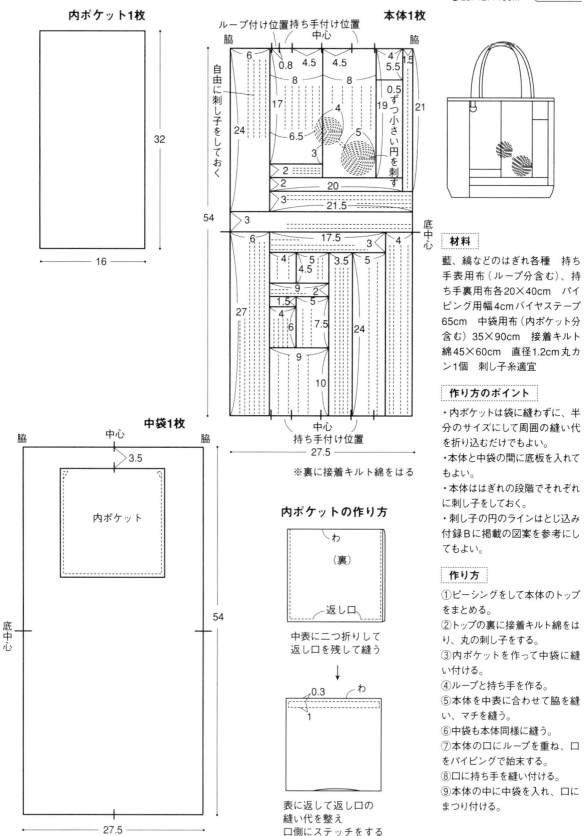

ループ1枚

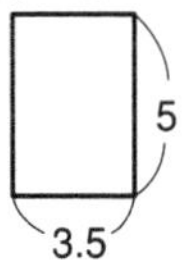
裁ち切り
5
3.5

ループの作り方

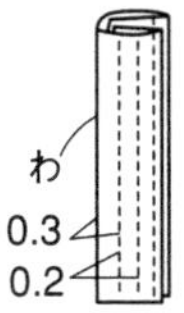
わ
0.3
0.2

四つ折りして
ステッチをする

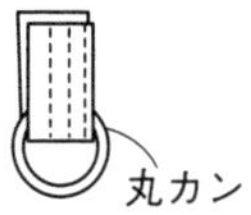
丸カン

丸カンに通して
二つ折りする

持ち手の作り方

裏布（表）
接着キルト綿
表布（裏）

表布と裏布を中表に合わせ、キルト綿を重ねて
長辺を縫う

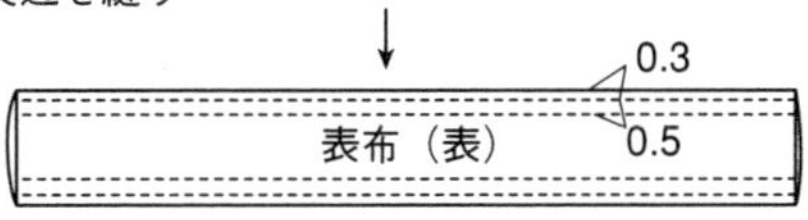
0.3
表布（表）
0.5

表に返してステッチをする

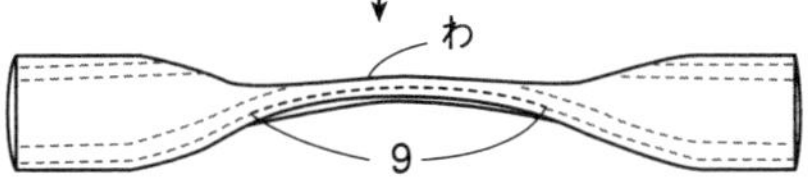
わ
9

中心を二つ折りして縫う

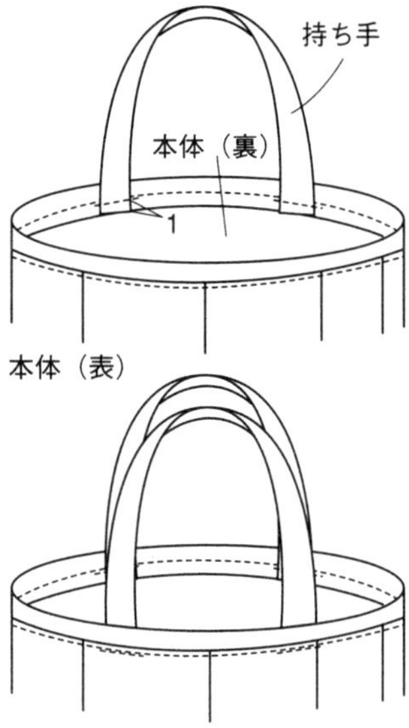
持ち手
本体（裏）
1
本体（表）

口に持ち手を縫い付ける

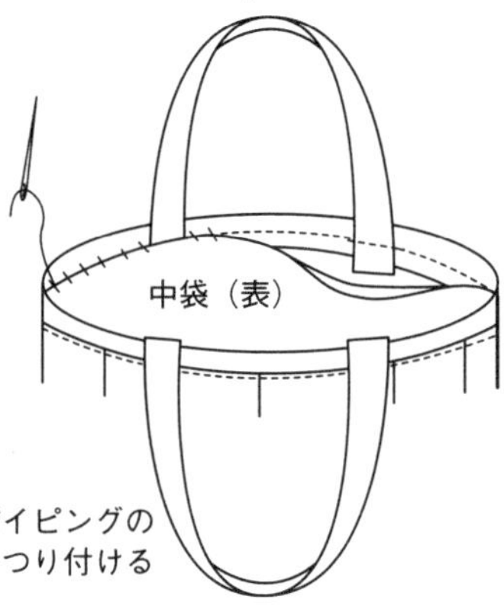
中袋（表）

本体に中袋を入れてパイピングの
縫い目を隠すようにまつり付ける

持ち手表布、裏布各2枚

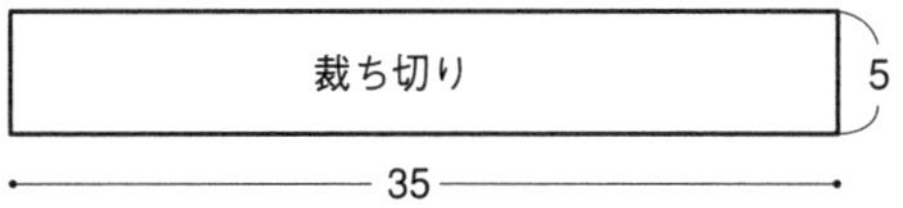
裁ち切り
5
35

仕立て方

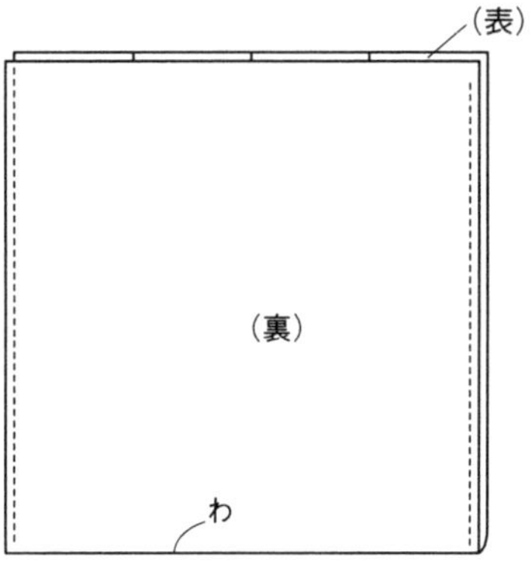
（表）
（裏）
わ

本体を中表に合わせて脇を縫う
中袋も同様に縫う

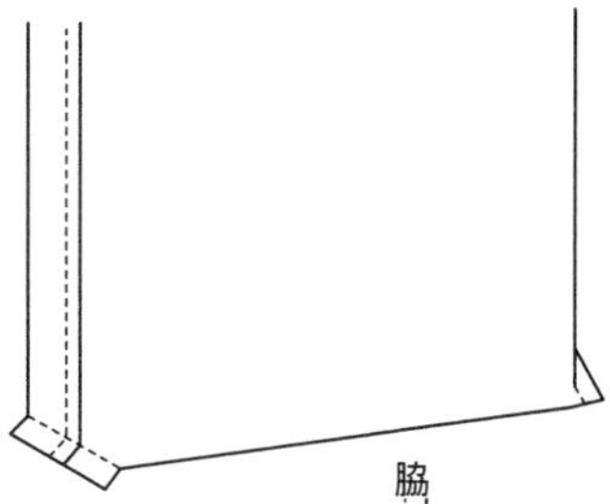

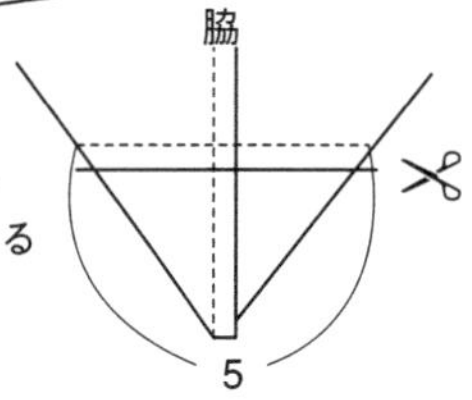
脇
5

脇をつまんでマチを縫い
縫い代の余分をカットする
中袋も同様に縫う

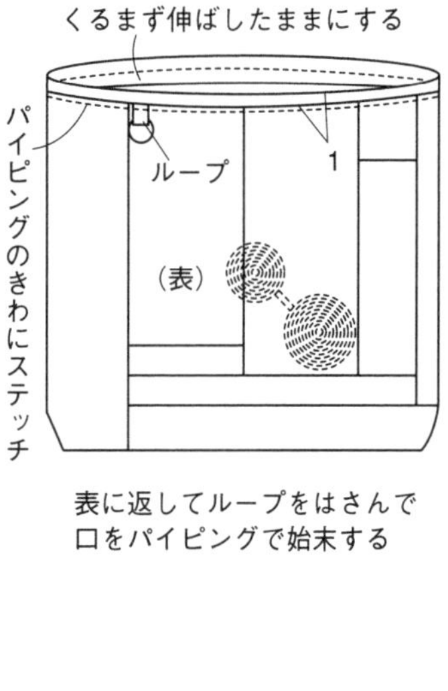
くるまず伸ばしたままにする
パイピングのきわにステッチ
ループ
1
（表）

表に返してループをはさんで
口をパイピングで始末する

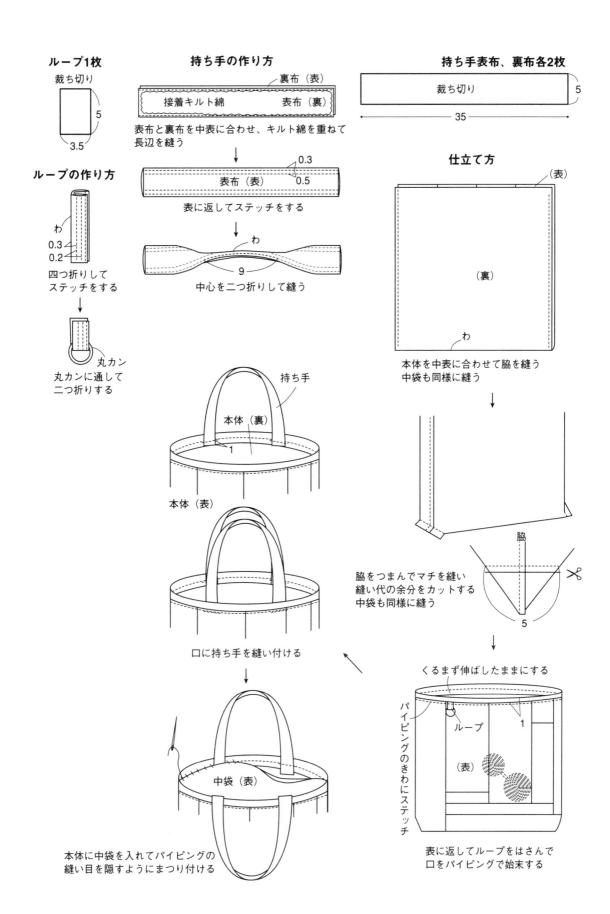

銘仙のガーリーバッグ

P.44

●ぺたんこタイプ28×25cm　底ありタイプ30×30×15cm

ぺたんこタイプ

中袋2枚

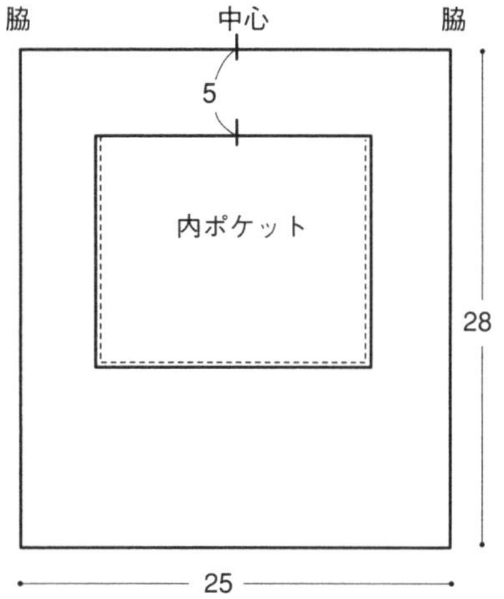

脇
中心
脇
5
内ポケット
28
25

※裏に接着芯をはる

本体2枚

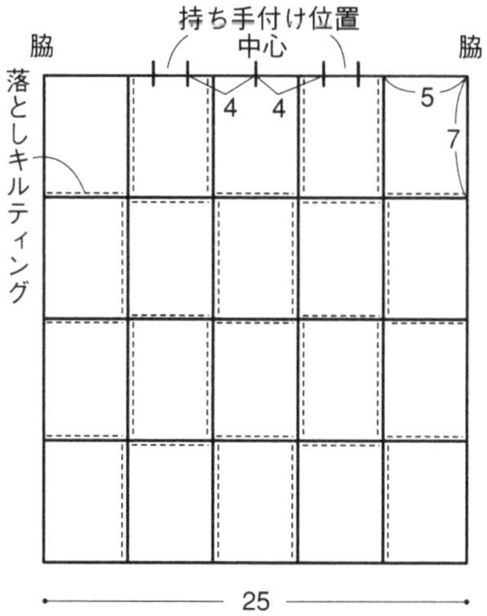

持ち手付け位置
中心
脇
脇
4
4
5
7
落としキルティング
25

※裏に接着キルト綿をはる

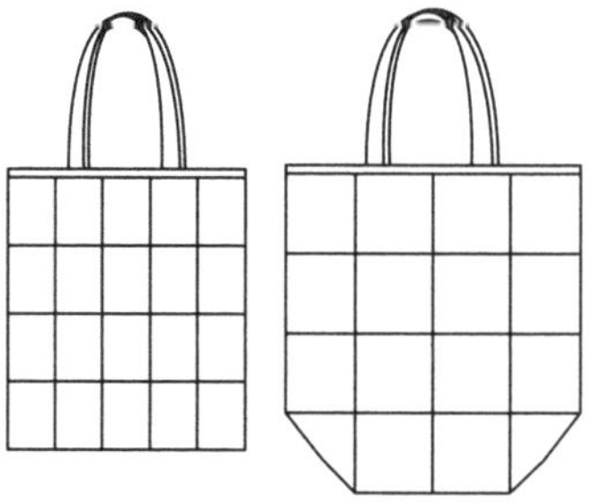

ぺたんこタイプ　底ありタイプ

材料

・ぺたんこタイプ
銘仙はぎれ各種　パイピング用幅4cmバイヤステープ60cm　中袋用布（内ポケット分含む）30×90cm　接着キルト綿60×35cm　ハードタイプ接着芯90×35cm　幅2cm持ち手用革80cm

・底ありタイプ
銘仙はぎれ各種　パイピング用幅4cmバイヤステープ70cm　中袋用布（内ポケット分含む）35×115cm　接着キルト綿70×35cm　ハードタイプ接着芯100×35cm　幅2cm持ち手用革80cm

作り方のポイント

・銘仙を自由に接ぎ合わせる。

作り方

①ピーシングをして本体と底のトップをまとめる。
②トップの裏に接着キルト綿をはり、キルティングする。
③中袋に接着芯をはり、内ポケットを作って縫い付ける。
④ぺたんこタイプは本体2枚を中表に合わせて脇と底を縫い、底ありタイプは本体2枚を中表に合わせて脇を縫ってから底と中表に合わせて縫う。
⑤中袋も本体同様に縫う。
⑥本体の口をパイピングで始末し、口に持ち手を縫い付ける。
⑦本体の中に中袋を入れ、口にまつり付ける。

仕立て方

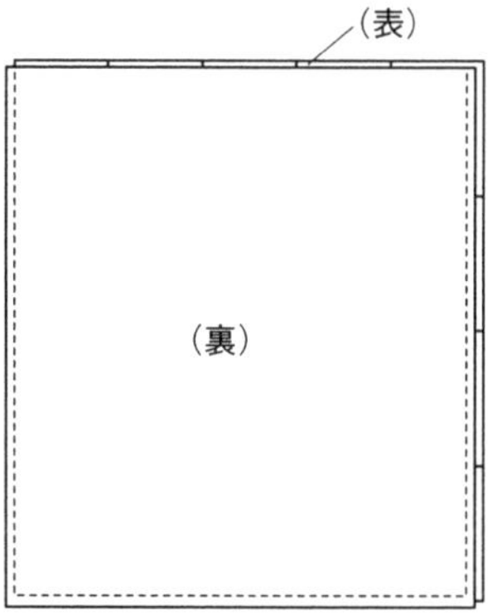

（表）
（裏）

本体2枚を中表に合わせて脇と底を縫う
中袋も同様に縫う

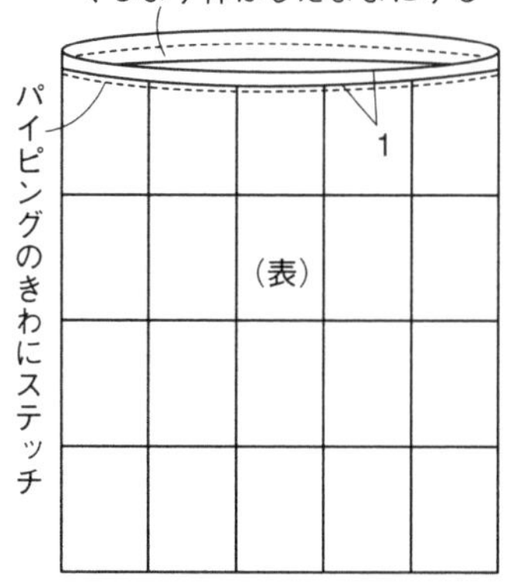

くるまず伸ばしたままにする
パイピングのきわにステッチ
1
（表）

表に返して口をパイピングで始末する

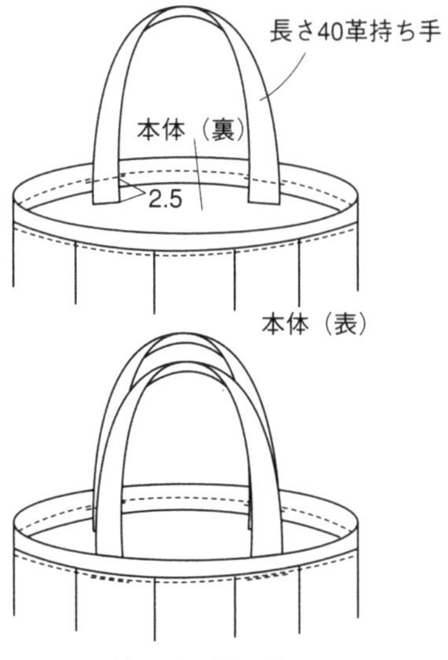

長さ40革持ち手
本体（裏）
2.5
本体（表）

口に持ち手を縫い付ける

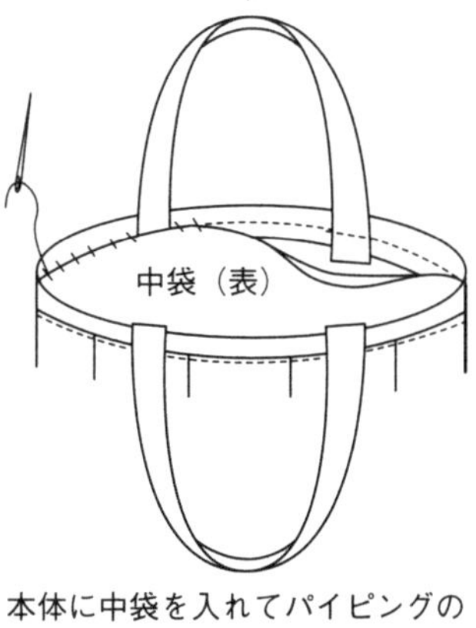

中袋（表）

本体に中袋を入れてパイピングの縫い目を隠すようにまつり付ける

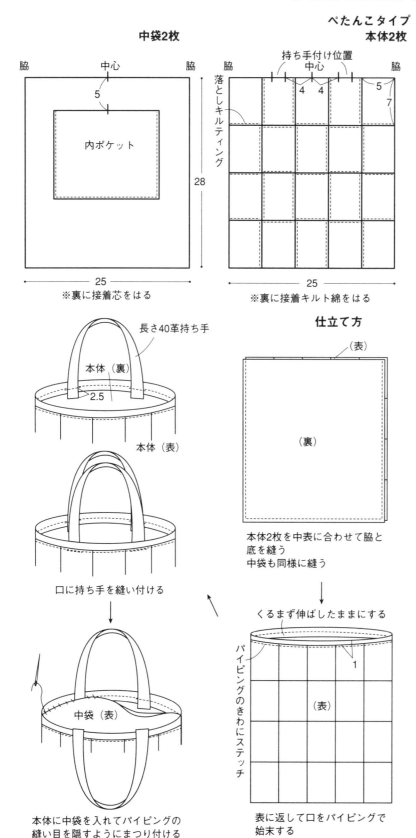

底ありタイプ

中袋底1枚

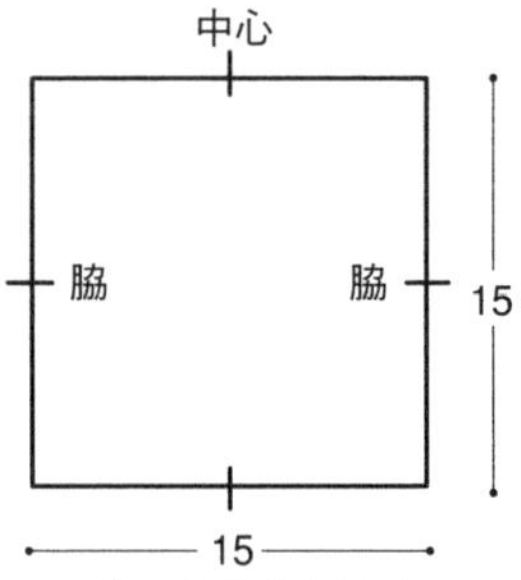
中心
脇
脇
15
15

※裏に接着芯をはる

中袋2枚

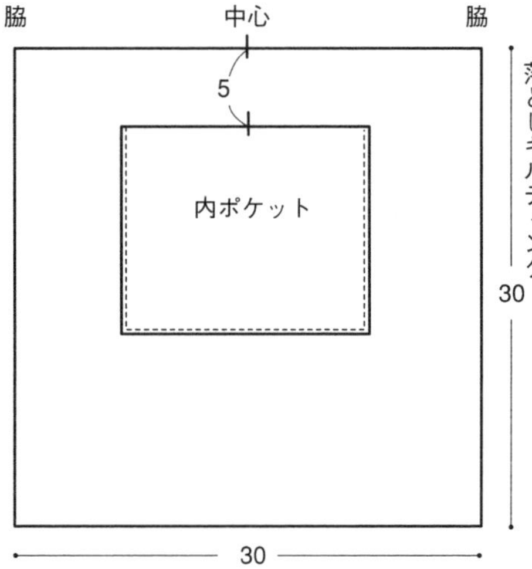
脇
中心
脇
5
内ポケット
30
30

※裏に接着芯をはる

本体2枚

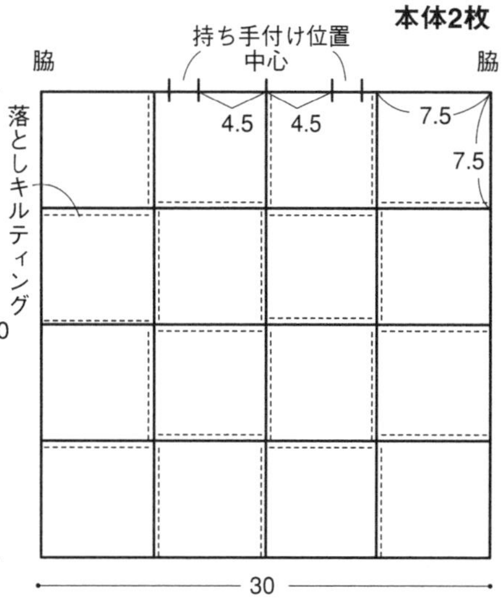
脇
持ち手付け位置
中心
脇
4.5
4.5
7.5
7.5
落としキルティング
30
30

※裏に接着キルト綿をはる

底1枚

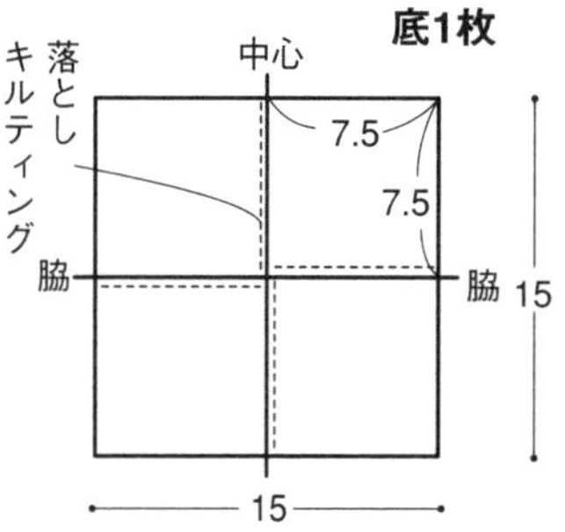
落としキルティング
中心
7.5
7.5
脇
脇
15
15

※裏に接着キルト綿をはる

内ポケットの作り方（共通）

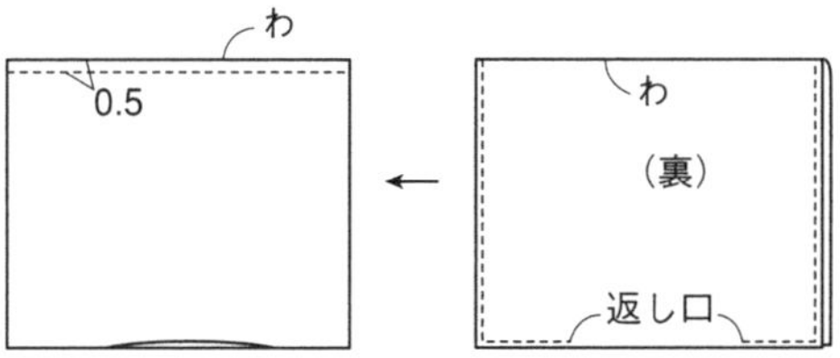
わ
0.5
わ
（裏）
返し口

中表に二つ折りして
返し口を残して縫う

表に返して返し口の
縫い代を整え
口側にステッチをする

内ポケット1枚（共通）

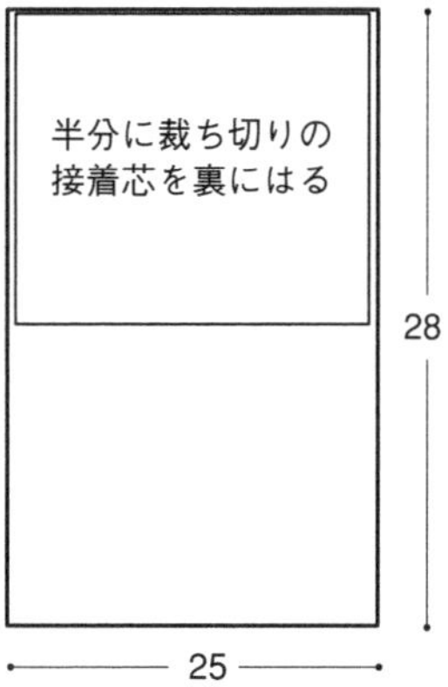
半分に裁ち切りの
接着芯を裏にはる
28
25

仕立て方

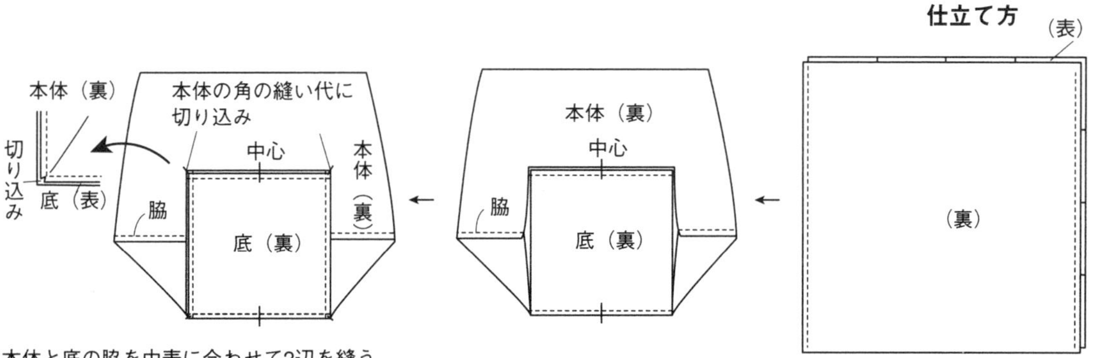
（表）
（裏）
本体（裏）
中心
脇
底（裏）
本体（裏）
本体の角の縫い代に
切り込み
中心
本体（裏）
脇
底（裏）
切り込み
底（表）

本体2枚を中表に合わせて脇を縫う
中袋も同様に縫う

本体と底の中心を中表に
合わせて2辺を縫う

本体と底の脇を中表に合わせて2辺を縫う
中袋も同様に底を縫う
パイピング、持ち手の付け方、中袋の付け方は
ぺたんこバッグと同様

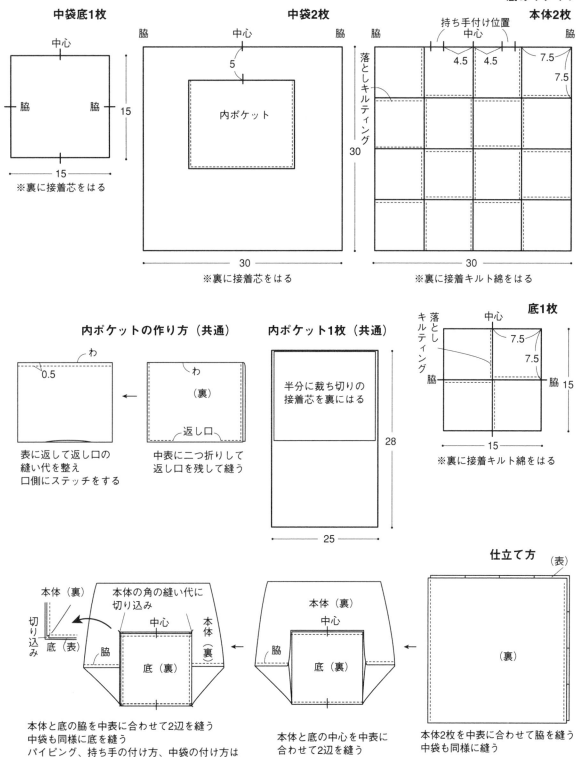

銘仙の簡単スカーフ

P.45

●好みの長さで巻いてとめる、幅約30cm

大本体表布、裏布各1枚

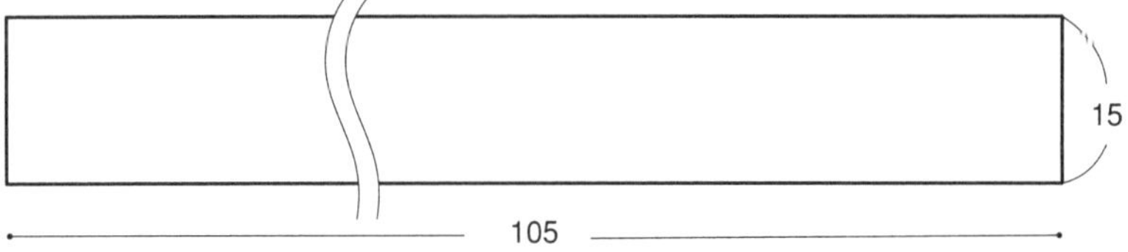
15
105

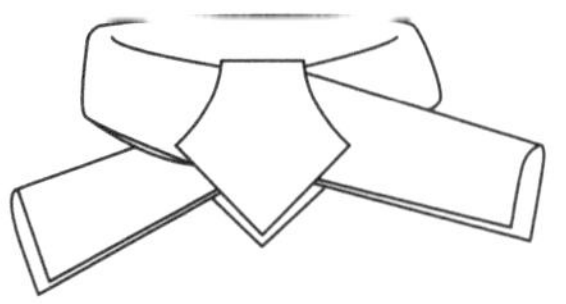

小本体表布、裏布各1枚

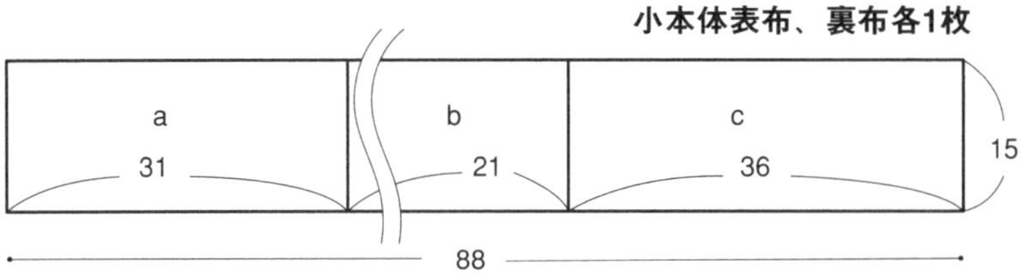
a
b
c
31
21
36
15
88

※裏布は一枚布

作り方

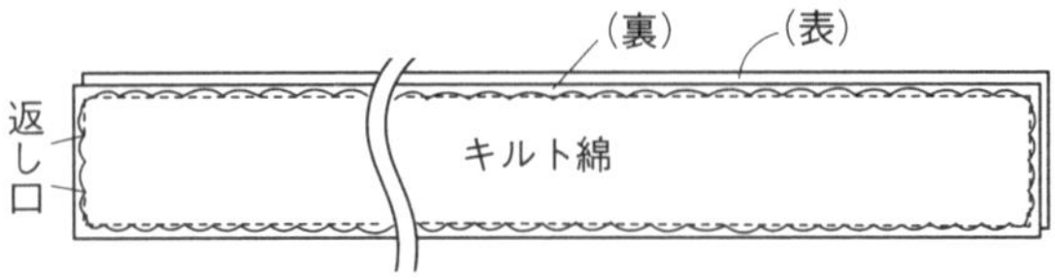
(裏)
(表)
返し口
キルト綿

本体ととめ布共に、それぞれ
2枚を中表に合わせてキルト綿を
重ねて返し口を残して周囲を縫う
とめ布は接着キルト綿を使い
表側になる布の方にはる

(表)
(裏)
返し口
接着キルト綿

↓

まつる
(表)

表に返して返し口を
まつってとじる

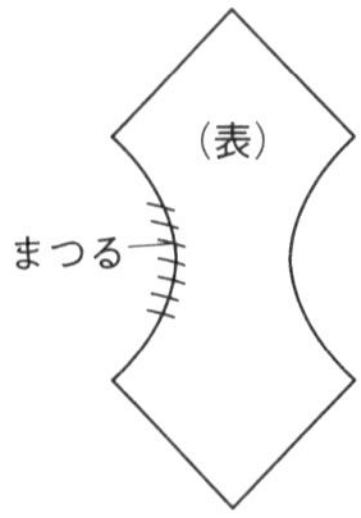
(表)
まつる

↓

2.2
スナップボタンを縫い付ける
後ろ(表)

とめ布2枚

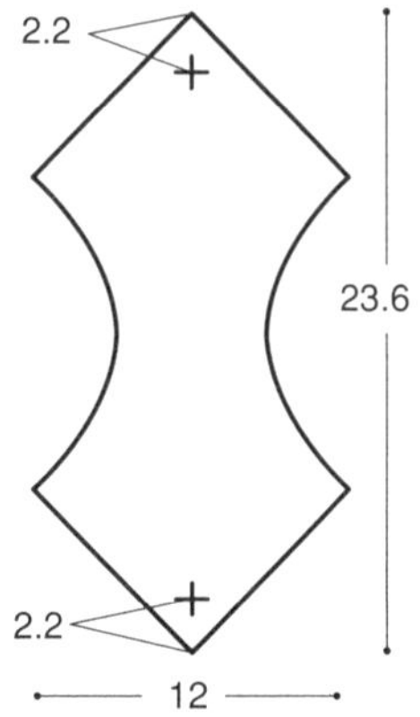
2.2
23.6
2.2
12

材料

・共通
接着キルト綿15×30cm　直径1.8cmスナップボタン1組
・大
本体表用布（とめ布分含む）35×110cm　本体裏用布、キルト綿各20×110cm
・小
本体a用布20×35cm　本体b用布20×25cm　本体c用布20×40cm　とめ布30×30cm　本体裏用布、キルト綿各20×95cm

作り方のポイント

・とめ布は好みでタックを寄せる。

作り方

①本体表を布の都合や好みで接ぎ合わせる。
②本体表と裏を中表に合わせ、キルト綿を重ねて周囲を縫う。
③表に返して返し口をまつってとじる。
④とめ布の表側になる布に接着キルト綿をはる。
⑤とめ布表と裏を中表に合わせて縫い、表に返して返し口をまつってとじる。
⑥とめ布にスナップボタンを付ける。

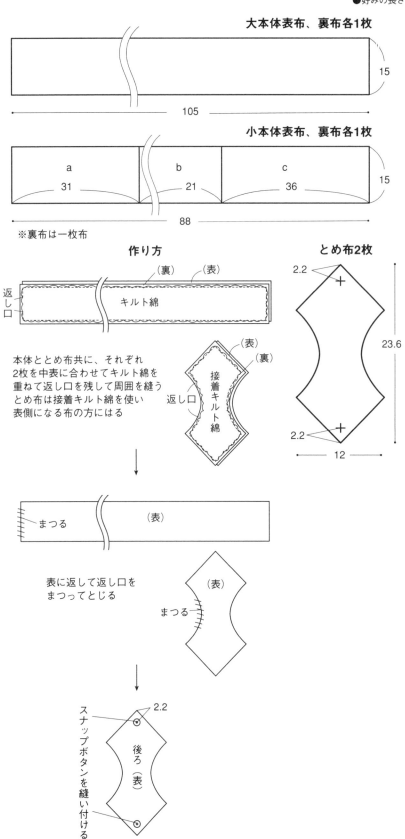